Anna Wise

Awakened Mind® Training

Ein Praxiskurs für Kreativität, Gesundheit & Erfolg

Ein Hirnwellen-Trainingsprogramm

Herausgegeben von
Dr. med. Matthias Jacobi

This edition published by arrangement with TarcherPerigee,
an imprint of Penguin Publishing Group, a division of Penguin Random House LLC

Originaltitel: The High-Performance Mind. Mastering Brainwaves
for Insight, Healing, and Creativity.
Originalausgabe: A Jeremy P. Tarcher / Putnam Book- Published by G. P. Putnam's Sons

Übersetzung aus dem Amerikanischen: Dr. Matthias Jacobi & Prof. Dr. Jochen Weihe

Die mit M versehenen Meditationen stehen als mp3 in deutscher Sprache
zum Download bereit. Weitere Infos dazu finden Sie auf Seite 260.

---

1. Auflage 2017
Verlag Via Nova, Alte Landstr. 12, 36100 Petersberg
Telefon: (06 61) 6 29 73
Fax: (06 61) 96 79 560
E-Mail: info@verlag-vianova.de
Internet: www.verlag-vianova.de / www.transpersonale.de
Umschlaggestaltung: Guter Punkt, München
Druck und Verarbeitung: Appel und Klinger, 96277 Schneckenlohe

ISBN 978-3-86616-397-3

ANNA WISE

Awakened Mind® Training

Ein Praxiskurs für Kreativität, Gesundheit & Erfolg

Ein Hirnwellen-Trainingsprogramm

vianova
Verlag Via Nova

INHALT

VORWORT

In den letzten Jahren hat sich ein bemerkenswerter Wandel vollzogen: Meditation ist inzwischen in der Mitte der Gesellschaft angekommen. Ob Zen, Achtsamkeit oder Yoga – viele Menschen erleben, dass eine gute Verankerung im eigenen Innenleben nicht nur hilft, sich gegen Stress und Burnout zu schützen, sondern auch glücklicher und leistungsfähiger machen kann. In einer schneller und komplexer werdenden Welt, in der vieles um unsere Aufmerksamkeit konkurriert, bietet die Meditation einen Ruhepol und Rückzugsort.

Dies wird inzwischen auch im Business so gesehen. So hat Google ein Programm für Manager entwickelt (*Search Inside Yourself*), das von anderen Firmen übernommen und mit großem Erfolg angewandt wird, in Deutschland z.B. von SAP. Auch die Wissenschaft interessiert sich mittlerweile für die Meditation, die Zahl der Veröffentlichungen in Fachzeitschriften ist in den letzten Jahren stark gestiegen. Kongresse wie *Meditation und Wissenschaft* in Berlin ziehen regelmäßig zahlreiche Teilnehmer an.

Vor diesem Hintergrund ist es besonders erfreulich, dass mit dieser Ausgabe das Buch „The High Performance Mind“ von Anna Wise auch in deutscher Sprache zur Verfügung steht. Anna Wise hat über Jahrzehnte Menschen in unterschiedlichsten Situationen begleitet und ihre Hirnwellen mit dem Mind-Mirror-EEG gemessen. Auf der Basis dieser Erfahrungen stellt sie hier eine umfangreiche Kartografie veränderter Bewusstseinszustände vor.

Dieses Buch ist auch ein lebenspraktisches Arbeitsbuch. Durch die Verbindung von speziellen geführten Meditationen mit dem EEG-Biofeedback hat die Autorin konkrete Anleitungen entwickelt, wie Sie den *Awakened Mind* und andere Bewusstseinszustände schnell und sicher erreichen und im Alltag nutzen können – um zur Ruhe zu kommen, Ihre Meditation zu vertiefen, für Heilung und Gesundheit, um Antworten auf persönliche Fragen zu finden oder um die eigene Kreativität und Leistungsfähigkeit zu steigern.

Sie sind eingeladen, alles selbst auszuprobieren – wenn Sie wollen auch mit gesprochenen Meditationen und Anleitungen aus diesem Buch, die alle im Internet als Download erhältlich sind (s. Anhang). Ein eigenes EEG-Gerät ist dazu nicht erforderlich – Anna Wise beschreibt, wie Sie die verschiedenen Bewusstseinszustände auch ohne EEG anhand Ihrer Körpersignale erkennen können.

Vor allem aber entmystifiziert sie den Begriff Meditation und zeigt an vielen Beispielen, dass wir alle diese Zustände gezielt erreichen können – und dass wir sie oft schon erlebt haben, auch wenn es uns nicht immer bewusst ist: wenn wir kreativ sind, mit unseren Kindern spielen, in Gedanken oder einer Tätigkeit versunken sind, beim Sport oder wenn wir musizieren.

Viel Freude und Erfolg beim Lesen und Ausprobieren!

Dr. Matthias Jacobi
Übersetzer und Herausgeber

Dieses Buch widme ich in großer Liebe und Dankbarkeit meinem Sohn John Michael Wise sowie meiner Mutter und meinem Vater, Anna und William Wise. Ich danke Euch von ganzem Herzen für Eure Liebe, Unterstützung, Hilfe und für Euer Verständnis. Oft hat mir Euer Glaube an mich Mut und Kraft gegeben. Ihr habt das Licht mit mir gefeiert und die Dunkelheit geteilt. Ich liebe Euch.

DANKSAGUNG

Ich möchte zunächst meinen Mentor, Lehrer und Freund, den verstorbenen C. Maxwell Cade, nennen und ehren, ohne den meine Arbeit nicht möglich gewesen wäre; ebenso seine Frau, die Lehrerin Isabel Cade; und Geoffrey Blundell, der zwei Jahrzehnte lang seine technische Genialität und Unterstützung beigesteuert hat.

Ich möchte darüber hinaus Elizabeth St. John für ihre Begleitung auf diesem Weg und für fünfundzwanzig Jahre Freundschaft, Heilung und Unterstützung danken.

Meine Anerkennung und Dankbarkeit gehen ebenso an meine Heiler und spirituellen Lehrer, deren Zahl zu groß ist, um sie alle zu nennen, – dafür, dass sie mich in Körper und Seele vereint haben – insbesondere Mary Simpkins, Richard Lipfield, Seka Nikolic, Maud Haimson Nerman, BearHeart, Swami Satyananda Saraswati, Mother Meera und Reverend Cecil Williams.

Viele Menschen haben mich auf meinem Weg unterstützt. Steve Miller und Yvonne Schell bin ich für ihre Liebe und Unterstützung dankbar. Mein besonderer Dank gilt Marianne und Bob Palmer für ihr Verständnis und ihre treue Freundschaft.

Ich danke Nancy Lunney und den wunderbaren Menschen am Esalen Institute sowie C. Jay Bradbury für seinen wertvollen Beistand. Ich möchte auch allen meinen Studenten und Klienten Dank und Anerkennung aussprechen, die mir viele Jahre die Gelegenheit gegeben haben, zu tun, was ich liebe. Ihr seid die Seele meiner Arbeit gewesen, die ohne euch nicht möglich gewesen wäre. Auch an meine Studenten in Boulder ein besonderer Dank. Meine Anerkennung gilt auch den Menschen, die mich bei meinen Seminaren unterstützt haben, einschließlich Shyama

Osborne und der verstorbenen Indigo Morrison. Ich möchte auch all jenen danken, die mit ihren persönlichen Geschichten, Anmerkungen und Erfahrungen zu meinem Buch beigetragen haben. Ohne euch wäre dieses Buch nicht vollständig.

Joe Kamiya gilt mein Respekt und meine Anerkennung für seine Inspiration; ebenso danke ich Neil Hancock für seine Arbeit mit dem Mind Mirror III; und mein ganz besonderer Dank geht an Terry Patten für seinen Beitrag zu diesem Arbeitsgebiet, für seine Unterstützung und Freundschaft und dafür, dass er da war, wenn ich ihn brauchte. Anderen möchte ich danken, da sie auf verschiedene Weise Teil meines Lebens gewesen sind. Danke Patricia Neeb, Ursula Grey, Anna Halprin, Michael Skipwith, LindaJohnson, Regina Waterspirit und Rick Ranum. Mein Dank geht auch an alle, die geholfen haben, dieses Buch zu realisieren, vor allem an Jenny Blaker für ihre hingebungsvolle Hilfe bei der Vorbereitung des Manuskripts.

Zum Schluß eine besondere Anerkennung an meine Herausgeberin, Joy Parker, ohne deren herausragenden Einsatz das Buch nicht zu dem geworden wäre, was es ist, und an Jeremy Tarcher, ohne den es dieses Buch nicht geben würde. Ich danke euch für euer Vertrauen.

A

EINS

DER MENSCH UND SEINE HIRNWELLEN

Menschen mit einem High Performance Mind, d.h. mit einem sehr differenziert entwickelten Bewusstsein, können in jeder Lebenslage einen dafür optimalen Bewusstseinszustand einnehmen. Einst war es das Ziel einer nur kleinen Minderheit, heute hat das Streben nach mentaler, emotionaler und spiritueller Entwicklung den Westen im Sturm erobert. Wir stehen vor einer Fülle von Entwicklungsmöglichkeiten, die auf zahlreiche Kulturen, Glaubenssysteme und Erkenntnisquellen zurückgehen. Ihre wichtigsten Ziele sind mehr Kreativität, geistige Klarheit, besseren Umgang mit Stress, emotionale und körperliche Gesundheit und persönliche Spiritualität. Mit den in diesem Buch beschriebenen Techniken hat die Entwicklung unserer geistigen Kräfte eine neue Ebene erreicht, die uns weit in die Zukunft tragen kann.

Mein verstorbener Mentor Max Cade und ich haben die Ergebnisse der Hirnwellenforschung mit Meditationstechniken kombiniert und so eine Methode geschaffen, mit der optimale Bewusstseinszustände untersucht und entwickelt werden können. Dieses Buch soll Ihnen helfen, Hirnwellenmuster zu entwickeln, die für Sie ideal sind.

Obwohl sich viele Menschen einen *High Performance Mind* wünschen, so bezweifeln sie doch, dass sie ihre Bewusstseinszustände verändern können, wenn sie nicht viele Jahre in Übung oder Meditation verbracht haben. Die meisten Menschen halten es nicht für möglich, dass sie diese Art der Selbstkontrolle erreichen können, wenn sie sich nicht täglich stundenlang mit kontemplativen Übungen beschäftigen wollen. Aber die Verbindung von Meditation und Technologie ebnet uns einen neuen Weg zur Beherrschung unserer geistigen Kräfte, indem wir gezielt lernen, bestimmte Hirnwellenmuster hervorzubringen.

Die Theorien, Übungen und Techniken in diesem Buch nehmen Sie mit auf eine Reise, die Sie von der Beherrschung unkontrollierter Gedanken über lebhafte Phantasiereisen bis in die größten Tiefen Ihrer Seele führen kann. Wenn Sie erst einmal die Techniken erlernt haben, mit deren Hilfe Sie ein optimales Hirnwellenmuster erreichen können, zeigen Ihnen die späteren Kapitel, wie Sie diese geistigen Kräfte nutzbringend in Ihrem Leben einsetzen können.

Mit einem High Performance Mind sind Sie in der Lage, optimale Bewusstseinszustände zu nutzen für die Entwicklung von Kreativität, Selbstheilungskräften und einer besseren allgemeinen Gesundheit, für Entspannung und verbesserten Umgang mit Stress, die Lösung komplexer Probleme und mehr Produktivität am Arbeitsplatz, für das Verständnis und die Weiterentwicklung von Beziehungen, für größere Selbsterkenntnis, für die Entwicklung der inneren Welt Ihrer Kinder und Ihrer eigenen Spiritualität. Wenn Sie dieses Buch gelesen haben, soll ten Sie ein besseres Verständnis für Ihre eigenen Bewusstseinszustände gewonnen haben und wissen, wie Sie diese Zustände für Ihre Ziele einsetzen können.

Die Übungen und Techniken in diesem Buch sollten es Ihnen mit der Zeit ermöglichen, ein Hirnwellenmuster zu entwickeln, das als *Awakened Mind* (dt. etwa: erwachtes Bewusstsein) bezeichnet wird. Dieser Bewusstseinszustand ist klarer, schärfer, schneller und flexibler als der gewöhnliche Zustand. Das Denken fühlt sich fließender und weniger unbeweglich an. Emotionen werden zugänglicher und verständlicher. Der Umgang mit ihnen wird einfacher, sie sind leichter zu verändern. Informationen fließen ungestörter zwischen der bewussten, vorbewussten und unbewussten Ebene. Intuition, Einsichten und Einfühlungsvermögen nehmen zu und werden besser in das Alltagsbewusstsein integriert. Mit einem Awakened Mind wachsen Vorstellungskraft und Phantasie, ebenso wie die Fähigkeit, sie in kreative Prozesse einzubringen. All dies führt zu einem Gefühl von größerer Entscheidungsfreiheit und einem erhöhten spirituellen Bewusstsein.

DIE SPRACHE DER HIRNWELLEN

Zunächst gilt es, die Bausteine zu verstehen, mit denen wir arbeiten werden. Ihr Gehirn produziert fortlaufend elektrische Impulse. Diese elektrischen Ströme oder Hirnwellen werden in Amplitude und Frequenz gemessen.

Die *Amplitude* ist die *Stärke* des elektrischen Impulses, sie wird in Microvolt erfasst.

Die *Frequenz* ist die *Schnelligkeit* der elektrischen Schwingungen, die in Zyklen pro Sekunde (oder Hertz) gemessen wird. Die Art der Hirnwellen – *Beta, Alpha, Theta und Delta* – wird durch ihre Frequenz definiert. Unser Bewusstseinszustand wird jederzeit durch eine Kombination dieser verschiedenen Arten von Hirnwellen bestimmt. [Nach neuesten Forschungsergebnissen gibt es auch meditative Zustände, die durch einen hohen Anteil an Gammawellen gekennzeichnet sind, s. Anhang S. 262 - Anm. d. Übers.]

Jeder Bewusstseinszustand, den Sie erleben, entspringt einer Sinfonie von Hirnwellen, in der jede Frequenz ihren eigenen charakteristischen Anteil hat. Aus diesen Sinfonien sind die Kunst von Picasso, der Tanz von Martha Graham, die Architektur von Frank Lloyd Wright und die Theorien von Albert Einstein hervorgegangen.

Diese feine Vernetzung der Hirnwellenfrequenzen und ihrer Wechselbeziehungen bestimmt auf subtile Weise Ihren Bewusstseinszustand. Jede Hirnwellen-Kategorie hat ihre eigenen Qualitäten und Charakteristika, auch wenn Sie selten nur eine einzige Art von Hirnwellen erzeugen. Wenn Sie Ihre geistigen Kräfte entwickeln wollen, ist es sinnvoll, sich zunächst mit jeder Kategorie getrennt vertraut zu machen. Dies wird Ihnen später helfen, ihr Ineinanderwirken zu verstehen. In den nächsten vier Abschnitten werde ich Bewusstseinszustände beschreiben, die Ihnen vertraut sein werden. Dazu werde ich Ihnen jeweils die Hirnwellenmuster vorstellen, die sie repräsentieren.

BETA-HIRNWELLEN

Vom normalen Denken bis zur Panik

In Ihrem Kopf rasen die Gedanken. Sie können den Gedankenstrom nicht anhalten oder sich auf einen Gedanken konzentrieren. Ihr Herz klopft, die Schläfen pulsieren, der Atem geht schnell, und Sie können nicht klar denken. Ihr Denken scheint außer Kontrolle, und Ihre *Beta-Hirnwellen* befinden sich in Aufruhr.

Das Gehirn produziert in seinem Wachzustand normalerweise Beta-Wellen. Ein Übermaß an Beta-Wellen kann jedoch zu großen psychischen Beschwerden führen. Wenn sie gut funktionieren, sind Beta-Wellen mit logischem Denken, der Lösung konkreter Probleme und aktiver äußerer Aufmerksamkeit verbunden. Beta-Wellen helfen uns beim bewussten Umgang mit der Welt. Aber wir müssen mit ihnen umgehen können, um sie effektiv einzusetzen und nicht von ihnen abhängig zu sein.

C. Maxwell Cade, der Nestor des britischen EEG-Biofeedback, beschreibt Beta als „den normalen wachen Rhythmus des Gehirns, der mit aktivem Denken, der aktiven Anteilnahme an der äußeren Welt und der Lösung konkreter Probleme verbunden ist. Die Stärke der Signale erhöht sich bei Angst und reduziert sich bei Muskeltätigkeit."[1] Dabei werden eine Beschleunigung der Blutzirkulation und eine erhöhte Stoffwechselaktivität beobachtet. Beta ist ein aktiver Zustand, der mit anspruchsvollen kognitiven Prozessen, komplexem Denken und dem Treffen von Entscheidungen verbunden ist.

ALPHA-HIRNWELLEN

»Ich verliere mich in Tagträumen ...«

Ihre Augen sind wahrscheinlich geschlossen. Überraschende Bilder erscheinen flüchtig, aber intensiv wie auf einer inneren geistigen Leinwand, so real, als wären Sie gerade dort. Ihre Aufmerksamkeit mag von Szene zu Szene springen, einem Weg im Detail folgen, um sich dann ohne Vorwarnung oder besonderen Grund anderem zuzuwenden. Die Abfolge der Bilder oder anderer Wahrnehmungen muss keinen Sinn ergeben. Die äußere Welt tritt zurück, und Sie geben sich den Tagträumen Ihrer *Alpha-Hirnwellen* hin.

Alpha-Wellen treten beim Tagträumen, Phantasieren und Visualisieren auf. Sie sind darüber hinaus mit einem entspannten und gelösten Bewusstsein und mit einer aufnahmebereiten Wahrnehmung verbunden. Manche Menschen produzieren zu viele Hirnwellen in diesem mittleren Frequenzbereich. Sie leben ihr Leben in einem Nebel von Tagträumen und Phantasien, und vielleicht genießen sie diese Flucht vor der Realität.

Das häufigste Problem mit Alpha-Wellen ist, dass sie in Hirnwellenmustern, die aus mehreren Kategorien zusammengesetzt sind, zu schwach sind oder ganz fehlen. Alpha bildet die Brücke zwischen dem Bewussten und dem Unterbewussten. Ohne Alpha werden Sie sich beim Aufwachen nicht an Ihre Träume erinnern, selbst wenn Sie spüren, dass sie stark, lebendig und bedeutungsvoll waren.

Ohne Alpha werden Sie sich nicht an Ihre Meditation erinnern können, auch wenn Sie *wissen*, dass Sie in große Tiefen gelangt sind und viele Einsichten gewonnen haben. Wenn Alpha fehlt, ist die Verbindung zum Unterbewussten unterbrochen.

Cade stellte fest, dass Alpha der Hirnrhythmus mit der „am wenigsten augenscheinlichen Bedeutung ist, solange die damit verbundenen anderen (Hirnwellen) Rhythmen nicht ebenfalls bekannt sind."[2] Alpha-Wellen waren die ersten Hirnwellen, die man erkennen und beeinflussen konnte.

Joe Kamiya, der Nestor des EEG in den Vereinigten Staaten, entdeckte während seiner grundlegenden Forschungsarbeiten an der Universität von Chicago in den späten 50er Jahren, dass er Menschen dazu verhelfen konnte, das Vorhandensein oder das Fehlen von Alpha-Wellen zu unterscheiden. Kamiya übte mit ihnen, ihr Alpha zu beschleunigen oder zu verlangsamen, indem er ihnen höher- oder niederfrequente Pieptöne als auditives Feedback zukommen ließ. Damit war das *EEG-Biofeedback* geboren. Diese einfachen, aber entscheidenden Anfänge waren die Vorläufer der komplexeren Untersuchungen von Cade, der sich mit Hirnwellen-Biofeedback zur Entwicklung höherer Bewusstseinszustände befasste.

Kamiyas Schaffen war für die 1960er Jahre revolutionär. Danach wurde die Bedeutung der Alpha-Wellen leider stark überschätzt, was den Fortschritt des Hirnwellentrainings und die Möglichkeiten, damit Bewusstseinszustände zu beeinflussen, sehr behinderte. Alpha wurde schließlich als eine Art „ein und alles" der Hirnwellen dargestellt. Das Missverständnis war, dass man glaubte, allein durch die Produktion von Alpha einen „höchsten" Bewusstseinszustand erreichen zu können. Dabei spielte es keine Rolle, ob dieser Zustand nun ein kreativer, meditativer oder einfach ein veränderter war.

Viele Neurophysiologen, EEG-Techniker und klinisch tätige Ärzte, die mit Hirnströmen arbeiteten, erkannten, dass manche Menschen Alpha sehr leicht hervorbringen konnten, einfach, indem sie ihre Augen schlossen oder sogar beim Fernsehen. Anderen Menschen fiel es außerordentlich schwer, Alpha-Wellen zu produzieren. Die Forscher schlossen daraus, dass die ungewöhnliche Magie und Kraft, die Alpha zugesprochen wurde, unmöglich der Realität entsprechen konnte. Unglücklicherweise führte dies zu einer Entwertung und Ablehnung von EEG-Beobachtung und EEG-Feedback zur Bewusstseinsschulung. Es dauerte Jahre, bis die Hirnwellen wieder ihre angemessene Bedeutung als wichtiges Spiegelbild des Bewusstseinszustandes zurückerhielten.

THETA-HIRNWELLEN

»Es kam wie aus heiterem Himmel«

Sie fühlen etwas in der Tiefe Ihres Bewusstseins rumoren, ein anhaltendes, aber undefinierbares Grummeln, das Ihnen zeigt, dass da irgendetwas nicht in Ordnung ist. Sie empfinden es vielleicht als etwas, das Sie innerlich drückt, als eine Art Wissen, das heraus möchte, aber in den Tiefen Ihrer Psyche verschlossen bleibt. Vielleicht kommen Sie ihm manchmal so nah, dass Sie ein übermächtiges Gefühl

HIRNWELLENMUSTER

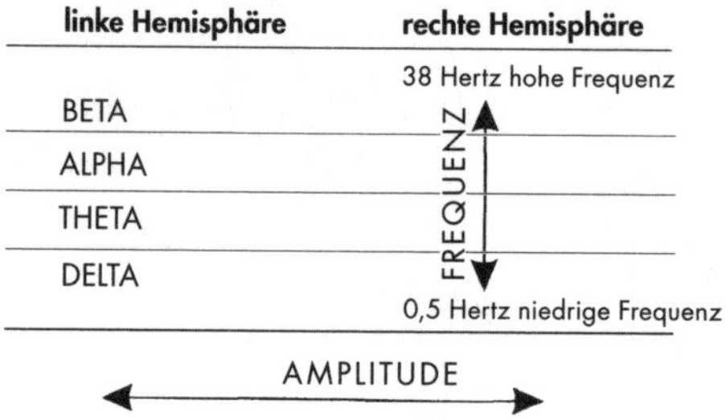

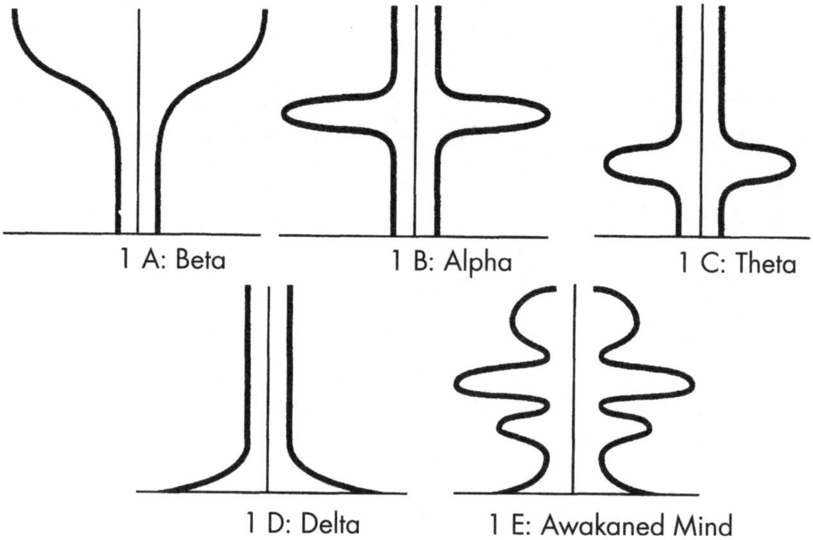

Die Abbildungen zeigen Hirnwellen, die in Frequenz und Amplitude gemessen werden, Die linke Hirnhälfte ist auf der linken Seite dargestellt, die rechte Hirnhälfte auf der rechten. Anders als bei traditionellen EEGs wird die Frequenz auf der vertikalen Achse gemessen. Die höchsten Frequenzen befinden sich an der Spitze der Achse, die niedrigeren im unteren Teil. Das Frequenzband auf dem Mind-Mirror-EEG reicht von 38 Zyklen pro Sekunde im oberen Teil bis 0,5 Zyklen im unteren Teil.

Die Amplitude wird auf der horizontalen Achse in Microvolt abgebildet. Die Messung beginnt bei 0 in der Mitte. Je weiter die Linie nach links hinausreicht, um so höher ist die Amplitude bei der korrespondierenden Frequenz in der linken Hirnhälfte. Je weiter die rechte Linie hinausreicht, um so höher ist die Amplitude bei der korrespondierenden rechten Hirnhälfte.

Abbildung 1 A zeigt die stärkste Amplitude in den hohen Frequenzen des Beta-Bereiches von 38-14 Hertz (Zyklen pro Sekunde).

Abbildung 1 B illustriert den mittleren Frequenzbereich, der Alpha darstellt (14-8 Hertz).

Abbildung 1 C zeigt die niederfrequenten Theta-Hirnwellen (8-4 Hertz).

Abbildung 1 D bildet die Hirnwellen niedrigster Frequenz ab, die Delta repräsentieren (4-0,5 Hertz).

Abbildung 1 E zeigt eine Kombination der Frequenzen von Beta, Alpha, Theta und Delta, die gemeinsam das Hirnwellenmuster eines Awakened Mind bilden.
Alle weiteren Abbildungen in diesem Buch stellen Kombinationen von Hirnwellen aus einem oder mehreren dieser vier Frequenzbereiche dar.

spirituellen Erwachens empfinden, einen unerklärlichen Ausbruch kreativer Einsichten, ein tiefes Gefühl von Schmerz oder eine Andeutung der Möglichkeiten, die in Ihnen verborgen sind. Wenn Sie diese Gefühle empfinden, dann versuchen Ihre *Theta-Hirnwellen* Ihnen etwas zu vermitteln.

Theta-Hirnwellen können als das Unterbewusste verstanden werden, als der Teil Ihres Bewusstseins, der eine Ebene zwischen dem Bewussten und dem Unbewussten darstellt. Theta enthält eine Fülle von Erinnerungen, Wahrnehmungen und Gefühlen. Selbst wenn diese Erfahrungen dem Bewusstsein nicht zugänglich sind, können sie dennoch Ihre Einstellungen, Erwartungen und Ihr Verhalten beeinflussen oder sogar bestimmen. Ein Erwachsener, der sich nicht an den in seiner Kindheit erlittenen Missbrauch erinnern kann, wird die Nähe von Menschen suchen, die zu Missbrauch neigen. Der Theta produzierende Teil seines Bewusstseins ist getrieben, dieses tiefverborgene Geheimnis zu lüften.

Theta-Hirnwellen können ebenso eine Fundgrube bisher unterdrückter Kreativität und Inspiration sein. Sie sind aktiv im Traumschlaf und in tiefer Meditation. Besonders ausgeprägt sind sie bei sogenannten Gipfelerfahrungen *(peak experiences)*, spirituellen Einsichten und bei Zuständen außergewöhnlich klaren Denkens.

Obwohl Theta mit kreativen Aktivitäten verbunden ist, bedarf es noch weiterer Hirnwellen, um diese Kreativität ins Bewusstsein zu bringen. Eine Kombination zusätzlicher Frequenzen ist notwendig, um die Möglichkeiten von Theta wirklich nutzen zu können.

DELTA-HIRNWELLEN

»Ich habe das Gefühl, die Gedanken anderer Menschen lesen zu können. Ich weiß, was sie sagen werden, bevor sie es ausgesprochen haben.«

Sie wissen, dass das Telefon klingen wird, bevor es klingelt. Sie wissen, was Ihr Freund/Ihr Liebhaber/Ihre Frau/Ihr Kind empfindet, *weil Sie es selbst fühlen.* Gelegentlich zweifeln Sie sogar, ob die Gefühle, die Sie empfinden, Ihre eigenen sind oder die einer anderen Person. Verzweifelt möchten Sie jemanden erreichen, um mit ihm oder ihr Verbindung aufzunehmen, aber Sie haben Angst. Irgendwie senden Sie Schwingungen aus, und ehe es Ihnen bewusst wird, nimmt dieser Mensch Kontakt zu Ihnen auf. Ihre Delta-Hirnwellen sind zu Ihrem persönlichen Radar geworden, das auf der unbewussten Ebene Botschaften aussendet und empfängt.

Delta-Hirnwellen entsprechen dem Unbewussten. Man findet sie während des Tiefschlafs, selbst dann noch, wenn alle anderen Hirnwellen nicht mehr nachweisbar sind. Delta begleitet den erholsamen Teil des Schlafes.

Delta kann aber auch im Wachzustand in Kombination mit anderen Wellen auftreten. Ich stelle mir Delta als eine Art Radar vor, das Informationen auf einer instinktiven Ebene aussendet und empfängt. Menschen mit Delta-Wellen von hoher Amplitude sind oft intuitiv und haben durch Versuch und Irrtum gelernt, ihrem sechsten Sinn zu vertrauen. Hohes Delta ist oft mit einem großen Einfühlungsvermögen verbunden. Psychotherapeuten, Ärzte, Berater und andere Menschen in helfenden Berufen verfügen häufig über große Mengen von Delta.

Es mag sich wie ein Segen anhören, wenn man viel Delta produziert, aber viele Menschen empfinden es eher als einen Fluch, besonders wenn sie nicht verstehen, was mit ihnen passiert. Ich sehe oft Menschen, die von ihrer Sensibilität für die Gefühle, Bedürfnisse und Gedanken anderer Menschen überwältigt werden. Manchmal muss man ihnen zeigen, wie sie aus dem scheinbar endlosen Sperrfeuer von Eindrücken, die sie unbewusst aufnehmen, gezielt auswählen können. Sie müssen lernen, gesunde Grenzen aufzubauen und zwischen ihren eigenen Gefühlen und denen anderer Menschen zu unterscheiden.

WIE DIE KOMBINATION VON HIRNWELLEN UNSER ERLEBEN BESTIMMT

Wir haben uns eben die vier Bestandteile unseres Hirnwellenmusters gründlich angeschaut: Beta, Alpha, Theta und Delta. Ihr Bewusstseinszustand setzt sich zu jeder Zeit aus einer Kombination dieser vier Kategorien zusammen. Wenn wir untersuchen, wie diese Kategorien interagieren und zusammenarbeiten [s. Anmerkung S. 262 zu Gammawellen], können wir bestimmte Empfindungen und Gemütsvorgänge verstehen lernen. Nachdem man in den 70er Jahren überzeugt war, dass nur Alpha den Schlüssel zu höheren Bewusstseinszuständen enthielt, kamen in den 1990er Jahren Theta und Delta stärker ins Blickfeld.

Vertreter mancher Modeerscheinungen in der Meditation behaupten, dass Theta und Delta viel wichtiger sind als Beta oder Alpha und die Antwort auf den Wunsch nach höheren Bewusstseinszuständen darstellen. Andere lehren eine

Hierarchie der Hirnwellen, deren Wichtigkeit von Beta über Alpha und Theta nach Delta reicht. Wieder andere erwähnen Delta-Wellen gar nicht erst, weil sie sie für unbedeutend oder nicht messbar halten. In Wahrheit ist keine Hirnwellenart besser als die andere, sondern alle arbeiten auf verschiedenste Weise zusammen und schaffen so die ganze Bandbreite unserer mentalen, emotionalen und spirituellen Bewusstseinszustände.

Innerhalb der groben Kategorien Alpha, Beta, Theta und Delta gibt es in Wirklichkeit eine Reihe verschiedener Frequenzen, die sich von Mensch zu Mensch unterscheiden. Jede Person hat ihre eigene *Hirnwellensignatur,* die sich selbst ähnlich bleibt, auch wenn sich die Bewusstseinszustände verändern. Die unterschiedlichen Frequenzen kann man sich wie die einzelnen Noten einer Sinfonie vorstellen. Manchmal ist die Kombination melodiös, weich und fließend, manchmal können die Missklänge fast zu einer Kakophonie werden. Unser Ziel ist es, eine starke, kraftvolle und harmonische Sinfonie unserer Hirnwellen zu schaffen. Wie in der Musik gilt es, die Noten zu beherrschen und sinnvoll miteinander zu verbinden.

LINKE UND RECHTE HEMISPHÄRE

Die Ansicht ist weitverbreitet, dass die linke Hälfte des Gehirns der logische oder denkende Teil ist, während die rechte Hemisphäre für Kreativität und künstlerische Aktivitäten zuständig ist, und dass wir meist nur eine der beiden Seiten in Anspruch nehmen. In Wirklichkeit ist das Gehirn ein integriertes Ganzes, in dem beide Seiten ständig aktiv sind. Die linke Hemisphäre arbeitet eher linear und detailorientiert, während die rechte mehr räumlich und ganzheitlich ausgerichtet ist, aber wir brauchen beide Funktionen, um in der Welt zu bestehen. Optimalerweise arbeiten die Hemisphären symmetrisch, aber auch asymmetrische Muster treten gelegentlich auf. Meditation und Hirnwellentraining verbessern das Gleichgewicht zwischen beiden Hemisphären.

Wir denken sowohl in der rechten als auch in der linken Gehirnhälfte und können ebenso in beiden Hemisphären kreativ sein. Der Weg zu einem volleren, kreativeren Bewusstseinszustand ist kein Wechsel von der linken zur rechten Gehirnhälfte. Er gleicht eher einer Erweiterung des Bewusstseins in die Tiefe – beginnend mit den Beta-Wellen des Denkens, denen wir die kreativen Aspekte von Alpha, Theta und Delta hinzufügen – in *beiden* Hemisphären gleichzeitig.

DER AWAKENED MIND

»Aha! Ich hab's. Alles macht jetzt Sinn. In einem Augenblick habe ich alles verstanden. Warum kann es nicht immer so sein?«

Auf einmal wissen Sie, dass Sie wissen! Sie haben das Gefühl, auf allen Ebenen zu verstehen. Möglicherweise gibt diese plötzliche Klarheit Anstoß zu außergewöhnlichen, kreativen Gedanken und Taten. Intuitive Einsicht in alte Probleme lässt sie plötzlich einfach und leicht lösbar erscheinen, vielleicht sogar unbedeutend. „Warum habe ich daran nicht früher gedacht?" oder: „Es ist so offensichtlich!" mögen Ihre Reaktionen auf Fragen sein, die Ihnen noch vor kurzem unlösbar erschienen. Vielleicht fühlen Sie eine große spirituelle Bewusstheit. Sie haben das Gefühl großen Wissens über das Universum – möglicherweise fühlen Sie sich sogar von Licht umgeben. Sie erleben einen Awakened Mind.

Das *Hirnwellenmuster des Awakened Mind* ist eine Kombination aller vorgenannten Hirnwellen – *Beta, Alpha, Theta und Delta* gleichzeitig. Wenn Sie diese Frequenzen zusammen im richtigen Verhältnis und der richtigen Beziehung zueinander hervorbringen, erleben Sie das intuitive Radar der Delta-Wellen, die kreative Inspiration, persönliche Einsicht und die spirituelle Bewusstheit der Theta-Wellen, das entspannte, losgelöste Bewusstsein der Alpha-Wellen; und die Fähigkeit der Beta-Wellen, Gedanken bewusst zu verarbeiten – alles zur selben Zeit!

DIE ENTDECKUNG DES AWAKENED MIND

C. Maxwell Cade war ein anerkannter britischer Psychobiologe und Biophysiker und als einer der wenigen Nichtmediziner Mitglied der renommierten Royal Society of Medicine. Cade wuchs in engem Kontakt mit Meditation und Zen-Training auf. Als sich seine wissenschaftlichen Fähigkeiten entwickelten, wollte er herausfinden, ob die Hirnwellen von Menschen, die höhere Bewusstseinszustände erlebten, gemessen werden konnten. Würde er dann besser verstehen, was sich in den Köpfen dieser Menschen abspielte? Würde es ihm helfen, auch anderen diese Bewusstseinszustände zugänglich zu machen? Er gab bereits Kurse in unterschiedlichen Meditationstechniken mit Hilfe von Biofeedback-Messgeräten, die den elektrischen Hautwiderstand registrierten. Der nächste logische Schritt war, einen Weg zu finden, die Gehirnwellen von Menschen zu messen.

Dazu entwickelte Cade gemeinsam mit dem Elektronikexperten Geoffrey Blundell einen Elektroenzephalographen (EEG), der speziell zu diesem Zweck konstruiert wurde. Sie bezeichneten ihre Erfindung als *Mind Mirror.* Dieser unterschied sich von traditionellen EEGs durch den Gebrauch einer Spektralanalyse, die gleichzeitig elf verschiedene Frequenzen in jeder Hirnhemisphäre messen konnte.

Cade setzte den Mind Mirror bei Swamis, Yogis, Heilern und Meditierenden ein, deren besondere Bewusstseinszustände auch andere Menschen anstrebten. Als er sie untersuchte, fand er den roten Faden, nach dem er gesucht hatte. Er beobachtete ein wiederkehrendes Muster von Hirnwellen in beiden Hemisphären, das er als Awakened Mind bezeichnete. Cade fand diesen lichten Bewusstseinszustand bei den von ihm untersuchten Menschen mit hochentwickelten geistigen Fähigkeiten immer wieder bestätigt und half seinen Schülern, diesen Zustand ebenfalls zu erreichen.

Als ich nach acht Jahren Studium und Arbeit mit Max Cade aus London in die Vereinigten Staaten zurückkehrte, begann ich mit meinen eigenen Forschungsarbeiten. Ich beobachtete das Awakened-Mind-Muster in Augenblicken kreativer Inspiration, unabhängig von der spirituellen Ausrichtung, von Glaubenssystemen oder Traditionen der Beteiligten. Musiker beim Komponieren, Choreographen, die einen Tanz kreieren, malende Künstler, sie alle produzierten diese Kombination von Hirnwellen im Augenblick großer Kreativität. Auch Mathematiker bei der Lösung einer schwierigen Gleichung oder Wissenschaftler inmitten ihrer Experimente zeigen dieses Hirnwellen-Muster. Vorstandsvorsitzende, die Entscheidungen fällen, und Menschen, die einen anspruchsvollen Haushalt führen, können ebenfalls dieses Muster produzieren.

Bei vielen Menschen tritt das Awakened-Mind-Muster nur gelegentlich auf, meist als kurz aufflammende Inspiration, die manchmal nur für Sekundenbruchteile anhält. Sie haben sicherlich mindestens einmal, wenn nicht mehrmals Augenblicke solcher Klarheit und Helligkeit erlebt. Vielleicht gibt es eine Tätigkeit, die Ihnen Spaß macht und Ihnen hilft, diesen Bewusstseinszustand leichter zu erreichen. Anderen Menschen gewährt der Awakened Mind kostbare Augenblicke eines selten erreichbaren Hochgefühls. Unabhängig von Ihrem derzeitigen Bewusstseinszustand und Ihrer Kontrolle darüber können Sie jetzt beginnen, Ihre Hirnwellen beherrschen zu lernen und die Kräfte Ihres Bewusstseins zu wecken.

In diesem Buch werden wir das Hirnwellenmuster des Awakened Mind grundlegend analysieren, herausfinden, wie es funktioniert, und nach Bausteinen suchen, mit deren Hilfe wir es selbst entwickeln können. Aber vorher wollen wir uns eine Reihe normaler Bewusstseinszustände ansehen sowie die Hirnwellen, die sie begleiten.

GEWÖHNLICHE BEWUSSTSEINSZUSTÄNDE

Die Abbildungen 2 A, B und C stellen Hirnwellenmuster dar, die Sie in Ihrem Wachzustand erleben können. Da Sie mit ihnen vertraut sind, können Sie von die ser Grundlage aus lernen, andere, entwickeltere Bewusstseinszustände zu erreichen. Während Sie die entsprechenden Techniken erlernen, bilden diese vertrauten Bewusstseinszustände die Basis, auf der Sie die neuen Erfahrungen verstehen können.

HIRNWELLENMUSTER DES WACHZUSTANDES

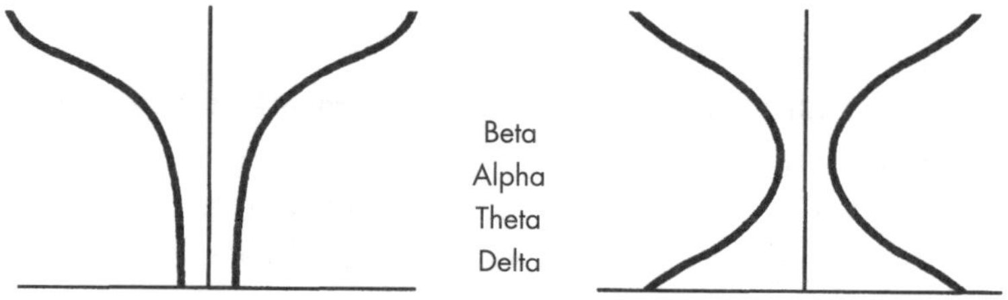

2A: Gespreiztes Beta

2B: Alpha-Blockade

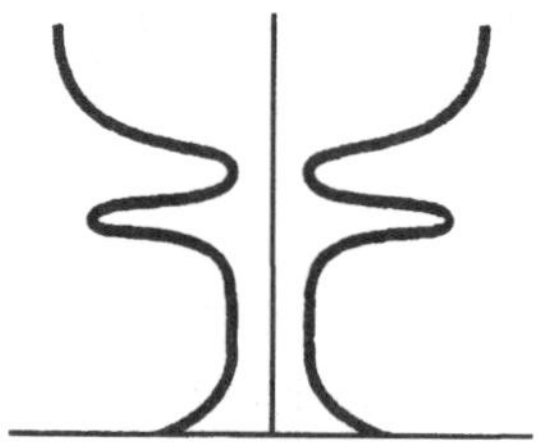

2C: Verbindung

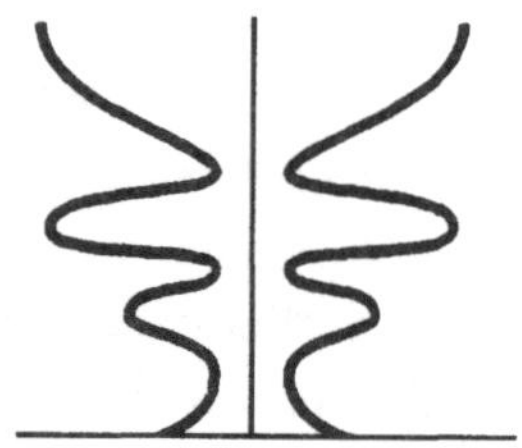

2D: Aha!
Beinahe Awakened Mind

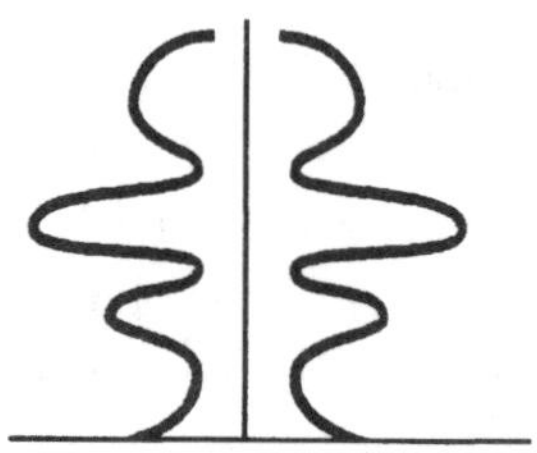

2E: Awakened Mind

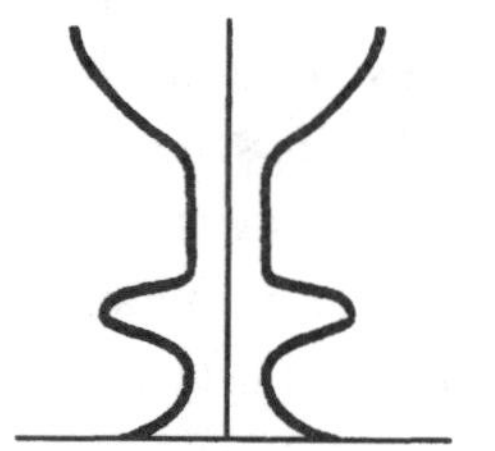

2F: Unterdrückte Inhalte

Im Wachzustand produzieren die meisten von uns ein Muster, das ich *gespreiztes Beta* nenne (Abbildung 2 A). Auf dem Bild des Awakened Mind (Abbildung 2 E) erkennen Sie, dass das Beta dort eine niedrigere Frequenz hat. Gespreiztes Beta kann als übermäßige gedankliche Aktivität erlebt werden – als der Teil des Bewusstseins, der andauernd kommentiert, plant, beurteilt und kritisiert. Manche nennen es das Komitee – der Teil von uns, der ständig zu uns selbst spricht – oder den Listenmacher. Gespreiztes Beta kann aber auch als Panik, Sorge, Angst oder als ein unbestimmtes Gefühl von Unwohlsein und Anspannung erlebt werden.

Viele Menschen können sich erfolgreich in der Welt bewegen, auch wenn sie ausschließlich oder zumindest überwiegend dieses Hirnwellen-Muster produzieren. Abgesehen davon, dass gespreiztes Beta ein irgendwie unangenehmer Zustand sein kann, ist es auch kein Zustand vollen Bewusstseins. Es ist schon paradox, das Wachbewusstsein – die Beta-Wellen – als nichtbewussten Zustand anzusehen. Gurdjieff hat es als „Wachschlaf" bezeichnet. Im reinen Beta sind wir uns unserer selbst nicht vollständig bewusst. Wir sind nicht mit unserem inneren Wesenskern, unserem Unterbewusstsein, unserem Unbewussten, unserer Intuition, unserem tieferen Verständnis von Spiritualität, unserer latenten Kreativität und unseren verborgenen Potentialen in Kontakt. Um diese Verbindung geht es bei dem Awakened Mind.

Wenn ich den Mind Mirror in einer Gruppe vorführe, bitte ich die an das Gerät angeschlossene Person, eine Reihe von Aufgaben zu erledigen, um die wechselnden Hirnwellenmuster vorführen zu können. Dabei gebe ich ihr jedesmal eine sehr schwierige Rechenaufgabe. Wenn die Person aufgefordert wird, die Aufgabe zu lösen, kann ich garantieren, dass sie gespreiztes Beta produziert. Ihr Beta spreizt sich in dem Moment, in dem sie das Problem *sieht* und zeigt ihre mentale Reaktion darauf, sich plötzlich mit einer schwierigen Aufgabe vor einer Gruppe auseinandersetzen zu müssen.Nur selten bitte ich sie, das Problem auch zu lösen, da es nur darum geht, die sofortige Reaktion der Beta-Hirnwellen zu demonstrieren.

Viele Menschen wünschen sich, dass sich ihr Bewusstsein nicht nur mit Denkprozessen beschäftigt, die den Beta-Hirnwellen entsprechen. Sie wissen, dass es einen reicheren, vollständigeren Bewusstseinszustand gibt, aber sie wissen nicht, wie sie ihn erreichen können. Wenn wir uns nach andersgearteter Information und nach einem anderen Seinszustand sehnen, spiegelt sich dies häufig im Unbewussten in Form von Delta-Wellen. Der Wunsch nach wirklichem Verstehen ist so groß, dass das Unbewusste seinen Radar nach außen richtet und ein Muster schafft, wie es in Abbildung 2 B zu sehen ist. Dieses Muster ähnelt einem Stundenglas und besteht aus hochfrequentem Beta, den Gedanken und den bewussten

Beobachtungen des Verstandes, und extrem niedrigfrequentem Delta, dem Radar des Unbewussten. Aber *dazwischen gibt es nichts, was die beiden Bereiche verbindet,* daher wird dieses Muster auch als *Alpha-Blockade* bezeichnet. Alpha sorgt für die Brücke von den höheren Frequenzen des Bewusstseins zu den niedrigen Frequenzen des Unterbewussten und Unbewussten und fehlt hier eindeutig.

Jemand mit einer solchen Alpha-Blockade möchte wirklich wissen, was los ist. Sowohl das Bewusste als auch das Unbewusste suchen nach Informationen, aber sie wissen gegenseitig nichts von ihren Bemühungen.

Ich beobachte dieses Muster häufig bei Klienten, wenn ich sie das erste Mal an den Mind Mirror anschließe. Nach dem gespreizten Beta ist dies das häufigste Muster, das ich bei Menschen im normalen Wachzustand vorfinde – besonders, wenn sie sich in der ungewohnten Situation befinden, dass ihre Hirnwellen beobachtet werden.

Wenn eine Person erstmals an den Mind Mirror angeschlossen wird, denkt sie in der Regel sehr intensiv, so dass man starkes Beta erwarten kann. Alles andere würde mich beunruhigen. Dagegen zeigen die Delta-Wellen ein tiefes Interesse an dem, was wir tun.

Wenn ich die Hirnwellen von Klienten beobachte, kann ich oft feststellen, wann sie das Interesse an dem verlieren, was ich sage. Ich sehe, wie sich ihr normalerweise ausgeprägtes Delta zurückzuziehen beginnt. Ich kann dann von einem anderen Blickwinkel über das Thema sprechen, um ihr Delta-Niveau wieder anzuheben. Mit anderen Worten, ich kann ihr unbewusstes Interesse hochhalten – ihre aktive, nonverbale Teilnahme an dem, was passiert. Während intensiver Therapiesitzungen ist Delta oft sehr ausgeprägt, wenn die Klienten mit ihrem Unbewussten nach Einsichten suchen.

Deshalb schließe ich meine Klienten bei jeder Sitzung an den Mind Mirror an. Ich bekomme wertvolle Informationen über ihr Inneres, wenn ich ihre wechselnden Hirnwellenmuster betrachte. Oft kann ich Veränderungen im Bewusstsein beobachten, die den Klienten selbst nicht bewusst sind.

Wenn Sie dieses Muster aus Beta und Delta produzieren, mag es Ihnen wie ein normaler Denkvorgang erscheinen, jedoch mit einem untergründigen Gefühl, etwas zu suchen – einem Wunsch, tiefer zu verstehen, was Sie gerade beschäftigt. Sie wollen Ihre Erfahrungen wirklich verstehen und ergründen. Bedenken Sie, dass Delta das Unbewusste repräsentiert, d.h., Sie suchen auf einer Ebene, derer Sie sich nicht bewusst sind. Alpha-Blockaden können aber auch ein Schutz vor Gedanken sein, mit denen Sie zur Zeit noch nicht bewusst umgehen können.

Eine Alpha-Blockade ist nicht immer stabil und kann von andauernden oder kurzen Ausbrüchen von Alpha-Wellen begleitet werden (Abbildung 2 C). Dabei entsteht eine Verbindung zwischen dem Bewussten und dem Unbewussten. Je häufiger und anhaltender Alpha auftritt, um so stärker ist diese Verbindung. In diesem Bewusstseinszustand werden Sie sich Ihrer Intuition und Ihres Einfühlungsvermögens bewusster und sind mit ihren tiefen Gefühlen und Bedürfnissen besser in Kontakt. Obwohl Ihre Bilder lebendiger werden und Sie wahrscheinlich besser imaginieren können als früher, haben Sie vielleicht dennoch das Gefühl, dass noch irgendetwas fehlt.

Abbildung 2 D zeigt das, was allgemein als „Aha"-Erlebnis bezeichnet wird. Für einen kurzen Augenblick oder auch länger werden Sie das Gefühl haben, dass Sie dieses fehlende Teilstück gefunden haben. Sie wissen vielleicht nicht genau, was Sie verstehen, aber Sie werden dennoch die beinahe körperliche Erregung verspüren, die Ihnen sagt, dass Sie verstehen. Aber häufig ist es genauso schnell wieder vorbei – und Sie fragen sich, was Sie da gerade erlebt haben.

Diese kurzen Muster des „Beinahe-Awakened Mind" können häufiger auftreten und werden oft als sehr kurze (Sekundenbruchteile), blitzartige Einsichten charakterisiert. Wenn sie stark und lang genug sind, bleibt genug Zeit, damit die Informationen frei durch das Bewusste, Unterbewusste und Unbewusste fließen können. Die Einsicht durchdringt alle Ebenen und bleibt im Gedächtnis, nachdem die flüchtige Erscheinung wieder vorüber ist. Oft ist aber das Aufflackern von Beta, Alpha, Theta und Delta einfach zu kurz. Ihnen bleibt dann das Gefühl, dass Sie „es" hatten, es aber wieder verloren haben. Wenn Sie gleich innehalten, nachdem das „Aha" vorüber ist, Ihre Augen schließen und sich kurz in Ihr Inneres versenken, haben Sie eine gute Chance, sich noch an Ihre Einsicht zu erinnern.

Als ich die Abbildung 2 D beschrieb, bezeichnete ich sie als Beinahe-Awakened-Mind. Warum „beinahe" und nicht der „richtige" Awakened Mind? Den Unterschied erkennen Sie in Abbildung 2 E. Beachten Sie, dass die Beta-Wellen beim Awakened Mind im oberen Teil der Kurve wieder geringer werden. Wenn Sie Einsichten gewinnen, während Sie sich in einem Bewusstseinszustand wie in Abbildung 2 D befinden, wird Ihnen das gespreizte Beta ein Gefühl von Ablenkung oder gedanklicher Unruhe vermitteln. Vielleicht erleben Sie diese Begleitsymptome als einen Mangel an Konzentration, als Übererregung, Ängstlichkeit, den Versuch, zu analysieren, oder als eine andere Art innerer Zerstreutheit. Ich habe das Muster in Abbildung 2 D oft bei erfolgreichen Geschäftsleuten gesehen, die zwar Einsichten hatten, ihre Unruhe aber nicht überwinden konnten.

Selbst wenn Sie den „richtigen" Awakened Mind wie in Abbildung 2 E nur kurz erleben, fühlen Sie sich konzentriert, klar und ganz ohne jede äußere Ablenkung oder unnötige Gedanken.

Abbildung 2 F zeigt ein Hirnwellenmuster von Beta, Theta und Delta, aber es ist deutlich, dass hier Alpha fehlt. Jemand in diesem Bewusstseinszustand wird sich recht unbehaglich fühlen, besonders wenn Theta stark ist. Der Inhalt Ihres Unterbewussten, das den Theta-Wellen entspricht, kann dabei angenehm oder unangenehm sein. Unabhängig davon haben Sie vielleicht den Eindruck, als wenn etwas aus Ihrer Tiefe an die Oberfläche drängt. Ohne Alpha-Wellen, die die Lücke zu Ihren Beta-Wellen überbrücken, können Sie nicht herausfinden oder verstehen, was es ist. Da wir manchmal stark von unbekannten Inhalten unseres Unterbewussten beeinflusst werden, kann auch unser Verhalten verändert werden, ohne dass wir wissen warum. Wenn wir Alpha unserem Hirnwellenmuster hinzufügen können, finden wir oft eine Erklärung für manche unserer Aktivitäten und Einstellungen. Damit eröffnen sich uns mehr Möglichkeiten, über unser Verhalten frei zu entscheiden.

Der in Abbildung 2 F dargestellte Bewusstseinszustand kann bei jemandem auftreten, in dessen Unterbewusstem unterdrückte seelische Inhalte eingeschlossen sind. Diese können eine treibende innere Kraft werden. Dieses Muster kann von großen Frustrationsgefühlen begleitet sein – als kreativer Drang oder Impuls, der sich ausdrücken will, aber sich nicht im Bewusstsein manifestieren kann. Ein solcher Mensch sollte sein Alpha entwickeln lernen.

Ein Klient von mir, der dieses Muster zeigte, schien äußerlich einer der gesündesten und glücklichsten Menschen zu sein. Er war erfolgreich in seiner Arbeit, zufrieden in seiner Beziehung und emotional aufgeräumt und klar mit seiner Vergangenheit. Als ich jedoch dieses Muster wahrnahm, begann ich Fragen zu stellen, um herauszufinden, was sich in seinem Unterbewussten verbarg. Sehr bald offenbarte er mir, dass er seit einiger Zeit unzufrieden mit seiner Beziehung zu Gott war. Das Bedürfnis nach spiritueller Entwicklung bedrängte ihn innerlich und erfüllte ihn mit Druck und Unzufriedenheit, die er nicht verstand und von der er nicht wusste, was er damit anfangen sollte. Als ich ihm anhand seiner Hirnwellen erklärte, was mit ihm geschah, war er außerordentlich befreit und begann mit meiner Hilfe Techniken zu erlernen, die ihm halfen, sich über seine unterbewussten Bedürfnisse klarer zu werden.

Eine andere Klientin mit einem ähnlichen Muster war ein Opfer von Kindesmissbrauch. Sie hatte ihre Erinnerungen sehr stark unterdrückt, und es ging ihr sehr schlecht. Nach vielen Sitzungen war sie in der Lage, genug Alpha aufrechtzuerhalten, um sich mit dem, was ihr passiert war, auseinanderzusetzen und es zu heilen.

WIE KANN ICH MICH ENTWICKELN?

Bis jetzt haben wir über verschiedene Bewusstseinszustände gesprochen und die Hirnwellen, die sie im Wachzustand begleiten. Inzwischen haben Sie vielleicht eine bessere Vorstellung von den Hirnwellenmustern, die Sie gerne selbst produzieren möchten. Vielleicht haben Sie auch ein Gefühl dafür bekommen, wo Sie jetzt stehen -welche Hirnwellen Sie die meiste Zeit produzieren. Aber wie entwickeln Sie die Fähigkeit, Ihren Bewusstseinszustand jederzeit dahin zu lenken, wo Sie ihn haben möchten?

Leisten Sie Ihre innere Arbeit zuerst

Es ist viel leichter, unsere Hirnwellen im Zustand tiefer Entspannung und mit geschlossenen Augen zu kontrollieren und zu entwickeln. Die mittelfrequenten Alpha- und Theta-Wellen sind leichter zugänglich, wenn wir uns in unser Inneres versenken. Langfristig wollen wir aber diese Hirnwellen auch erzeugen können, während wir uns in der äußeren Welt bewegen.

Lassen Sie uns aber zunächst einen Blick darauf werfen, wie wir bereits jetzt einige dieser inneren Zustände erleben. Diejenigen, die irgendeine Art von Meditation ausüben, sind mit ihrer inneren Welt oft sehr verbunden. Wir haben alle, ob wir meditieren oder nicht, innere Bewusstseinszustände, mit denen wir vertraut sind.

Manchmal ändert sich gar nichts, wenn wir unsere Augen schließen und unsere Aufmerksamkeit nach innen richten. Wir sind so mit unseren Gedanken beschäftigt, dass unser normales gespreiztes Beta, das wir mit offenen Augen produzieren, einfach präsent bleibt. Sie haben vielleicht schon erlebt, dass Sie sich entspannen *möchten* und vielleicht bestimmte Gedanken loswerden wollen, diese aber immer wiederkehren. Was Sie auch tun, nichts scheint in der Lage, Ihren Bewusstseinszustand zu verändern. Schauen Sie sich nochmals die Abbildung 2 A und 2 B an, um herauszufinden, wie Ihre Hirnwellen aussehen.

Wenn geistige Stille, Klarheit und Entspannung Ihr Ziel sind, werden Sie diesen Zustand als unangenehm empfinden. Sie sind in den Inhalten Ihrer Beta-Wellen gefangen und müssen sich mit zu vielen Gedanken auseinandersetzen – zu große Intensität, zu viel Ablenkung. Wenn Sie sich mit negativen Gedanken oder Sorgen herumplagen, sind Sie vielleicht ängstlich oder angespannt. Selbst wenn Sie mit positiven, aufregenden oder kreativen Gedanken befasst sind, werden Sie sich dennoch ruhelos und unbehaglich fühlen, weil Sie all diese Gedanken nicht aus Ihrem Kopf verbannen können.

Das letztendliche Ziel ist es, den eigenen Bewusstseinszustand unabhängig von den Inhalten kontrollieren zu lernen. Dies betrifft positive Inhalte ebenso wie negative.

»Aber ich habe nicht viel Zeit zu meditieren. Wie kann ich die innere Arbeit in kurzer Zeit schaffen? Ich möchte diese rastlosen Gedanken loswerden.«

Was passiert, wenn Sie alle guten Absichten der Welt haben, zu meditieren, aber immer wieder kommt etwas dazwischen – die Arbeit, die Kinder, die Beziehung, unsere Hobbys und Sportaktivitäten, der Einkauf, das Kochen, der Hausputz ...? Müssen wir die Idee, unsere inneren Bewusstseinszustände zu kontrollieren und einen High Performance Mind zu entwickeln, aufgeben? Die Antwort ist ein klares Nein.

Schon ein paar Minuten der Meditation oder Innenschau, sei es auch nur einmal pro Woche, beeinflussen Ihre Hirnwellen und damit Ihre Erfahrungen im Leben. Viele Menschen glauben, sie müssten mindestens eine Stunde pro Tag aufwenden, um einen Nutzen aus Meditation oder Entspannung ziehen zu können. Sie probieren es für ein paar Tage oder vielleicht sogar für ein paar Wochen. Aber ihre Entschiedenheit lässt bald nach, weil sie einfach nicht über genug freie Zeit in ihrem hektischen Tagesablauf verfügen. Oder sie haben sich innerlich noch nicht entschieden, dass ihnen dieses Ziel wichtig genug ist, um dafür ihre vollen Tagespläne neu zu ordnen.

Zuerst treten vielleicht Schuldgefühle auf. Man unternimmt ein paar zusätzliche Anstrengungen. Dann werden die Schuldgefühle unangenehm, also entscheiden sie, dass Meditation nichts für sie ist.

Diese Menschen verstehen nicht, dass *jede Minute,* die zur Innenschau, Meditation oder Entspannung genutzt wird, wertvoll ist. Auch wenn Sie nur wenig Zeit dafür aufwenden, werden die Ergebnisse Sie ermutigen, weiterzumachen.

DIE HIRNWELLEN DER GEFÜHLE

Eine der mir am meisten gestellten Fragen ist: „Gibt es besondere Hirnwellen, die mit Liebe, Ärger, Hass, Freude, Angst, und so weiter verbunden sind?" Dies ist nicht ganz einfach zu beantworten, weil jeder von uns seine eigenen Hirnwellen für jedes dieser Gefühle hat.

Ärger kann sich zum Beispiel bei einem Menschen in einer erhöhten Amplitude aller Frequenzen ausdrücken. Ein ungeheurer Wutanfall ruft bei ihm eine große Menge elektrischer Entladungen im Gehirn hervor. Bei jemand anderem dagegen könnte eine dramatische Verminderung der Amplitude aller Frequenzen auftreten, wenn der Ärger ihn veranlasst, sich zurückzuziehen. Der Ärger könnte bei einer dritten Person eine bestimmte Frequenz, wie z.B. einen Ausbruch von Beta-Wellen, aktivieren, wenn unkontrolliertes Denken auftritt. Aber auch Theta-Wellen können beobachtet werden, wenn der Ärger Erinnerungen wachruft, die im Unterbewussten verschlossen sind.

Ihre Hirnwellen können sich bei verschiedenen Arten von Ärger unterschiedlich verhalten, oder Sie reagieren bei jedem Ärger auf die gleiche Weise. Hätte ich die Möglichkeit, Ihre Hirnwellen oft genug zu beobachten, könnte ich möglicherweise herausfinden, wann Sie ärgerlich sind, ohne auf den Ausdruck Ihres Gesichtes achten zu müssen – einfach, weil ich Ihr besonderes Muster kennen würde. Aber nochmals: Es gibt kein generelles Muster, das allen Menschen gemeinsam ist.

Ich behaupte nicht, dass Sie immer Ihren Ärger in Schach halten können, indem Sie Ihre Hirnwellen kontrollieren. Falls Sie etwas ärgerlich macht, mit dem Sie sich schon vor zehn Jahren hätten auseinandersetzen sollen, haben Sie diese Aufgabe möglicherweise noch vor sich. Wenn Sie Ihre Hirnwellen modifizieren, können Sie aber die Art verändern, wie Sie Ihren Ärger *erleben,* wie Sie ihn ausdrücken und wie Sie damit umgehen.

Wie können Sie durch Beeinflussung Ihrer Hirnwellen Ihren Ärger mäßigen? *Beobachten* Sie, was in Ihnen vorgeht, wenn Sie das nächste Mal Ärger empfinden. Nutzen Sie die Beschreibungen der verschiedenen Hirnwellen und ihrer Kombinationen, die Sie in diesem Buch vorfinden, damit Sie verstehen, welche Hirnwellen Sie erzeugen und wie Ihr individuelles Muster aussieht. Bedienen Sie sich dann der verschiedenen Techniken, um Ihre Hirnwellen und Ihr Bewusstsein zu verändern.

Sie werden sehr schnell unterscheiden können, welche Bewusstseinszustände Sie anstreben und welche nicht. Es erfordert jedoch etwas mehr Zeit und Mühe, bis Sie in der Lage sind, einen unerwünschten Bewusstseinszustand gezielt zu verändern. Dieser Prozess entwickelt sich erst nach und nach durch Übung, aber das Ergebnis ist sicherlich alle Anstrengungen wert.

Bevor wir dieses Kapitel abschließen, möchte ich Sie zu einer kurzen Meditation einladen. Setzen Sie sich bequem hin, nachdem Sie die Anleitung gelesen haben. Suchen Sie sich dafür einen Platz, an dem Sie sich für ungefähr zehn Minuten ungestört entspannen können.

Schließe deine Augen und lass alle Gedanken los. Konzentriere dich ein paar Minuten lang allein auf deinen Atem und deine Entspannung.

Reise in deiner Vorstellung durch deinen ganzen Körper, und entspanne einen Körperteil nach dem anderen. Beginne mit den Muskeln in deinem Gesicht, dem Nacken, deinen Schultern, entspanne dich bis hinab in deine Füße und Zehen.

Erlaube dir, innere Stille, Ruhe und Gelassenheit zu erleben.

Erlaube dir, aus tiefem Frieden und tiefer Entspannung heraus ein Bild oder ein Symbol zu finden, das wiedergibt, wo du dich jetzt in deinem Leben befindest.

Du kannst vielleicht eine Farbe sehen oder ein Bild, ein körperliches Gefühl erleben, ein Geräusch oder eine Stimme in deinem Kopf hören oder einfach eine Gewissheit empfinden, die dir sagt, wo du dich auf deinem persönlichen Weg befindest.

Bringe alle diese Erfahrungen mit, wenn du aus deiner Meditation zurückkehrst.

Am besten schreiben Sie Ihr Symbol auf, damit Sie sich später daran erinnern können, wenn Sie das Buch durcharbeiten. Es kann sein, dass Sie von Zeit zu Zeit prüfen möchten, was Ihnen Ihr Symbol bedeutet, ob Ihr Weg der gleiche geblieben ist oder ob er sich verändert hat, und wie Sie auf ihm vorankommen.

Wenn Sie einen High Performance Mind entwickeln, können Sie oft schon von Beginn an Nutzen daraus ziehen. Sie verfügen nun über den nötigen Basiswortschatz, um an Ihren Beta-, Alpha-, Theta- und Delta-Hirnwellen zu arbeiten. Sie werden sie schließlich so kombinieren können, dass Sie Ihren optimalen Bewusstseinszustand erreichen.

ZWEI

DIE VERBINDUNG ZUM KÖRPER

Es ist wichtig, dass wir die Rolle unseres Körpers nicht außer Acht lassen, wenn wir einen High Performance Mind entwickeln wollen. Biofeedback wird oft eingesetzt, um Menschen zu helfen, ihren Körper zu beeinflussen. Wir wollen uns jetzt anschauen, wie Biofeedback ebenso helfen kann, Bewusstseinszustände zu verändern. Biofeedback ist nichts anderes als die Rückmeldung der eigenen Biologie. Sie können nichts gezielt verändern, wenn Sie sich nicht Ihres Ausgangszustandes bewusst sind. Wenn Sie auf eine bestimmte Körperfunktion aufmerksam werden, können Sie sie auch beeinflussen.

Biofeedbackgeräte messen bestimmte Körperfunktionen und geben Ihnen Informationen über deren Zustand. Mit diesen Informationen ausgerüstet haben Sie es dann in der Hand, sie zu verändern. Das meistverbreitete Biofeedbackgerät im Haushalt ist der Spiegel. Sie schauen in den Spiegel, der Ihnen zeigt, wie Sie aussehen. Sie können dann Ihre Haare kämmen oder etwas anderes verändern, was dann vom Spiegel wiedergegeben wird. Sie wissen nun, dass sich etwas verbessert hat, und sehen eher so aus, wie Sie aussehen möchten.

Ein anderes bekanntes Biofeedbackgerät ist die Waage. Obwohl die Waage oft nicht sinnvoll eingesetzt wird, kann man mit ihrer Hilfe das eigene Gewicht durch Biofeedback reduzieren. Man wiegt sich jeden Morgen mit der Absicht, den Gewichtsanzeiger nach unten zu bewegen.

Falls Sie über eine Uhr mit einem Sekundenzeiger verfügen, können Sie üben, die Frequenz Ihres Herzschlages herabzusetzen, indem Sie Ihren Puls messen und die Anzahl der Schläge ein paar Minuten lang beobachten. Wählen Sie Zeitabschnitte von 15 bis 30 Sekunden, und zählen Sie die Schläge. Sie können Ihren Herzschlag verlangsamen oder beschleunigen, während sie auf die Uhr schauen und zählen. Biofeedback ist *kein* gedanklicher Prozess. Lassen Sie die Veränderung einfach geschehen. Nachdem Sie Ihre Entscheidung mit Hilfe ihrer Beta-Wellen getroffen haben, überlassen Sie es den niedrigfrequenten Alpha- und Theta-Wellen, den Wandel herbeizuführen.

Es gibt Biofeedbackgeräte für nahezu jede messbare Körperfunktion. *Elektrische Hautwiderstandsmessgeräte* (ESR) oder *galvanische Hautreaktionsmesser* (GSR) messen die Erregung oder die Entspannung des Nervensystems und werden beim Erlernen von Entspannung und Stressbewältigung eingesetzt. Elektromyographen (EMG) messen die Muskelspannung und können beim Entspannungstraining oder bei der Rehabilitation von Muskelverletzungen hilfreich sein. EEGs geben uns Feedback über unsere Hirnwellen. Die richtige Art von EEG kann daher zum Hirnwellentraining eingesetzt werden. Es gibt sogar ein Biofeedbackgerät, das man schlucken muss, damit es den Säuregehalt des Magensaftes zurückmelden kann.

Wahrscheinlich werden Sie kein Biofeedbackgerät benutzen, wenn Sie die Übungen in diesem Buch praktizieren. Daher wird Ihnen dieses Kapitel zeigen, dass es Wege gibt, wie man Biofeedback direkt von seinem Körper selbst bekommen kann. Jedesmal, wenn Ihnen bei den Übungen Veränderungen in Ihrem Inneren bewusst werden, merken Sie sich dieses Gefühl. Diese Gefühle oder Erfahrungen werden Ihr Biofeedback sein, das Ihnen sagt, in welchem Bewusstseinszustand Sie sich befinden. Wenn Sie lernen, das Feedback Ihres Körpers wiederzuerkennen, können Sie jeder Meditationserfahrung ein bestimmtes Hirnwellenmuster zuordnen und lernen, wie Sie dieses Muster weiter vertiefen können. Biofeedback ist ein Werkzeug, das Ihnen helfen kann, gezielt in bestimmte Bewusstseinszustände zurückzukehren und länger in ihnen zu verweilen.

Wenn Sie entspannt sind, ist es viel leichter, die Hirnwellen so zu beeinflussen, dass Sie einen tieferen Bewusstseinszustand oder einen High Performance Mind erreichen. Beißen Sie einmal die Zähne aufeinander, spannen Sie Ihre Kiefernmuskeln an, ballen Sie die Fäuste und fordern Sie sich selbst auf, *sich Bilder vorzustellen.* Sie werden sehen, was ich meine. Meditation bedeutet, sowohl den Körper als auch den Geist entspannen zu können.

ERREGUNG IST DAS GEGENTEIL VON ENTSPANNUNG

Der *Körper* unterscheidet nicht unbedingt zwischen den verschiedenen Ursachen von Erregung wie Sorgen, Aufregung, Angst, Ärger oder Begeisterung. All dies mag zu ähnlichen Körpergefühlen führen. Normalerweise werden Sie jedoch einen markanten Unterschied feststellen zwischen den Körpergefühlen der Erregung, wie beschleunigtem Herzschlag, schnelleren Atem, Unruhe, Nervosität oder Panik und den Körperwahrnehmungen der Entspannung, wie z.B. Frieden, Ruhe, Leichtigkeit oder Gelassenheit.

In der erstgenannten Situation ist das sympathische Nervensystem aktiviert und ruft eine Erregung hervor, unabhängig von der Ursache. Im zweiten Fall ist das parasympathische Nervensystem angeregt, und das Ergebnis ist Entspannung.

Um zu erleben, wie sich Erregung anfühlt, machen Sie bitte die folgenden Übungen:

1. Hyperventilieren Sie, indem Sie einige Sekunden lang tief ein- und ausatmen. (Bitte seien Sie vorsichtig, und übertreiben Sie nicht. Wenn Ihnen schwindelig wird, hören Sie bitte sofort auf.)
   Hören Sie auf. Schließen Sie Ihre Augen. Nehmen Sie wahr, wie sich Ihr Körper anfühlt. Werden Sie sich all Ihrer Gefühle bewusst.
2. Laufen Sie ein oder zwei Minuten auf der Stelle.
3. Denken Sie an etwas sehr Unangenehmes.
4. Denken Sie an etwas sehr Aufregendes.

Machen Sie nach jeder Übung eine Pause, und nehmen Sie wahr, was sich in Ihrem Körper ereignet.

Für manche Menschen ist es bei den letzten beiden Übungen schwieriger, den Körper schnell zu erregen, weil es dabei um *Denken* an Gefühlszustände geht und nicht darum, etwas Körperliches zu tun. Größere körperliche Aktivitäten sorgen häufig für eine unmittelbare Erregungsreaktion. Außerdem ist es meistens einfa cher, sich wieder zu entspannen, wenn die Erregung durch körperliche Aktivität hervorgerufen wurde, als wenn sie durch geistige Tätigkeit entstand. Es kann etwas länger dauern, den Körper durch die Vorstellung bestimmter Gefühle anzuregen, aber wenn Ihnen dies erst einmal gelungen ist, ist diese Art Erregungszustand wegen der vielen begleitenden körperlichen Veränderungen oft schwieriger wieder zurückzunehmen. Wenn Sie auf diese Weise angeregt sind, haben Sie einen Zustand aktiviert, der als *Kampf oder Fluchtreaktion (fight-or-flight-response)* bezeichnet wird. Bestimmte physiologische Veränderungen, wie erhöhte Sauerstoffaufnahme, beschleunigter Herzschlag, höherer Blutdruck und größere Muskelanspannung, sind dafür typisch. Auch der Adrenalin- und der Cortisonspiegel im Blut werden ansteigen. Im Erregungszustand wird die Körperperipherie schlechter durchblutet, da sich die Blutzirkulation auf die Muskulatur und die lebenswichtigen Organe konzentriert. Das erklärt, warum man kalte Füße bekommt, wenn man mit einem angstauslösenden oder aufregenden Ereignis konfrontiert ist. Wenn Ihr Körper diese Veränderung durchläuft, *ist er bereit, zu handeln! Das* kann bedeuten, dass Sie laufen, kämpfen oder andere außerordentliche physische Fähigkeiten einsetzen. Unter extremem Druck oder in Angst um das Leben geliebter Menschen sind unglaubliche Kraftakte vollbracht worden, wie z.B. das Anheben von Autos oder schwersten Gegenständen.

Durch Laufen oder Kämpfen kommt der Körper schließlich wieder in sein normales Gleichgewicht. Können solche Aktivitäten nicht stattfinden, bleiben in der Regel der beschleunigte Herzschlag, der hohe Blutdruck, der Adrenalinspiegel und die Anspannung bestehen. Dies bringt ein überhöhtes Risiko stressverursachter Krankheiten mit sich. Die Kampf- oder Fluchtreaktion wird zunächst zur Gewohnheit, dann zur Gefahr.

Manche Menschen werden süchtig nach Stress, indem sie den Zustand der Erregung zu ihrem Normalzustand machen. Die Ausschüttung von Adrenalin und andere physische Veränderungen helfen ihnen, ihren Termindruck zu bewältigen. Oft haben sie das Gefühl, ohne den Impuls ihrer Stressreaktionen nicht über genügend Energie zu verfügen, um alle Aufgaben zu erledigen. Wenn jemand den Stress braucht, um sich angeregt und lebendig zu fühlen, kann Stress zur Droge werden. Menschen, die unter großem Druck arbeiten – Börsenmakler, Autoren unter Abgabedruck, Rettungssanitäter, hochrangige Unternehmensmanager – können dieser Erfahrung ständig ausgesetzt sein.

Aber auch ohne besondere äußere Stressfaktoren können wir uns unter diesen Druck setzen, einfach, indem wir Aufgaben bis zur letzten Minute aufschieben, uns weigern, Verantwortlichkeiten sauber zu delegieren, unseren Terminkalender überfrachten oder zu viel von uns etwarten. Sehr viele Menschen, die sich ständig beeilen und ihr Leben in Anspannung verbringen, haben keine Ahnung, was sie da mit sich tun. Vielleicht haben Sie schon jemanden getroffen, der mit zusammengebissenen Zähnen auf Ihre Aufforderung, sich doch zu entspannen, zurückkeifte: „Ich *bin* entspannt!"

Ein Weg, die Entstehung von Stress im Körper zu verhindern, ist der bewusste Stressabbau. Das ist jedoch nicht immer möglich. Inmitten einer Auseinandersetzung mit Ihrer Chefin oder Ihrem Chef können Sie sich nicht kurz verabschieden, um eine Runde um den Block zu laufen. Die Alternative, mit ihm zu kämpfen, wird sich noch weniger anbieten. Auch die Möglichkeit, sich auf die Arbeit zu stürzen, um Ihren Stress abzubauen, ist nicht immer gegeben oder nicht die richtige Antwort für Ihr angespanntes Nervenkostüm.

Die Lösung liegt darin, der Kampf- oder Fluchtreaktion *bewusst* entgegenzuwirken und die *Entspannungsreaktion* (relaxation response) zu aktivieren. Den meisten Menschen fällt es schwer, ihren Hirnwellenstatus zu beeinflussen, während sie die körperliche Erregung des Kampf- oder Fluchtreflexes erleben. Die Gefühle und Körpersensationen, die Sie während und nach den Erregungsübungen wahrnahmen, sind Ihr Biofeedback. Wenn Sie sich diese Gefühle merken können und sie beim nächsten Auftreten wiedererkennen, wissen Sie, dass Sie sich in einem Zustand physiologischer Erregung befinden. Das folgende Entspannungsprogramm wird Ihnen helfen, diese Erregungszustände zu beeinflussen und sie loszulassen.

Erleben Sie in der folgenden Übung, wie sich Entspannung anfühlt. (Lesen Sie wie immer zuerst den Text ganz durch):

Schließe deine Augen, und atme tief aus. Lasse deine Schultern fallen. Bewege deinen Kopf vorsichtig, bis du ein angenehmes Gleichgewicht für Kopf, Hals und Schultern gefunden hast. Lockere und entspanne deine Kiefernmuskulatur. Entspanne deine Lippen, Zunge und Rachen. Atme nochmals tief aus, und lass los. Atme ein bis zwei Minuten lang langsam, gleichmäßig und tief …

Nimm jetzt deinen Körper wahr. Merke dir all deine Gefühle. Vergleiche diese Erlebnisse mit denen der Erregungsübung.

Dies ist Ihr *Biofeedback.* Wann immer Sie diese Gefühle von Loslassen und Ruhe empfinden, werden Sie wissen, dass Sie sich *entspannen.* Im Unterschied zu den physiologischen Veränderungen, die Sie im Zustand der Erregung erlebten, werden jetzt Ihre Sauerstoffaufnahme, Ihre Herzfrequenz, Ihr Blutdruck und Ihre Muskelspannung abnehmen. Weniger Adrenalin und Cortison werden in Ihren Blutkreislauf gepumpt, und Sie werden schließlich spüren, wie sich Ihre Hände und Füße erwärmen.

Probieren Sie diese einfachen Übungen so lange, bis Sie den Unterschied zwischen Erregung und Entspannung fühlen können. Sie können diese Gefühle und Wahrnehmungen als Ihren Feedback-Mechanismus nutzen, der Ihnen sagt, in welchem Zustand sich Ihr Körper befindet und wie intensiv dieser Zustand ist.

»WAS IST BESSER – ERREGUNG ODER ENTSPANNUNG?«

Erregung ist nicht von Natur aus besser als Entspannung oder umgekehrt. Beide Zustände sind zu bestimmten Zeiten wichtig. Optimal ist es, *wenn Sie das Niveau Ihrer Erregung oder Entspannung nach Ihren Wünschen bestimmen und entsprechend herbeiführen können.* Wir sind einmal mehr auf Selbstbestimmung und Entscheidungsfreiheit zurückgekommen.

Lassen Sie sich nicht einreden, dass Erregung, Anspannung oder schnelles Reagieren auf äußere Reize schlecht sind. Sie können sowohl zu locker wie auch zu aufgedreht sein. Denken Sie an jemanden, der gedankenverloren eine vielbefahrene Straße überquert. Wenn Sie ein Auto auf sich zukommen sehen, ist es *keine* angemessene Reaktion, gemütlich weiterzutrotten.

Vielleicht kennen Sie auch Menschen, die sich bei Verabredungen, bei denen es auf Pünktlichkeit ankommt, verspäten, z.B. bei wichtigen Besprechungen oder am Flughafen. Jemand bummelt herum und kann sich auch dann nicht beeilen, wenn er weiß, dass er sich verspätet. Er kommt zu spät zur Sitzung oder verpasst seinen Flug. Er bemerkt nicht einmal, dass er seine Energien nicht aktiviert und dass er sein Leben durchaus in einer schnelleren Gangart verbringen könnte. Trotzdem könnte er gesund und stressfrei leben.

Wir müssen fähig sein, unser Nervensystem schnell und energisch zu aktivieren, wenn es erforderlich ist und wenn *wir es wollen.* Wir müssen aber ebenso in der Lage sein, unser Nervensystem zu beruhigen und die Entspannungsreaktionen genauso schnell und gründlich zu aktivieren. Wenn Sie den bewussten Wechsel zwischen diesen beiden Extremen üben, können Sie sich jederzeit zwischen Aktivität oder Entspannung entscheiden.

Nachfolgend lernen Sie eine Übung zur Tiefenentspannung kennen. Es gibt viele Techniken, mit denen Sie Ihren Körper entspannen können. Das Konzept, das ich hier zusammengestellt habe, hat sich in Seminaren, individuellen Hirnwellentrainings oder Feedback-Sitzungen bewährt. Sie können die Meditationen und Übungen aus diesem Buch auf unterschiedliche Art und Weise anwenden.

WIE SIE DIE ÜBUNGEN IN DIESEM BUCH NUTZEN KÖNNEN

Eins

Lesen Sie die Übung oder Meditation von Anfang bis Ende durch. Machen Sie sich eine Vorstellung von dem, was Sie mit der Meditation erreichen wollen. Versuchen Sie nicht, sich dieses Ziel Wort für Wort zu merken. Es ist besser, wenn Sie nur ein *Gefühl* davon haben. Wenn Sie die Anleitung verstanden und in sich aufgenommen haben, benötigen Sie Ihre Beta-Wellen nicht länger, um zu wissen, was Sie tun sollen. Es mag hilfreich für Sie sein, sich an bestimmten Bildern zu orientieren, um den Ablauf der Übung zu erinnern. Klappen Sie dann das Buch zu, schließen Sie Ihre Augen, und nehmen Sie eine geeignete Position ein – entweder sitzend oder liegend. Erlauben Sie sich, das gerade Gelesene innerlich wiederentstehen zu lassen. Versuchen Sie, nicht zu sich selbst zu sprechen oder sich mit Worten anzuleiten – lassen Sie die Meditation einfach geschehen.

Zwei

Sie können die Meditation aber auch aufnehmen und sie sich anschließend vorspielen. Eine gleichförmige, sanfte Stimme im Hintergrund gibt Ihnen etwas, an das Sie sich anlehnen können, und hilft oft, sich noch tiefer in sich selbst zu versenken. Sprechen Sie langsam und deutlich mit einem entspannten Ton in der Stimme. Erlauben Sie sich viele längere Pausen zwischen den Anweisungen, damit Sie ausreichend Zeit haben, Ihre inneren Erlebnisse zu empfinden. Anfänglich sind manche Menschen durch den Klang ihrer eigenen Stimme irritiert. Das sollte jedoch vorübergehen, wenn Sie der Aufnahme einige Male zugehört haben.

Drei

Lassen Sie sich die Meditation durch einen Freund/ eine Freundin vorlesen. Sorgen Sie dafür, dass er oder sie ebenfalls mit entspannter Stimme spricht und Ihnen ausgedehnte Pausen gewährt. Vielleicht möchten Sie sogar eine kleine Meditationsgruppe ins Leben rufen, in der abwechselnd ein Mitglied liest, während der Rest meditiert.

Vier

Ich habe Aufnahmen von vielen dieser Meditationen produziert, sie sind auch in deutscher Sprache erhältlich. Nähere Angaben dazu finden Sie am Ende dieses Buches.

WELCHE POSITION SOLL ICH EINNEHMEN?

Für die meisten Übungen in diesem Buch werden Sie eine Position einnehmen wollen, die Ihnen eine möglichst tiefe körperliche Entspannung erlaubt. Sie können mit gekreuzten oder ausgestreckten Beinen auf einem Kissen sitzen, auf einem Stuhl Platz nehmen oder auf einer ebenen Unterlage liegen. (Achten Sie darauf, dass Sie mit gerader Wirbelsäule auf dem Rücken liegen.) Sessel mit verstellbarer Rückenlehne sind ebenfalls gut zur Meditation geeignet. Wenn Sie im Liegen einschlafen, setzen Sie sich aufrecht hin. Wenn Sie sitzen, finden Sie etwas Geeignetes, um sich anzulehnen, aber halten Sie Ihre Wirbelsäule so gerade wie möglich. Falls diese Position Sie einschlafen lässt, setzen Sie sich hin, ohne sich anzulehnen.

Tiefe Entspannung hilft Ihnen, einen Bewusstseinszustand einzunehmen, in dem die Aktivierung der niedrigfrequenten Hirnwellen von Alpha und Theta einfach und natürlich ist. Üben Sie die nachfolgende Entspannung, wenn möglich, liegend. Es ist besser, wenn Sie sich nicht auf ein Bett legen, weil der Körper eine tiefverwurzelte Erinnerung hat, dass das Bett zum Schlafen da ist. Er wird Sie in diese Richtung ziehen, sobald Sie sich tiefer entspannen. Auf dem Boden zu liegen, ist gerade ungewohnt und unbequem genug, um Sie wach zu halten. Damit Sie Rückenprobleme vermeiden, können Sie ein Kissen oder ein zusammengerolltes Handtuch unter Ihre Knie legen, um sie leicht anzuheben. Ein Kissen unter Ihrem Kopf oder Nacken mag ebenfalls helfen.

Sorgen Sie dafür, dass der Raum die richtige Temperatur hat. Achten Sie darauf, dass es warm genug ist. Wenn Sie in einem Raum liegen, der zu kalt ist, verhindert dies Ihre Entspannung. Ihre Anspannung kann sogar zunehmen, wenn Ihr Körper gegen die Kälte ankämpft. Drehen Sie nicht einfach die Heizung auf, weil zuviel Wärme das Einschlafen fördert. Eine leichte Decke wird Ihren Körper während der Entspannung warmhalten.

Das Timing ist bei der Entspannung ein wichtiger Faktor. Je länger Sie präsent sind und Ihre bewusste Aufmerksamkeit erhalten, und je langsamer Sie vorgehen, um so besser werden Sie sich entspannen. Wenn Sie diese Meditationen mit einem Aufnahmegerät aufnehmen oder sich von jemand anderem anleiten lassen, werden Sie oder die andere Person langsamer sprechen müssen, als Sie angenommen haben. Bei der Anleitung von Meditationen und Entspannungen pausiert meine Stimme wie von selbst an bestimmten Stellen – nicht nur zwischen den Sätzen. Ich habe diese Pausen mit einem Code gekennzeichnet:

(*) = 2 bis 5 Sekunden
(**) = 5 bis 10 Sekunden
(***) = 10 bis 30 Sekunden

Mit etwas Übung werden Sie Ihren eigenen Rhythmus und Ihre eigenen Bedürfnisse herausfinden.

TIEFENENTSPANNUNG

Die nächsten 30 Minuten hast du ganz für dich,
um eine Reise nach innen zu unternehmen,
die Körper, Geist und Seele beruhigen, trösten,
heilen und entspannen soll. (**)

Schließe zuerst deine Augen.
Erlaube deinem Verstand, alle Gedanken
loszulassen, und achte auf deine Atmung. (**)

Atme leicht und tief … (*)
leicht und tief … (*)
ohne Entspannung in deinen Körper, (*)
und atme alle Anspannung aus, (**)
atme Entspannung in deinen Körper, (*)
und atme alle Gedanken aus. (*)

Beginne sehr langsam, dich von deiner äußeren Umgebung zurückzuziehen … (**)
Ziehe dich von dem, was dich umgibt, zurück … (**)
Ziehe dich von noch vorhandenen Gedanken zurück … (**)
Ziehe dich in dich selbst zurück … (**)
in deine eigene Stille … (**)
in deine eigene Gelassenheit … (**)
in deinen eigenen Frieden. (**)
Und entspanne dich.

(***)

Erlaube deinen Gesichtsmuskeln, sich zu entspannen … (**)
deiner Stirn,(*) den Augenmuskeln,(*) den Muskeln hinter deinen Augen … (*)
deinen Lippen, (*) deiner Zunge, (*) der Kehle (*) und dem Kiefer … (*)
… alles ist tief entspannt. (**)

Lass die Entspannung deinen Nacken hinunterfließen … (*) in deine Schultern. (**)
Lass die Entspannung in beide Arme hinabgleiten … (*) bis in die Fingerspitzen. (**)
Lass die Entspannung in deine Brust fließen … (*) den Rücken und die Wirbelsäule hinunter … (*)
Erlaube den Muskeln deines Rückens, einfach loszulassen (**)
du lässt los … (**) … du lässt los … (**) … du lässt los(*) … einfach (*) … los …

(***)

Lass die Entspannung in deinen Körper fließen. (*)
Lass sie tief in deinen Bauch hineingleiten … (*)
genau in die Mitte deines Körpers … (*)
genau in die Mitte deines Seins … (*)
Erlaube der Entspannung, durch deine Hüften und dein Becken zu fließen (*)
und deine Beine hinab … (*)
bis hinunter zu deinen Füßen und Zehen … (**)

… so dass du tief in dir deinen ganzen Körper vollständig entspannt sehen und empfinden kannst. (**)
Tief in dir siehst und empfindest du, wie friedlich und still dein Geist ist … (*)
… ganz still. (**)
Tief in dir siehst und empfindest du, wie ruhig und klar deine Gefühle sind … (**)
… und deine Seele ist voller Frieden. (**)
Tief in dir siehst und empfindest du deinen Körper, (*) deinen Geist, (*) deine Gefühle, (*) und deine Seele (*) in Harmonie. (***)
Erlebe diese Entspannung …

(Die Pause kann mehrere Minuten dauern.)

Komm nun ganz langsam zum Ende deiner Meditation … (***)

Nimm dir die Zeit, die du brauchst, um zu einem inneren Abschluss zu kommen. (***)

Finde ein Bild, (*) ein Symbol,(*) ein Wort(*) oder einen Satz, der beschreibt, wie du dich jetzt gerade fühlst. (***)

Erlaube dir langsam, zurückzukehren ... (**)
Zurück in die äußere Welt. (**)
Erlaube dir, aufzuwachen und wieder hier zu sein ... (*)
... erfrischt und wach. (**)

Atme ein paar Mal tief durch, (*)
erlaube dir, dich zu strecken – beginne mit deinen Fingern und Zehen. (*)
Dehne deinen ganzen Körper, (***)
und kehre in eine aufrechte Sitzposition zurück. (***)

Nimm dir ein paar Minuten Zeit, über deine Erfahrungen nachzudenken, bevor du wieder deiner Alltagsbeschäftigung nachgehst. Erinnere dich an dein Bild, Symbol oder Wort am Ende der Meditation. Merke dir, wie es sich anfühlt, so tief entspannt zu sein, und verbinde dieses Gefühl mit dem Symbol oder Wort, das du ausgewählt hast.

Das nächste Mal, wenn du dich entspannen willst, erinnere dich an diesen Schlüssel. Wenn du dir die Bilder oder Worte in Erinnerung rufst, kannst du dir das Gefühl der Entspannung in deinen Körper und deinen Geist zurückholen und viel schneller und leichter in den Zustand der Entspannung zurückkehren.

Verankern der Meditation

Unternehmen Sie *sofort* geeignete Schritte zur Sicherung Ihrer Erfahrungen, indem Sie sie bewusst in Ihren Beta-Bereich bringen. Notieren Sie Ihre Schlüssel und Wegzeichen, die Ihnen aufgefallen sind, oder sprechen Sie laut darüber. Sie können Ihre Erfahrungen in einem Tagebuch notieren, sie zeichnen oder malen, sie in ein Diktiergerät sprechen, Freunden darüber berichten oder sie sich ganz einfach selbst erzählen, um sie in Ihrem Wachbewusstsein zu verankern. Diese Wegzeichen sind das Biofeedback, das Sie nutzen können, um sich das nächste Mal schneller und leichter zu entspannen.

PERSÖNLICHE ERFAHRUNGEN – WEGZEICHEN FINDEN

»Wie kann ich ohne Biofeedbackgeräte feststellen, wo ich gewesen bin?«

Die Tabelle mit der Überschrift „Persönliche Wegzeichen" soll Ihnen zeigen, mit welchen Hirnwellen und Bewusstseinszuständen Ihre persönlichen Erfahrungen zusammenhängen können. Lesen Sie zunächst einfach die Hauptspalte, die die *häufigsten* subjektiven Erfahrungen und Wahrnehmungen während einer Mediation beschreibt. Sie sind in jahrelanger Forschung mit meditierenden Menschen gesammelt worden. Ich stütze mich dabei auf die Untersuchungen über die Reaktionsmuster in der Meditation von Terry V. Lesh an der University of Oregon und die jahrelange Forschungsarbeit von C. Maxwell Cade mit seinen Schülern in London. Ich habe meine eigenen Beobachtungen aus den letzten 20 Jahren in diese Übersicht einfließen lassen. Die Wegzeichen in dieser Übersicht sind keinesfalls *alle* Erlebnisse und Erfahrungen, die Sie während Ihrer Meditation haben können. Benutzen Sie sie nur, um ein generelles Gefühl für Ihre persönlichen Wegzeichen in jeder Kategorie zu bekommen.

Persönliche Wegzeichen

#	Persönliche Wegzeichen	ESR*	EEG
0	Es ist schwierig, das Denken zu beruhigen Die Gedanken strömen unkontrolliert Ein unruhiger, zerstreuter, unaufmerksamer Bewusstseinszustand Ein Gefühl von „Was mache ich hier eigentlich?" Beginnende Entspannung Gefühl des Einlassens	25 bis 20	Andauerndes Beta, oft mit aufflackernden anderen Wellen Möglicherweise periodisch auftretendes Alpha
1	Benommenheit Schwindelgefühle Gefühl, wie unter Betäubung zu stehen Gelegentlich Gefühle von Übelkeit Der Kopf ist voll mit Alltäglichkeiten – geradezu als Vermeidung innerer Stille Gefühl zerstreuter Energien Gefühl, in den Schlaf zu sinken oder an der Schwelle zum Schlaf zurückgehalten zu werden	20 bis 16	Etwas reduziertes Beta Zeitweise auftretendes, aber stärkeres Alpha
2	Die verstreuten Energien beginnen sich zu sammeln Anfänge, sich ruhig und entspannt zu fühlen Ungewolltes Auftauchen lebhafter Bilder Rückblenden von Kindheitserinnerungen Bilder aus weiter zurückliegender bis naher Vergangenheit	16 bis 14	Reduziertes Beta Starkes Alpha – kann andauern Zeitweise auftretendes (niederfrequentes) Theta

* *ESR = Electric Skin Resistance, Maßzahl für den Hautwiderstand als Ausdruck der Entspannungstiefe des Körpers*

	Aufmerksamkeit nicht sehr ausdauernd Gefühl, sich in Zwischenzuständen zu befinden Übergangsstatus		
3	Gefühl stärkerer Stabilität Wohldefinierter Bewusstseinszustond Angenehme Körpergefühle von Schwimmen, Leichtigkeit, Sichwiegen, Schaukeln Gelegentlich leicht rhythmische Bewegungen Konzentration fällt leichter und ist stärker Zunehmende und klarere Bilder Zunehmende Fähigkeit, sich auf die geführte Meditation einzulassen	14 bis 11	Stark reduziertes Beta Kontinuierliches Alpha Möglicherweise häufigeres Theta mit höherer Frequenz und / oder Amplitude
4	Extrem lebhafte Wahrnehmung der Atmung Extrem lebhafte Wahrnehmung des Herzschlages, der Blutzirkulation oder anderer Körpergefühle Gefühl der Aufhebung von Körpergrenzen Gefühl von Taubheit in den Gliedmaßen Gefühl, mit Luft angefüllt zu sein Gefühl, zu außerordentlicher Größe zu wachsen oder sehr klein zu werden Gefühl von großer Schwere oder Leichtigkeit Manchmal Schwanken zwischen innerer und äußerer Bewusstheit	11 bis 8	Stark reduziertes Beta Kontinuierliches Alpha Zunehmendes Theta
5	Sehr klarer Bewusstseinszustand Gefühl tiefer Befriedigung Intensive Aufmerksamkeit, Ruhe und Gelöstheit Gefühle der Entrückung oder des Verlassens von Umgebung und / oder Körper Sehr klare Bilder Gefühl veränderter Bewusstseinszustönde, das in den Stadien 0 – 4 fehlte Gefühl von Gipfelerfahrungen, „Aha"-Erlebnisse, intuitive Einsichten High Performance	8 bis 5	Gute Kontrolle des Beta ...., reicht von Abwesenheit von Gedanken bis zu kreativen Einfällen Kontinuierliches Alpha Kontinuierliches Theta
6	Neuartige Gefühlserfahrung Intuitive Einsicht in alte Proben, als wenn sie von einer bewussteren Ebene gesehen werden Vereinigung von Gegensätzen zu einem höheren Ganzen Gefühl, von Licht umgeben zu sein Gefühl höheren spirituellen Bewusstseins Gefühl, dass nichts anderes bedeutungsvoll ist, als einfach zu sein Erfahrung von Glückseligkeit Erfahrung unendlichen Friedens Gefühl großen Wissens um dos Universum	5 bis 0	Vier mögliche Muster: 1. Awakened Mind (Beta, Alpha, Theta, Delta) 2. Optimale Meditation (Alpha, Theta, Delta) 3. Sehr geringe elektrische Hirnaktivitäten (zwei gerade vertikale Linien) 4. Entwickelter Bewusstseinszustand (rundes Muster, das ohne flaschenhalsähnliche Verengungen Beta, Alpha, Theta und Delta umfasst)

Es ist wichtig, dass Sie nicht darüber nachdenken, welche Hirnwellen zu welchen Wegzeichen gehören. Lesen Sie die Tabelle sorgfältig durch, und achten Sie auf das, was Sie erlebt haben. Falls Sie eine Anmerkung nicht verstehen, bedeutet es wahrscheinlich, dass Sie die entsprechende Erfahrung nicht gemacht haben. Versuchen Sie nicht, sie zu verstehen, sondern lesen Sie weiter. Wie kurz die Erfahrung auch immer gewesen sein mag, merken Sie sie sich oder kennzeichnen Sie sie im Buch mit einem Bleistift.

Identifizieren Sie auch die kürzesten Erfahrungen in jeder der Kategorien. Dadurch erkennen Sie ihre Existenz an und können leichter und schneller in diesen Bewusstseinszustand zurückkehren. Es ist, als würden Sie ein Tor zu diesem veränderten Bewusstseinszustand öffnen. Ihre Reise wird von Mal zu Mal leichter, der Aufenthalt länger, das Tor weiter geöffnet sein.

Wenn Sie hingegen Ihre Erfahrung herunterspielen, schwächen Sie sie, indem Sie ihre Bedeutung leugnen. Wenn Sie sich Ihre Erfahrung nicht eingestehen, wird Ihr Unterbewusstes beim nächsten Mal dazu neigen, sie abzulehnen, anstatt sie zu begrüßen.

WARUM SOLLTEN WIR DIESE ERFAHRUNGEN WILLKOMMEN HEISSEN?

Die vorangehende Übersicht kann für Sie eine praktische Wegbeschreibung auf Ihrer Reise sein. Sie stammt von anderen, die vor Ihnen diesen Weg beschritten haben. Jedesmal, wenn Sie diesen Wegzeichen begegnen, werden Sie sich Ihres Weges sicherer. Wenn Sie sich mit einem Gebiet vertraut gemacht haben, werden Sie schneller zu Ihrem Ziel gelangen, indem Sie diese persönlichen Erfahrungen in sich selbst wachrufen. Bitte, denken Sie daran, dass Sie die Erfahrungen nicht in der hier dargestellten Reihenfolge machen müssen. Sie werden eher hin und her und vorwärts und rückwärts zwischen den verschiedenen Kategorien springen. Lassen Sie uns nun jede dieser Kategorien etwas genauer betrachten.

Kategorie 0

Sie sind im Begriff, Ihre Entspannung und Meditation zu beginnen. Manche Menschen bleiben an dieser Stelle stecken, wenn es ihnen nicht gelingt, ihr Beta auszuschalten, die Gedanken an die Außenwelt aufzugeben oder mit ihrer inneren Unruhe fertig zu werden. Am besten konzentrieren Sie sich auf das Hier und

Jetzt des Augenblicks. Lassen Sie Ihre Gedanken an die Vergangenheit und Ihre Zukunftsphantasien los. Wenden Sie sich dem zu, was jetzt *ist – Ihrer Atmung, Ihrer Körperhaltung, der Außentemperatur, Ihren Empfindungen und so weiter. Tiefe psychophysische Entspannung und die Übungen zur Kontrolle der Betawellen in Kapitel 4 werden Ihnen helfen, diese Schwelle zu überwinden.*

Kategorie 1

Dies ist eine Fortsetzung der Kategorie 0, aber Ihre Verbindung mit der Außenwelt hat sich gelockert, und Sie können erstmals einen veränderten Bewusstseinszustand bei sich wahrnehmen. Die oben vorgestellten Techniken – die Konzentration auf den Augenblick und die Tiefenentspannung – werden Ihnen helfen, durch dieses Stadium in einen tieferen Bewusstseinszustand zu gelangen. Doch geben Sie acht – von hier aus gabelt sich der Weg in zwei Richtungen. Einer führt Sie in die Meditation, der andere lässt Sie einschlafen. Hier sind Sie das erste Mal in Gefahr, während der Meditation einzuschlafen, und hier ist die Stelle, an der es häufig passiert. Atmen Sie mehrmals tief durch, um sich leicht anzuregen, wenn Sie sich träge und schläfrig fühlen. Kommen Sie in die Kategorie O zurück, und beginnen Sie erneut. Eine Affirmation, während der Meditation wach und gegenwärtig zu sein, kann ebenfalls dazu beitragen, dass Sie auf dem richtigen Weg bleiben, anstatt einzuschlafen.

Kategorie 2

Manche Menschen überspringen diesen Bewusstseinszustand, manche passieren ihn relativ leicht, andere wiederum können hier steckenbleiben. In der Kategorie 2 spüren Sie das erste Mal, dass Sie sich wirklich in einem veränderten Bewusstseinszustand befinden. Diese Erfahrungen können verwirrend sein, weil Ihre Hirnwellen oft nicht sehr gut organisiert sind. Möglicherweise empfinden Sie eine Art Disharmonie oder das Gefühl, auf irgendetwas zu warten. Wie im Halbschlaf können Sie Bilder wahrnehmen – manchmal brillante und farbenprächtige Visionen – aber ihnen fehlt meist Tiefe und Bedeutung, oder sie beziehen sich auf Ereignisse aus der Vergangenheit. Dieses Stadium wird meist als unbehaglich empfunden, ganz im Gegensatz zu den angenehmen Erlebnissen in der folgenden Kategorie. Wenn Sie in dieser Situation steckenbleiben, ist die Vertiefung Ihrer körperlichen Entspannung der beste Weg, um die Barriere zur nächsten Ebene zu durchbrechen. Wirklich *loszulassen,* tiefer auszuatmen und alle Muskeln Ihres Körpers auf einmal zu entspannen (insbesondere den Kiefer, die Zunge und den Rachen) werden Ihnen helfen, hinunter auf die nächste Ebene zu gelangen.

Kategorie 3

Es kann sehr erleichternd sein, diese Stufe zu erreichen, wenn Sie länger in der Kategorie 2 festgesteckt haben. Manche Menschen werden dieses Stadium problemlos erreichen, während andere eine Weile an die Tür klopfen, bevor sie loslassen können und sich selbst den Zutritt gewähren. In dieser Kategorie werden Sie Ihre ersten wirklichen Meditationserfahrungen machen. Obwohl es eine eher flache Meditation ist, hat sie alle physiologischen Merkmale, die diesen Bewusstseinszustand kennzeichnen. Wenn Sie in der Kategorie 3 angekommen sind, haben Sie sich eindeutig für den Weg der Meditation und gegen den Schlaf entschieden. Es ist möglich, sich längere Zeit in diesem Bewusstseinszustand aufzuhalten und sich in seiner Meditation zufrieden und produktiv zu erleben. Er ist ein sicherer Aufenthaltsort, der uns körperlich, emotional und spirituell inspirieren kann. Haben Sie Schwierigkeiten, über dieses Stadium hinaus in eine tiefere Meditation zu gelangen, sollten Sie versuchen, sich weiter zu entspannen und besonders an der Entwicklung Ihrer Theta-Hirnwellen zu arbeiten. Die entsprechenden Techniken werden in Kapitel 3 gründlich erklärt.

Kategorie 4

Zwischen den Kategorien 3 und 4 ist häufig eine Hürde zu überwinden, vor allem weil auch die Kategorie 4 ein etwas unbehaglicher Bewusstseinszustand sein kann. Es ist nicht ungewöhnlich, in dieses Stadium nur kurz Zeit einzutauchen, um dann schnell wieder in die Sicherheit und Behaglichkeit der Kategorie 3 aufzusteigen. Wenn Sie die Erlebnisse und Erfahrungen der Kategorie 4 annehmen und als bedeutsame und vielen Menschen vertraute Meditationserfahrung begreifen, können Sie sich nicht nur darauf freuen, sondern diese Tiefen sogar gezielt ansteuern. Die persönlichen Erfahrungen in dieser Kategorie fallen gewöhnlich in zwei Gruppen – eine sehr lebendige Wahrnehmung des Körpers, seiner Funktionen und Gefühle oder der vollständige Verlust der Körperwahrnehmung, verbunden mit Gefühlen von Ausdehnung oder Leichtigkeit. Manche Menschen glauben, dass sie sich unmöglich im Zustand der Meditation befinden können, wenn sie die erstgenannten Symptome extremer Körperwahrnehmung erleben. Sie vermuten, dass sie irgendwie aus ihrer Meditation herausgekommen sind, und versuchen sofort, in die Kategorie 3 zurückzukehren, wo sie sich ihrer Meditation *sicher* sind. Dies kann dazu führen, dass sie Schwierigkeiten haben, über die Kategorie 4 hinaus in die noch tieferen, inspirierenden Meditationserfahrungen der Kategorie 5 zu gelangen.

Es ist wichtig, die Erfahrungen der Kategorie 4 als eine Art Wegzeichen auf der Reise zu einer noch tieferen Meditation zu begreifen. Erlauben Sie sich, *vollständig* in Ihre Körpersensationen einzutauchen, und lassen Sie noch mehr los. Nur so können Sie durch dieses Stadium in ein noch tieferes gelangen.

Der Schlüssel zum Erfolg in Kategorie 4 ist, dass Sie sich Ihres *Selbst* bewusst bleiben, während Sie Ihre Körperwahrnehmung verlieren. Gelingt Ihnen dies, werden Sie bald die Kategorie 5 erreichen. Wenn Sie Ihr Selbst-Bewusstsein verlieren, besteht die Gefahr, dass Sie einschlafen.

Kategorie 5

Wenn sie die Grenze zwischen 4 und 5 überwunden haben, werden Sie sich bewusster, klarer und gelassener fühlen als in den vorangegangenen Kategorien. Sie erleben einen Awakened Mind. Sie werden feststellen, dass die Kontrolle der Beta-Wellen zu den Charakteristika dieser Kategorie gehört, was bedeutet, dass Sie Beta produzieren oder es loslassen können, wann immer Sie es wünschen. Deshalb ist dieses Stadium *entweder* ein Zustand tiefer Meditation ohne Beta *oder* ein Awakened Mind mit Beta. Der Unterschied zwischen diesen beiden Zuständen liegt in ihrem Inhalt. Wenn Sie Inhalte bearbeiten, etwas entwickeln, heilen oder wenn Sie kreativ sind, brauchen Sie Beta-Hirnwellen, d.h., es entsteht ein Awakened Mind. Ist die Meditation dagegen von innerer Wachheit, Ruhe und Losgelöstheit ohne weitere Inhalte gekennzeichnet, wird Beta nicht gebraucht, und das Hirnwellenmuster zeigt eine tiefe Meditation.

Viele Menschen erkennen, wann sie sich in diesem Zustand befinden, weil sie ein Gefühl erleben, das bei leichterer Meditation fehlt. Ist diese Stufe erreicht, wird sich der / die Meditierende für die restliche Zeit der Meditation hier niederlassen. Alle Schwankungen und Unschlüssigkeiten der vorangegangenen Kategorien sind vergessen. Das einzige, was Sie normalerweise aus diesem Zustand bringen kann, sind äußere Störungen, wie das Telefon oder die Türklingel, oder Störungen von innen, wie z.B. Einsichten, die Sie gewinnen. Diese bringen Ihr Beta zurück ins

Spiel. Generell wirkt dieser Zustand jedoch sehr stabilisierend auf den Verlauf Ihrer Meditation.

Kategorie 6

Es ist bei weitem schwieriger, diese Kategorie zu erreichen als die 5 vorangehenden, was nicht heißen soll, dass sie alle einfach zu erreichen sind. Normalerweise erleben nur Menschen mit langjähriger Meditationserfahrung die Kategorie 6 für längere Zeit. Es gibt verschiedene Hirnwellenmuster, die diese Erfahrung begleiten können (siehe die folgenden Abbildungen):

1. Der Awakened Mind. Was den Awakened Mind der Kategorie 5 von dem der Kategorie 6 unterscheidet, ist die Tiefe der Erfahrung und die Tatsache, dass er hier weniger inhaltsorientiert ist. Es ist mit Worten schwer zu beschreiben, wie man ein Awakened-Mind-Muster in diesem Stadium erlebt. Das Beta, das wahrscheinlich von niedriger Amplitude und Frequenz ist, wird sehr wenig *persönliche* Informationen verarbeiten. Sie werden stattdessen ein Gefühl haben, dass Sie sich mit *universellen* Dingen beschäftigen.

2. Optimales Meditationsmuster. In Kategorie 6 stellt dies die höchste Form der Meditation dar.

3. Sehr geringe elektrische Hirnaktivität. Wenn zwei gerade Linien ein Fehlen elektrischer Aktivität anzeigen, kann es sich um eine außerkörperliche Erfahrung handeln. In einem solchen Fall zeigen die Hirnwellen den Bewusstseinszustand nicht mehr zutreffend an. Auf irgendeine Weise ist die Verbindung zwischen den Hirnwellen und der persönlichen Wahrnehmung des Zustandes geschwächt oder sogar abgerissen. Ich habe dieses Muster auch bei *intensiver Bewusstheit* in Zeiten extremer Ängste oder eines unerwarteten Schocks beobachtet.

4. Vollkommenes Bewusstsein. Was passiert, wenn ein Yogi oder ein spirituell sehr entwickelter Mensch, *der im Zustand des Awakened Mind lebt,* sich zur Meditation niederlässt? Viele spirituelle Traditionen beschreiben einen Zustand höchsten Bewusstseins, in dem selbst das Unbewusste bewusst geworden ist. Mit anderen Worten, das Unbewusste als eigenständiger, getrennter Ort hat aufgehört zu existieren. Es gibt keine Grenzen zwischen dem Bewussten, Unterbewussten oder dem Unbewussten. In diesem Zustand fühlt man sich mit dem gesamten Universum vereint.

KATEGORIE 6: MÖGLICHE HIRNWELLENMUSTER

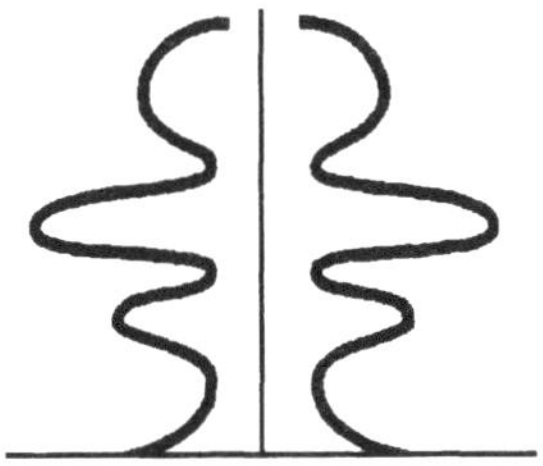

1: Awakened Mind

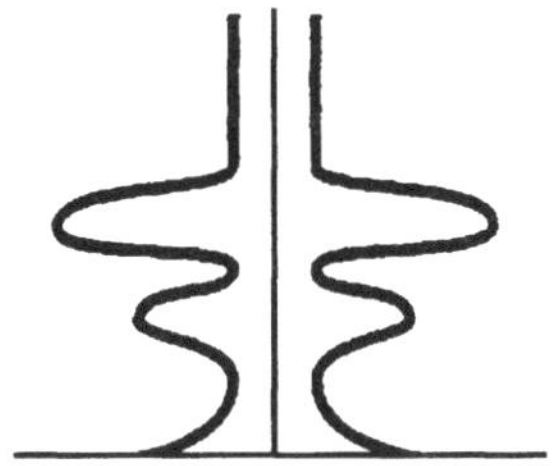

2: Meditation

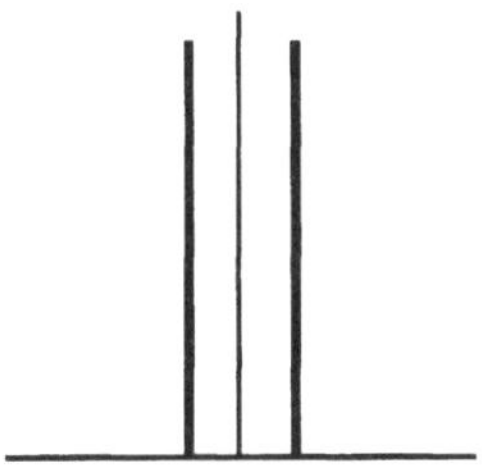

3: Außerkörperliche Erfahrung

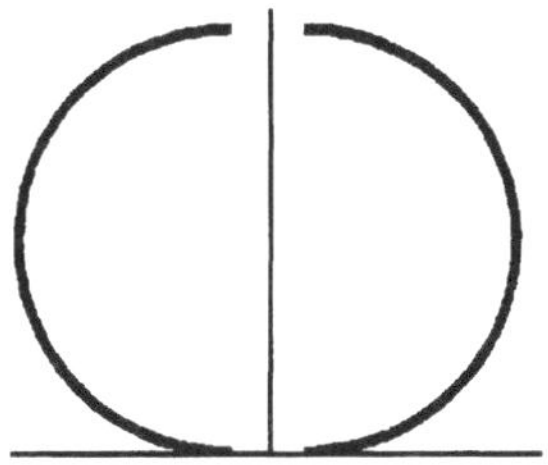

4: Vollkommenes Bewusstsein

Ich habe noch niemanden getroffen, der andauernd in diesem Zustand lebt, aber ich habe einige Menschen kennengelernt, die diesen Zustand kurzfristig erreichten. Ich habe auch Annäherungen an diesen Zustand beobachtet oder Muster, die mir als Stationen auf dem Weg zu diesem Bewusstseinszustand erschienen. Während einer Meditation über die Natur höheren Bewusstseins bei einem meiner Workshops blieb eine Teilnehmerin längere Zeit in diesem Zustand. Tränen rannen während der Meditation über ihr Gesicht, und sie war einige Zeit nicht in der Lage, über ihre Erfahrungen zu sprechen. Später war das einzige Wort, das ihr einfiel: „Seligkeit" …

Die persönlichen Wegzeichen in der Übersicht sollen nur Hinweise sein. Sie geben zwar die häufigsten subjektiven Erfahrungen wieder, jedoch keineswegs die *einzig* möglichen.

Innerhalb der einzelnen Hirnwellen-Kategorien müssen Sie nicht alle erwähnten Erfahrungen tatsächlich erleben. Vielleicht lernen Sie nur eine oder zwei der genannten Erfahrungen kennen. Sie können sich in zufälliger Reihenfolge abwechseln oder alle gleichzeitig auftreten.

Ebenso können Sie die beschriebenen Kategorien in der dargestellten Abfolge durchlaufen oder zwischen ihnen hin- und herspringen. Denken Sie daran, dass Ihre Hirnwellen sich ständig verändern. Obwohl sie längere Zeit konstant bleiben können, ist auch ein plötzlicher Wechsel in einen anderen Zustand immer möglich.

DIE BEZIEHUNG ZWISCHEN KÖRPER UND BEWUSSTSEIN

Aber wie verhält sich nun die körperliche Entspannung zu Ihren Hirnwellen? Den meisten Menschen fällt es am leichtesten, ihre Hirnwellen bewusst zu beeinflussen, wenn der Körper tief entspannt ist. Das muss aber nicht immer so sein, und manchmal ist es weder wünschenswert noch erforderlich. Ich möchte im Folgenden beschreiben, wie Körper und Geist zusammenwirken und Ihren psycho-physiologischen Zustand bestimmen. Diese Beziehung ist in der Graphik auf Seite 57 dargestellt.

In dieser Graphik repräsentiert die horizontale Achse den Körper. Ganz links zeigt sie den Körper in entspanntem, ganz rechts in angeregtem Zustand. Die vertikale Achse repräsentiert den Geist – ein Kontinuum des Bewusstseins von Beta bis hinunter zu Delta. Der Einfachheit halber können wir sagen, dass der angeregte Geist sich an der Spitze der vertikalen Achse befindet, während der entspannte Geist am unteren Ende der Achse angesiedelt ist. Die vier Quadranten zeigen die vier Möglichkeiten, wie Körper und Geist miteinander in Beziehung stehen können:

1. angeregter Geist und angeregter Körper
2. entspannter Geist und angeregter Körper
3. entspannter Geist und entspannter Körper
4. angeregter Geist und entspannter Körper

KEIN PUNKT AUF DER GRAPHIK IST SCHLECHT ODER FALSCH. Wichtig ist, dass wir lernen, *selbst zu bestimmen, wann wir uns an welchem Punkt in diesem Schema aufhalten wollen.* Je vertrauter Sie mit den Erfahrungen in den einzelnen Quadranten dieser Graphik werden, um so größer wird Ihre Selbstbestimmung über Körper und Bewusstsein.

KÖRPER-GEIST-BEZIEHUNG

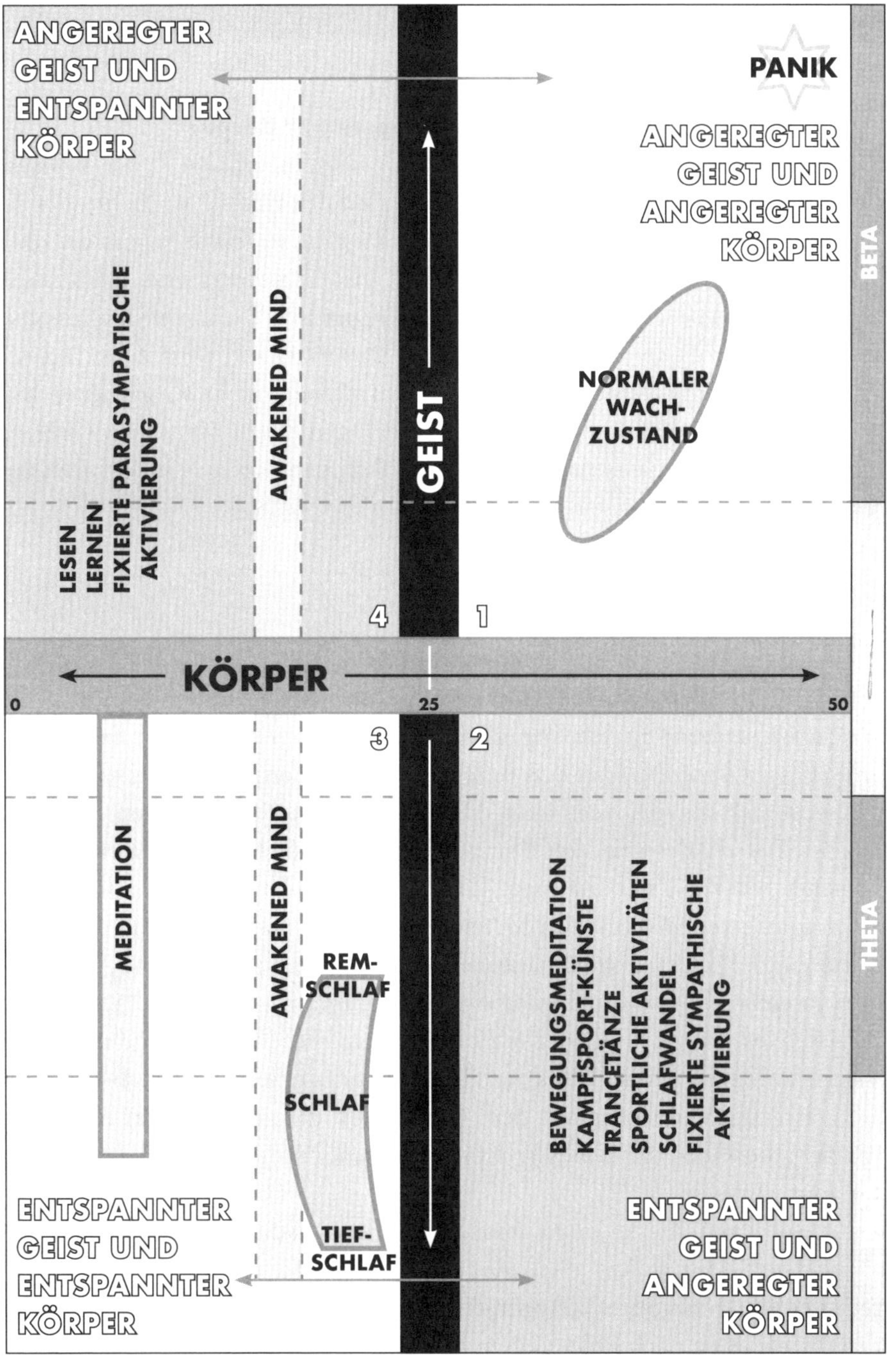

KÖRPER-GEIST-BEZIEHUNG

Quadrant 1:
Angeregter Geist und angeregter Körper

Der obere rechte Quadrant repräsentiert unseren normalen (oder typischen) Wachzustand. Hier überwiegen Beta-Wellen, und der Körper ist mehr oder weniger angeregt. In seinem Extrem gipfelt dieser Zustand in *Panik,* wie in der oberen rechten Ecke dargestellt. Wenn Körper und Geist übererregt sind, laufen die Gedanken Amok, das Herz schlägt wild, und Körper und Geist werden bis an ihre Grenzen belastet. Wenn diese Situation zum Dauerzustand wird, treten stressverursachte Krankheiten leichter und häufiger auf. (Und welche Krankheiten haben nicht auf irgendeine Weise mit Stress zu tun?) Die meisten Menschen verbringen den größten Teil ihrer Zeit damit, sich eher ziellos in diesem Quadranten zu bewegen.

Quadrant 3:
Entspannter Geist und entspannter Körper

Der nächste Quadrant, in dem wir ebenfalls viel Zeit verbringen, ist der Quadrant 3. Ein Rechteck kennzeichnet den Bereich des normalen Schlafes. Unser Bewusstsein bewegt sich auf der vertikalen Hirnwellenskala zwischen den Delta-Hirnwellen des Tiefschlafes und den Theta-Hirnwellen des REM-Schlafes (rapid eye movement), während wir träumen. Die körperliche Entspannung während der Schlafperiode erreicht bei vielen Menschen 13 bis 17 auf der horizontalen Skala (s. Abbildung). Das ist nicht annähernd so entspannt, wie es uns möglich ist. Wir können in einer Tiefenentspannung einen Wert unter 5 erreichen. Meditationen, die eine tiefe psychophysiologische Entspannung herbeiführen, sind deshalb häufig weit erholsamer für den Körper als der normale Schlaf. Manche Menschen wachen tatsächlich morgens mit dem Gefühl auf, die ganze Nacht nicht richtig zur Ruhe gekommen zu sein. Ihr Körper ist während ihres Schlafes aktiv und angespannt gewesen.

Meditation kann überall in den beiden unteren Quadranten stattfinden, wo Alpha- und Theta-Hirnwellen lokalisiert sind. Je mehr Sie jedoch Ihrem Körper die Vorteile der Stressreduktion zukommen lassen wollen, um so weiter sollten Sie im dritten Quadranten nach links gehen. Je weiter Sie sich während der Meditation im 3. Quadranten nach links bewegen, um so stärker wird die körperliche Stressreduktion sein.

Quadrant 2:
Entspannter Geist und angeregter Körper

Dieser Quadrant weist dieselben Hirnwellenmuster wie Quadrant 3 auf – Alpha, Theta und Delta – die Hirnwellen der Meditation. Wie bereits weiter vorne ausgeführt, ist es häufig leichter, meditieren zu lernen, wenn der Körper entspannt ist, aber es ist keineswegs essentiell. Tatsächlich gibt es viele Arten von Meditation, bei denen der Körper angeregt ist. Alle Bewegungsmeditationen (ausgenommen vielleicht die langsamsten Formen des Yoga) gehören dazu. Asiatische Kampfsportkünste, wie Tai Chi, Chi Kung (oder Qi Gong), Judo, Karate oder Aikido nutzen bestimmte Bewegungen und die Anregung des Körpers, um einen Meditationszustand hervorzurufen. Daher sind diese Formen der Meditationspraxis im 2. Quadranten angesiedelt. Sufitänze und Trancetanz können durch Bewegung veränderte Bewusstseinszustände herbeiführen.

Sportliche Aktivitäten wie Skifahren, Tennis oder Radfahren können uns ebenfalls in einen veränderten Bewusstseinszustand bringen. Unabhängig davon, ob die Bewusstseinsveränderung das eigentliche Ziel ist, wird sie doch von vielen als Nebeneffekt geschätzt. Tanzen gehört auf jeden Fall in diesen Quadranten und wird schon seit altersher zur Beeinflussung des Bewusstseins genutzt. Auch Sex gewährt uns einen Zugang zu anderen Bewusstseinszuständen. Alle diese Aktivitäten können Sie bei verminderter oder ausbleibender meditativer Qualität auch im Quadranten 1 erleben.

Quadrant 4:
Angeregter Geist, entspannter Körper

Wir befinden uns häufig im Quadranten 4, wenn wir lesen, lernen oder anderweitig tätig sind, ohne dass unser Nervensystem angeregt ist. Obwohl es angenehm ist, sich vorübergehend hier aufzuhalten, kann die tiefe körperliche Entspannung im Quadranten 4 das Bewusstsein zur unpassenden Zeit in den Schlaf des Quadranten 3 hinabziehen.

Stellen Sie sich Studierende vor, die mit der festen Absicht, wachzubleiben, zuzuhören und etwas zu lernen, im Hörsaal sitzen. Der Körper entspannt sich, und bald folgt die Aufmerksamkeit. Es wird schwer, sich auf die komplexen Informationen zu konzentrieren und sie nachzuvollziehen. Einige tiefe energische Atemzüge zur Anregung des Körpers können den Geist wieder in das Beta-Bewusstsein zurückholen.

Im Quadranten 4 können auch verschiedene Formen von Schlaflosigkeit auftreten. Vielleicht haben auch Sie schon einmal körperlich vollkommen erschöpft, aber mit den wildesten Gedanken, vielleicht auch voller Sorgen und Ängste im Bett gelegen. Dies kann ein sehr unangenehmer Zustand sein, der eine Spaltung von Körper und Geist anzeigt.

KÖRPER-GEIST-SPALTUNG

Die Quadranten 1 und 3 zeigen Körper und Geist, die sich in Übereinstimmung befinden. Die Quadranten 2 und 4 machen deutlich, was passieren kann, wenn sich Körper und Geist in unterschiedliche Richtungen bewegen. Wenn Sie wollen, dass Ihr Körper und Geist im gleichen Modus arbeiten, aber nicht aus dem Quadranten 2 oder 4 freikommen können, befinden Sie sich in einem Zustand, der als *Körper-Geist-Spaltung* bezeichnet wird.

Schlafwandel ist vielleicht eines der extremsten Beispiele dieser Körper-Geist-Spaltung. Der Geist schläft, und der Körper ist aktiv und wandert herum. Einige Formen von Schlaflosigkeit gehören ebenfalls in diese Kategorie. Der Geist ist erschöpft und sehnt sich nach Schlaf, aber der Körper ist angespannt und kann nicht loslassen.

»Ist es möglich, sich in tiefer Meditation zu befinden und zu glauben, dass der Körper entspannt ist, wenn er es in Wirklichkeit gar nicht ist? Kann ich die *körperlichen* Vorteile der Meditation verpassen, ohne es zu bemerken?«

Manche Menschen glauben, dass Meditation und Entspannung synonym in Bezug auf ihre positiven körperlichen Auswirkungen sind. Das ist aber nicht so! Ohne die Hilfe von Biofeedbackgeräten zur Messung Ihrer Körperreaktionen ist es durchaus möglich, dass Ihr Körper angespannt und unbeeindruckt von Ihrer inneren Reise bleibt, selbst wenn Sie tief meditieren und die entsprechenden Hirnwellen produzieren. Vielleicht glauben Sie, die Segnungen tiefer Entspannung zu erleben, wenn es gar nicht der Fall ist – auch dies ist eine Form der Körper-Geist-Spaltung.

Wenn Sie im Quadranten 2 meditieren, ohne gezielt auch Ihren Körper zu entspannen, können Sie in einen Zustand geraten, der als *fixierte sympathische Aktivierung* bezeichnet wird. Ihr sympathisches Nervensystem, das bei Stressreaktionen aktiviert wird, ist ständig in Aktion. Der Körper befindet sich im Zustand anhaltender Erregung, obwohl das Bewusstsein noch in der Lage ist, zu meditieren. Deshalb sollten Sie auf Zeichen körperlicher Entspannung achten, wie z.B. angenehme Körpersensationen des Fließens, Schaukelns und der Leichtigkeit oder die Entspannung der Muskulatur.

Eine fixierte sympathische Aktivierung kann auch in anderer Form auftreten. Gelegentlich erwacht jemand aus einer Meditation und bewegt sich dabei vom Quadranten 3 zum Quadranten 2, anstatt in den normalen Wachzustand des Quadranten 1 zu gelangen. Ohne Anleitung kann diese fremdartige Erfahrung Angst auslösen. Der Körper ist wach und kann sogar eine extreme Kampf- oder Fluchtreaktion durchmachen, während sich das Bewusstsein weiterhin in tiefer Meditation befindet, scheinbar unfähig, aus diesen Tiefen wieder emporzusteigen. Wenn dieses Phänomen auftritt, ist es sinnvoller, den Körper noch einmal zu entspannen und *in den Quadranten 3 zurückzukehren,* als den Versuch zu unternehmen, den Geist gewaltsam aus dem veränderten Bewusstseinszustand zu holen. Beginnen Sie dann den Rückkehrvorgang aufs Neue, und bringen Sie Ihren Geist und Ihren Körper gemeinsam zurück.

Eine weitere Art der Körper-Geist-Spaltung mit einer *fixierten parasympathischen Aktivierung tritt* im Quadranten 4 auf. Das parasympathische Nervensystem ist der Teil des autonomen Nervensystems, der die Entspannungsreaktion auslöst. Ein extremes Beispiel fur diese Spaltung kann auftreten, wenn Ihr Geist plötzlich oder gewaltsam aus einer tiefen Meditation erwacht, die vielleicht beunruhigendes Material aus Ihrem Unterbewussten heraufbefördert hat. Ihr Körper verweilt in tiefer Entspannung, Ihr Geist ist in Panik. Der Körper ist bewegungsunfähig und nicht in der Lage, aus dem entspannten Zustand herauszugelangen. In dieser Situation ist es besser, den Geist erneut zu entspannen und zum Quadranten 3 zurückzukehren, als Ihren Körper zu zwingen, sich vom Quadranten 4 hinauf zum Quadranten 1 zu bewegen. Beginnen Sie aufzuwachen, sobald Sie sich dazu in der Lage fühlen, und bringen Sie diesmal Ihren Körper mit Ihrem Geist zurück.

DER WEG VOM NORMALEN WACHZUSTAND ZUR MEDITATION VON KÖRPER UND GEIST

Der Weg des Meditierenden vom normalen Wachzustand hinab in die Meditation ist selten eine einfache gerade Linie. Es ist möglich, dass Sie sich in allen vier Quadranten bewegen, gelegentlich in einem Quadranten ziellos umherwandern oder manchmal abrupt von einem zum anderen springen. Wenn sich Ihre Meditation vertieft, bleiben Sie vielleicht einige Zeit im Quadranten 3, bevor Sie wieder erwachen. Die Abbildung auf der folgenden Seite zeigt einen möglichen Weg in die Meditation. Am Anfang beginnt der Meditierende Körper und Geist gemeinsam zu entspannen. Dann taucht der Geist in tiefere Alpha- und Theta-Zustände ein. Der Körper folgt, aber der Geist wird etwas angeregt. Von hier aus entspannen sich Körper und Geist wieder gemeinsam, und für kurze Zeit wird ein angenehmer Zustand der Meditation erreicht. Der Meditierende wird sich vielleicht seines Zustandes bewusst und denkt: „Oh, du meine Güte! Ich meditiere!" Er schießt dann aus seiner Meditation zurück ins Wachbewusstsein, um die Reise von dort aufs Neue zu beginnen.

Jedesmal, wenn Sie meditieren, wird Ihre Erfahrung ein bisschen anders sein. Geübte Meditierende haben ihre Reise mehr unter bewusster Kontrolle und können sich direkter vom Quadranten 1 zum Quadranten 3 bewegen. Je geübter Sie sind, desto gezielter können Sie sich innerhalb des Schemas hin- und herbewegen und desto vertrauter sind Ihnen die damit verbundenen körperlichen und geistigen Veränderungen.

Wenn man den Awakened Mind-Zustand erreicht, umfasst dieser die gesamte vertikale Bandbreite der Hirnwellen von Beta bis nach Delta. Sie können lernen, diesen Bewusstseinszustand aufrechtzuerhalten, egal, ob sich Ihr Körper in tiefer Entspannung, im Zustand großer Erregung oder irgendwo dazwischen befindet (siehe Seite 57).

Schauen Sie sich nun die Übersicht der persönlichen Wegzeichen noch einmal an. Die erste Spalte zeigt Ihnen die Nummer der Kategorie, die zweite Spalte beschreibt mögliche subjektive Erfahrungen. *Wenn Sie Ihren Körper und Geist zusammen entspannt haben,* gibt die dritte Spalte den Grad Ihrer körperlichen Entspannung an, und die vierte Spalte benennt die Hirnwellen, die diesen Zuständen meistens entsprechen.

Die Temperatur der Hände kann ebenfalls sehr aufschlussreich sein. Wenn Sie tief entspannt sind, werden Ihre Hände regelmäßig wärmer, wenn Sie angeregt sind, werden sie kälter. Jede Regel hat natürlich ihre Ausnahmen. Mit einem Bio-

KÖRPER-GEIST-REISE

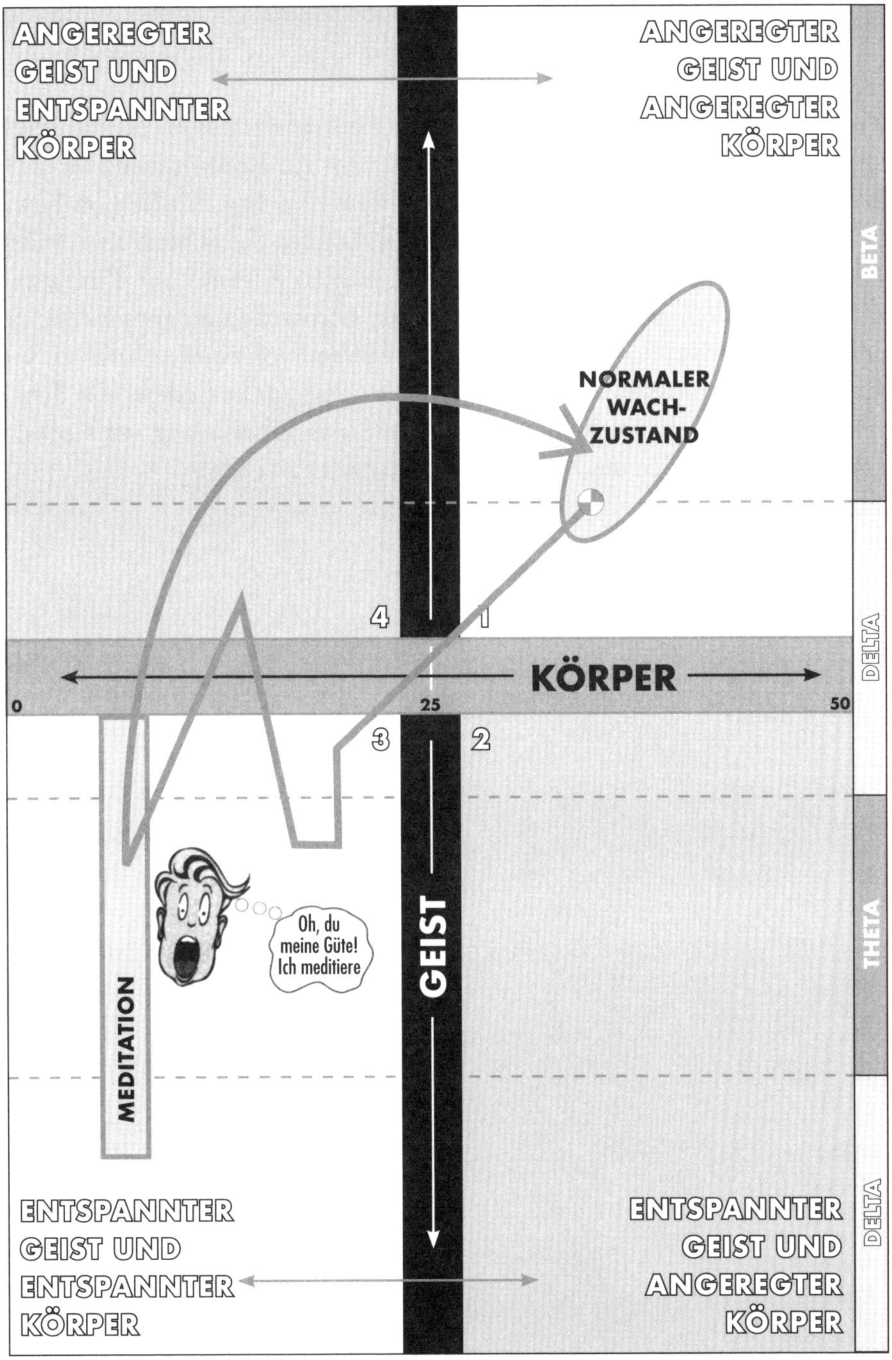

feedbackgerät habe ich Menschen mit sehr warmen Händen beobachtet, die keinerlei Entspannungs- oder Meditationszustände erlebten. Andere erlebten einen Awakened-Mind-Zustand, tiefe Einsichten oder Gipfelerfahrungen und behielten dabei ganz kalte Hände.

Wenn Sie die Anregung und besonders die Entspannung Ihres Nervensystems beherrschen lernen, tun Sie einen wichtigen Schritt zur Beeinflussung Ihrer Hirnwellen und inneren Bewusstseinszustände. Wenn Sie Ihre Meditation bewusst mit einer körperlichen Entspannung beginnen, können Sie sicherer sein, auch die physiologischen Vorteile der Tiefenentspannung zu erleben. Die Entspannung wird Ihnen auch helfen, die unterschiedlichen Hirnwellen zu entwickeln, unabhängig davon, ob Sie von einer Kategorie zu viel und von einer anderen zu wenig produzieren. Wir müssen einen neutralen Ausgangspunkt finden, von dem aus die Hirnwellen sich entwickeln können. Von dieser Überlegung aus wollen wir uns nun den Hirnwellen des Meditationszustandes zuwenden.

DREI

MEDITATION UND HÖHERE BEWUSSTSEINSZUSTÄNDE

Meditation ist vielleicht der bekannteste Zustand veränderten Bewusstseins, aber es gibt zahlreiche Definitionen, Methoden, Philosphien, Dogmen und Techniken. Obwohl die Techniken und Anwendungsgebiete der geistigen Zustände, die wir als Meditation bezeichnen, den Schwankungen des Zeitgeistes unterworfen sind, gibt es doch ein wiederkehrendes Motiv, das allen wechselnden Moden unterlegt ist. Die Grundaussage ist, dass Meditation zu einem *höheren* Bewusstseinszustand führt, als ihn unser normales Wachbewusstsein bietet.

WAS BEDEUTET »HÖHER«?

Für viele Menschen bedeutet das Wort „höher" (wie z.B. in „höherer Bewusstseinszustand") mehr Spiritualität, größere Hinwendung zu einer Art Gotteserfahrung oder höheren Macht. Für andere kann es mehr Kreativität, eine größere geistige Leistungsfähigkeit und einen besseren Zugang zu originellen, phantasievollen und genialen Ideen meinen. Und wieder andere verstehen darunter eine bessere geistige und körperliche Gesundheit und den Schlüssel zu Selbstheilungskräften und persönlichem Wachstum.

»WIE KÖNNEN WIR BEI ALL DIESEN UNTERSCHIEDLICHEN ANSICHTEN MEDITATION DEFINIEREN?«

Wir kommen am ehesten zu einer gemeinsamen Sprache, wenn wir Meditation über die Hirnwellen definieren, die wir beim Meditieren hervorbringen. Interessanterweise gibt es unabhängig von unterschiedlichen Beschreibungen, spirituellen Hintergründen, religiösen Glaubenssystemen, Zielsetzungen und Methoden der Meditation eine übereinstimmende Kombination von Hirnwellenfrequenzen, die *allen* Meditationen zugrunde liegt. Mit kleinen Unterschieden sind die Hirnwellen der Meditation Alpha und Theta – mit oder ohne Delta, je nach der Art der Meditation. [s. Anmerkung S. 262 zu Gammawellen]

Abbildung 1 A zeigt, dass die Hirnwellen der Meditation in beiden Hirnhemisphären symmetrisch sind und dass Alpha in der Amplitude stärker ist als Theta. Das Theta ermöglicht die Tiefe der Meditation – der unterbewusste innere Raum, aus dem die Kreativität entspringt, wo die Verbindung zur Spritualität hergestellt oder die Selbstheilung dem Körper einprogrammiert wird. Theta gibt Ihnen das Gefühl des Profunden, Tiefgründigen in Ihrer Meditation. Alpha stellt die Verbindung oder die Brücke zum Wachbewusstsein dar, damit Sie sich an die Inhalte aus Theta auch erinnern können. Wenn Sie Theta ohne Alpha produzieren, *werden Sie sich nicht an Ihre Meditation erinnern können! Beachten* Sie, dass Theta das Unterbewusste ist und dass die Theta-Wellen grundsätzlich *unterhalb* der bewussten Wahrnehmung auftreten. Deshalb wird alles, was unterhalb dieser Ebene geschieht, *unterbewusst* bleiben, solange die Hirnwellen, die das Unterbewusste zum Bewussten überbrücken, nicht aktiviert sind. Alpha als Brücke gewährt uns klarere und schärfere Bilder, durch die die Inhalte von Theta gefiltert werden.

Es gibt zahlreiche Bezeichnungen für die verschiedenen Trance-Zustände. Meditation, Kontemplation, Konzentration, Gebet, Hypnose, geführte Phantasie, Visualisierung und Tiefenentspannung sind einige der gebräuchlichsten. Die Hirnwellenmuster für alle diese Trance-Zustände sind gleich oder zumindest sehr ähnlich. Die Unterschiede liegen eher in der Art der Einleitung und den Zielen der Meditation als in dem Zustand selbst.

Es gibt auch Ausnahmen von dieser Regel. Manchmal hat die Meditation ein Ziel, das Analyse oder Denken erfordert. Dann wird Beta dem Muster hinzugefügt. Meditationen zur Lösung von Problemen führen die Meditierenden oft in einen tiefen, entspannten Meditationszustand und nutzen dann bestimmte Imaginationstechniken, um Lösungen für vorher festgelegte Fragen oder Probleme zu finden. Bei diesen Meditationsformen benötigen die Meditierenden meistens ihre

Beta-Wellen zusätzlich zum bereits vorhandenen Muster von Alpha und Theta. In solchen Fällen kann das Hirnwellenmuster einem Awakened Mind überraschend ähnlich sein. Dies erklärt, warum wir beim Hirnwellentraining für den Awakened Mind bestimmte Formen aktiver Meditation nutzen, um einem stabilen Alpha- und Theta-Meditationsmuster Beta-Wellen hinzuzufügen. Es bestehen große Ähnlichkeiten zwischen den Hirnwellenmustern der Meditation und des Gebetes, aber es gibt auch einige Unterschiede. So unterscheiden sich z.B. die Muster eines katholischen Geistlichen im Gebet und eines Zen-Mönchs bei der Meditation.

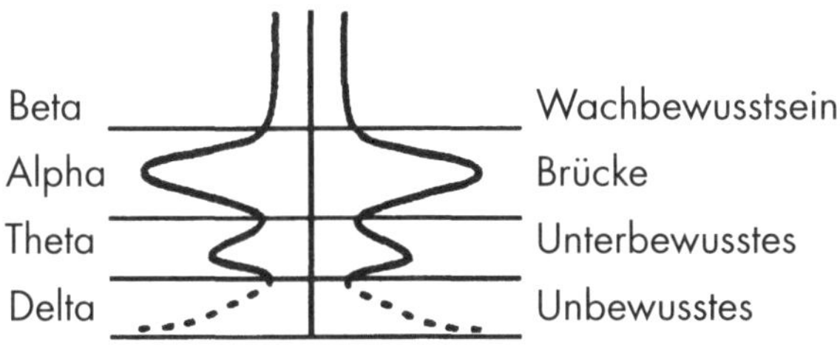

1A: Hirnwellenmuster der Meditation

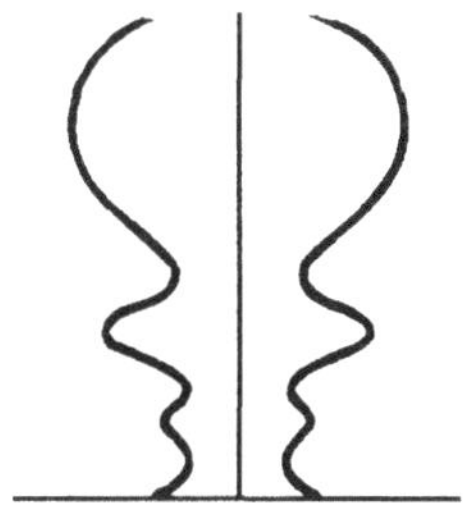

1B: Katholischer Priester

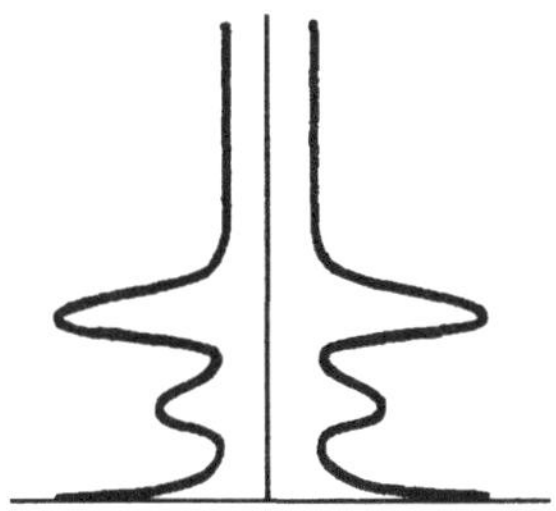

1 C: Zen-Mönch

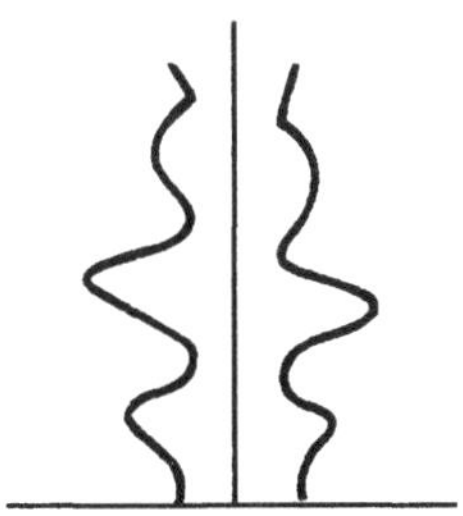

2A: Zen-Meister

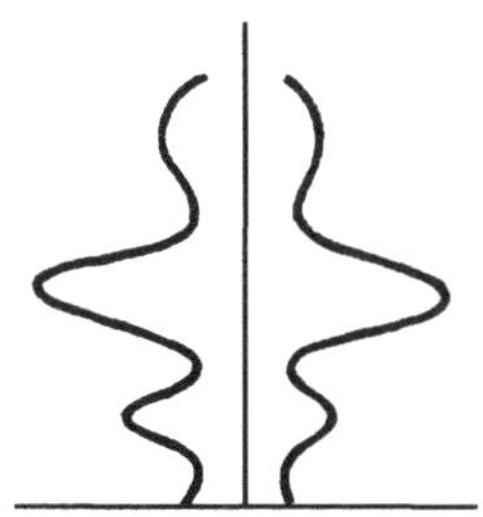

2B: Mit entspannter Zunge

Ich habe einmal die Hirnwellen eines katholischen Priesters gemessen, der seine Gebete noch tiefer und spiritueller gestalten wollte. Er war auf dem Weg zu einer einmonatigen Klausur und bat um meine Hilfe, damit er die vor ihm liegende Zeit optimal nutzen könne. Als ich seine Hirnwellen beobachtete, stellte ich fest, dass er tatsächlich ein Awakened-Mind-Muster produzierte, aber Sie können in Abbildung 1 B erkennen, dass seine Hirnwellen *sehr* kopflastig waren. Er bat mich um Rat, wie er beten solle, und als ich ihm vorschlug: „Weniger Worte!", lachte er und sagte, dass er genau wisse, was ich meine. Er fühlte seine spirituelle Verbindung durch die Aktivität seiner Theta-Hirnwellen und konnte sein Bewusstsein während des Gebetes mit Hilfe der Alphawellen aufrechterhalten. Trotzdem bestand der größte Teil seines stillen Gebetes aus gedachten Worten – deshalb das große Beta.

Ein Zen-Mönch, für den Meditation einfaches Sitzen ohne Gedankentätigkeit bedeutet, wird im Gegensatz dazu ein Hirnwellenmuster entsprechend Abbildung 1 C haben. Hier gibt es gar kein Beta – dieser Mensch hat keine Worte oder Gedanken im Kopf! Aber Sie können erkennen, dass Delta sehr aktiv ist, d.h., dieser Mensch ist auch im unbewussten Bereich aufmerksam. Die Praxis des Zen ist in erster Linie eine nonverbale Erfahrung. Ziel ist die Aufmerksamkeit gegenüber allem, was *ist*. Deshalb wird ein Meditierender im Zen im Vergleich zu jemandem im aktiven Gebet in der Regel weniger Beta und meistens mehr Delta aufweisen.

Ein langjährig praktizierender Zen-Meister, dessen Hirnwellen ich beobachten konnte, zeigte ein Awakened-Mind-Muster (Abbildung 2 A), bei dem jedoch immer wieder hochfrequente Betawellen aufflackerten. Das Beta wurde runder (Abbildung 2 B), nachdem ich ihm empfohlen hatte, seine Zunge zu entspannen. Er fand dies eine großartige Idee und sagte, er könne es „nicht erwarten, seinen Schülern davon zu berichten", da es seine Lehre tiefgreifend verändern werde.

»IST DIE TEILNAHME AN EINER GEFÜHRTEN PHANTASIE RICHTIGE MEDITATION?«

Wenn Sie während der geführten Phantasie wenig Beta-Wellen, aber starkes Alpha und Theta produzieren, ist die Antwort ein uneingeschränktes Ja. Falls Sie dabei denken und analysieren – statt den Bildern einfach zu erlauben, da zu sein, sie nicht bewusst zu kreieren oder zu verändern – dann ist die Antwort Nein. Geführte Phantasien sind in der Tat für viele Menschen ein guter Einstieg in die Meditation. Anhänger traditioneller Meditationen mögen einwenden, dass geführte

Phantasien den Kopf füllen, dass es aber Sinn der Meditation ist, den Kopf freizubekommen – ein guter Einwand aus der Sicht der *Inhalte,* nicht aus der Sicht des *Zustandes.* Der Zustand der Meditation ist durch Alpha- und Theta-Hirnwellen gekennzeichnet, und wenn Sie diese Hirnwellen ohne viel Beta hervorbringen, meditieren Sie. Geführte Phantasien können Sie unter Umständen viel schneller in den Alpha- und Theta-Bereich bringen, als wenn Sie stillsitzen und Ihre Gedanken beobachten, bis sie hoffentlich irgendwann verschwinden.

»WIE KANN MAN GEFÜHRTE PHANTASIEN AM BESTEN ZUR MEDITATION NUTZEN?«

Geführte Phantasien mit dem Ziel der Meditation sollten einige grundlegende Elemente enthalten.

Erstens sollte es eine Einführung geben, damit die Zuhörer zunächst Körper und Geist entspannen können. Wenn sie die Atmung verlangsamen und ihr Stressniveau absenken, können sie ihre Hirnwellen besser beeinflussen. *Zweitens* helfen Bilder den Zuhörern, Alpha-Wellen zu produzieren, und fördern damit die Hirnwellen, die den Weg in die Meditation überbrücken. *Drittens* soll Ihnen die geführte Phantasie Anleitungen geben, die Sie tiefer in Ihr Inneres zu den Theta-Wellen Ihres Unterbewussten führen. Und *viertens* soll Ihnen die geführte Phantasie dort ausreichend Zeit der *Stille* zur Verfügung stellen, damit Sie den Zustand der Meditation ohne äußere Impulse erleben können.

Wenn die geführte Phantasie diesen Prinzipien folgt, können die Zuhörer schon bei den ersten Versuchen einen Meditationszustand erreichen. Dies bedeutet jedoch nicht, dass sie dort länger verweilen können. Auch bei regelmäßigem Üben entwickelt sich die Fähigkeit zu meditieren zunächst über kurz aufblitzende Meditationserlebnisse. Hirnwellen bewegen, wandeln und verändern sich ständig – manchmal ganz plötzlich, manchmal allmählich. Oft werden Sie schon bei den ersten Versuchen mehrmals in einen Meditationszustand eintauchen, unabhängig von der Art der Einleitung. Viele Dinge können Sie nach dem Eintauchen wieder aus dem Meditationsmuster herausbringen. Am häufigsten sind es Beta-Wellen, Gedanken, die die innere Stille unterbrechen. Ein anderes Problem ist, dass die Alpha-Weilen verlorengehen können, so dass Sie noch wach sind, aber nicht mehr bewusst. Eine weitere Schwierigkeit ist das Einschlafen.

Der Schlüssel zur erfolgreichen Meditation ist, dass Sie die Zeit, in der Sie meditieren, erkennen und schätzen. Vielleicht neigen Sie dazu, Augenblicke von Klarheit oder Einsicht als „Einbildung" herabzusetzen. Oder Sie sagen sich, dass es deshalb nicht zählt, weil es so schnell wieder vorbei war. Tun Sie sich das nicht an. Schätzen Sie jede Einsicht, jedes Bild, das aus Ihrem Unterbewussten auftaucht, jeden Augenblick innerer Stille und persönlichen Friedens. Erkennen Sie, dass Sie meditieren, und sei es noch so kurz. Sie werden dann häufiger Augenblicke der Klarheit und Meditation erleben, die sich über immer längere Zeit erstrecken.

DIE *TECHNIK* IST NICHT DIE MEDITATION

Wenn jemand sagt: „Ich gehe jetzt meditieren", meint diese Person vielleicht, dass sie eine bestimmte Atemtechnik anwenden wird. Viele Menschen glauben, dass sie meditieren, nur weil sie einer bestimmten Technik oder einer Anweisung folgen. Stattdessen sitzen sie vielleicht einfach still und denken, ohne auch nur im entferntesten in die Nähe eines Meditationszustandes zu gelangen. Sie wundern sich dann, warum sie ihrer Meditation nichts abgewinnen können. Behalten Sie im Auge, dass eine bestimmte Technik, die Ihnen zur Meditation verhelfen soll, nicht automatisch bedeutet, dass Sie tatsächlich meditieren.

Vor längerer Zeit kam ein Mann zu mir und sagte, dass er *12 Jahre lang jeden Tag eine Stunde* meditiert habe. Obwohl ihm die Zeit, in der er saß, Freude bereitete, hatte er ein Gefühl, als fehlte etwas. Aus Gesprächen mit anderen Meditierenden hatte er den Eindruck gewonnen, dass er irgendetwas falsch machen müsse, da er keine der Erfahrungen kannte, über die ihm die anderen berichteten. Ich schaute auf seine Hirnwellen, während er „meditierte", und entdeckte, dass er *12 Jahre lang nur gedacht hatte!* Die Alpha-Theta-Erfahrung der Meditation war ihm tatsächlich unbekannt. In drei Sitzungen führte ich ihn zur Erfahrung einer tiefen Meditation. Als er diesen Zustand erstmals erreichte, setzte er sich kerzengerade auf, lachte und rief: „Ich hab's!"

Zugegeben, dieser Fall ist ein seltenes Extrem, aber Meditation wird häufig in ähnlicher Weise missverstanden. Es liegt in der Natur der Sache, dass man in der Technik steckenbleiben kann, anstatt tatsächlich zu meditieren.

Manche Menschen befürchten insgeheim, dass sie es irgendwie nicht richtig machen oder am Ende gar nicht meditieren. Weil sie wirklich meditieren wollen, *strengen sie sich noch mehr an* und üben ihre Technik mit noch mehr Nachdruck und Hingabe aus. Das kann zu einem Teufelskreis führen. Je mehr sie sich anstrengen, desto weniger scheinen sie meditieren zu können. Man kann Meditation nicht *erzwingen.* Meditation ist ein Prozess des *Geschehenlassens,* nicht des Tuns.

Sie können auf verschiedene Weise feststellen, ob Sie meditieren. Die Wegzeichen der Meditation werden Ihnen helfen zu verstehen, wo Sie stehen und welche Hirnwellen Sie produzieren. Der Übersicht auf Seite 48 (im zweiten Kapitel) können Sie entnehmen, auf welche Hirnwellen Ihre Erfahrungen hinweisen. Ihre Reise hinab in die Meditation mag einige wenige oder alle diese Erfahrungen einschließen, aber nicht unbedingt in der genannten Reihenfolge. Es folgen Beispiele von Hirnwellenmustern, die Sie auf lhrem Weg in die Meditation durchlaufen können:

KONTINUIERLICHES BETA MIT MÖGLICHEM AUFFLACKERN ANDERER FREQUENZEN

Dieses Muster tritt häufig ganz am Anfang einer Meditation auf oder folgt einer Störung während der Meditation. Die möglichen Erfahrungen beschreibt die Kategorie 0.

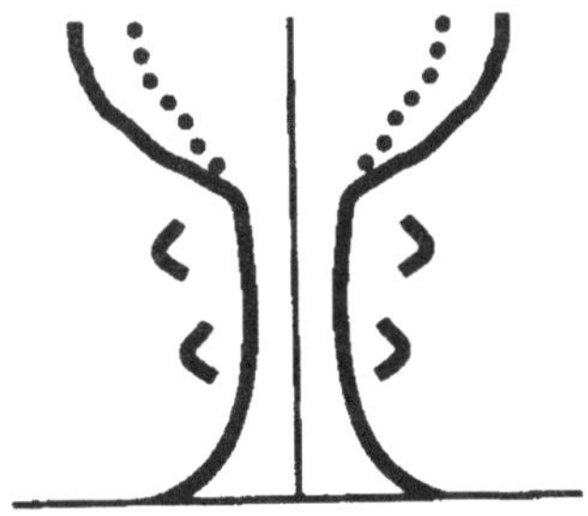

REDUZIERTES BETA MIT ZEITWEILIGEM, ABER STARKEM ALPHA

Hier können Sie Ihren Einstieg in die Meditation beginnen. Die Erfahrungen entsprechen oft denen der Kategorie 1.

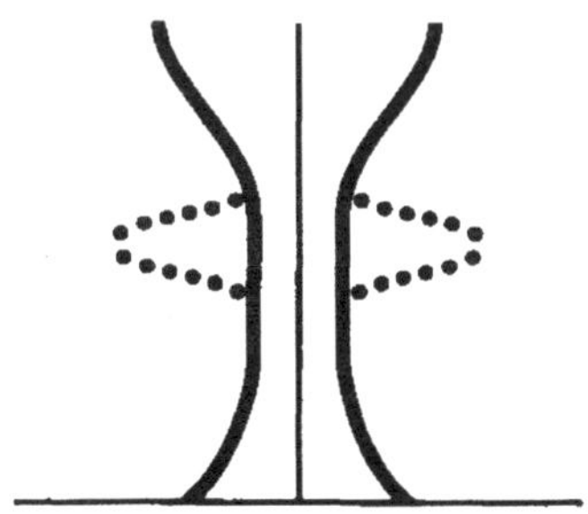

REDUZIERTES BETA, STÄRKERES ALPHA (KANN KONTINUIERLICH SEIN)
ZEITWEILIGES (NIEDERFREQUENTES) THETA

Dieser Zustand wird oft als Übergang in die Meditation erlebt. Die Erfahrungen entsprechen überwiegend denen der Kategorie 2.

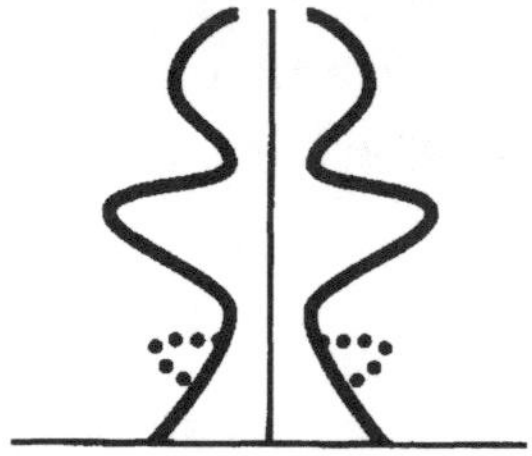

STARK REDUZIERTES BETA, KONTINUIERLICHES ALPHA;
MÖGLICHERWEISE MEHR UND ANDAUERNDES THETA MIT
ZUNEHMENDER FREQUENZ UND/ODER AMPLITUDE

Diese Hirnwellen zeigen eine leichte, aber relativ stabile Meditation an, wie man sie in der Kategorie 3 erleben kann.

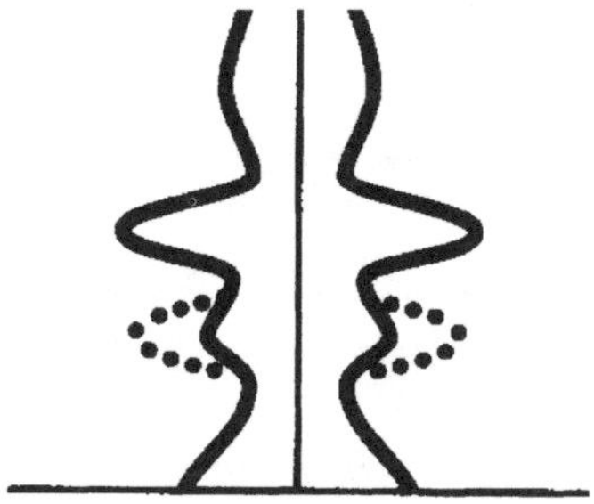

STARK REDUZIERTES BETA, KONTINUIERLICHES ALPHA, ZUNEHMENDES THETA

Diese Hirnwellen signalisieren eine andauernde und stärker werdende Meditation und können auch als Durchgangsstadium in eine noch tiefere Meditation erlebt werden. Die Erfahrungen entsprechen denen der Kategorie 4.

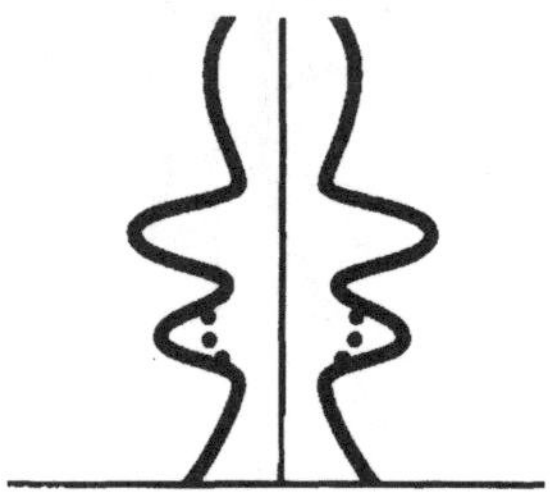

GUTE BEHERRSCHUNG VON BETA, KONTINUIERLICHES ALPHA, (GEWÖHNLICH MIT NIEDRIGER FREQUENZ) UND ANDAUERNDES THETA

Dieses Muster zeigt eine tiefe, starke und stabile Meditation. Die Erlebnisse können denen der Kategorie 4 und 5 entsprechen.

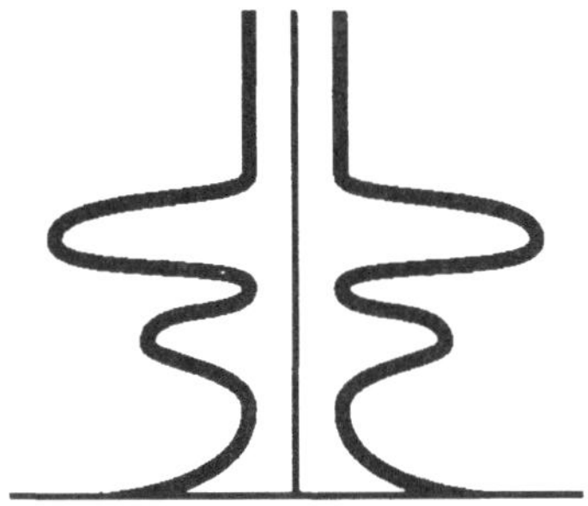

SEHR WENIG BETA, SEHR WENIG ALPHA, STARKES THETA UND HÄUFIG STARKES DELTA

Dieses Hirnwellenmuster könnte den Untertitel „Ich war weg, aber nicht eingeschlafen" tragen. Typisch ist ein Gefühl des Weggetretenseins, des Rückzugs von der Umwelt und/oder aus dem Körper, sehr wenig Erinnerung an die Meditation, aber die innere Gewissheit, dass man während dieser Zeit bei Bewusstsein war. Die Bilder sind traumartig und oft dunkel und verschwommen, gelegentlich blau oder violett getönt. Vielleicht haben Sie das Gefühl, dass etwas Wichtiges geschehen ist oder noch geschieht, ohne genau zu wissen, was es ist. Sie haben keine Ahnung, wo Sie waren, aber Sie sind *sicher,* dass Sie nicht geschlafen haben. Wenn Sie zurückkommen, haben Sie das Gefühl, als seien Sie sehr weit weg gewesen.

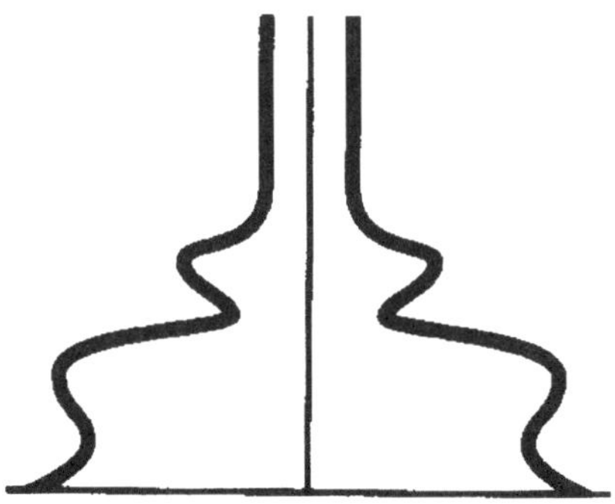

DELTA

Sie haben wahrscheinlich überhaupt keine Erinnerung, und wenn Sie zurückkehren, dann ganz schnell, mit einem Schrecken oder einem Ruck. Sie waren eingeschlafen!

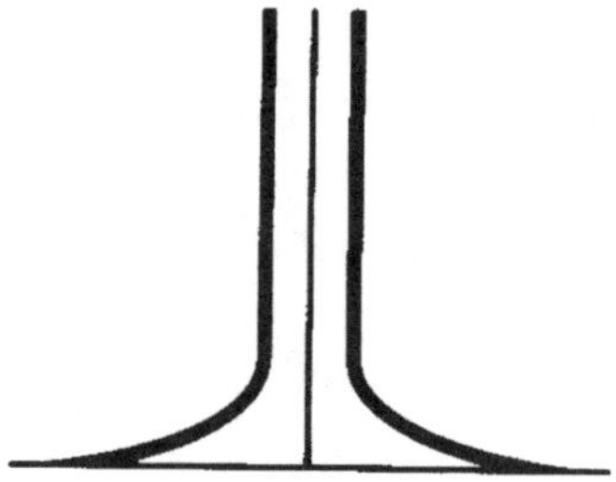

BETA, ALPHA, THETA UND DELTA

Hier haben wir den Awakened Mind. In diesem Zustand können Sie alle Meditationserfahrungen machen, zusätzlich können Sie denken. Alle Erfahrungen der Kategorie 5 sind möglich, besonders stark intuitive Einsichten.

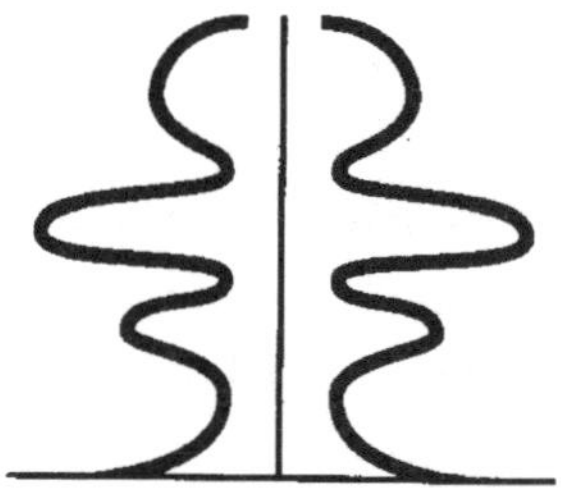

BETA; ALPHA, THETA UND DELTA, DIE MEHR ODER WENIGER INEINANDER ÜBERGEHEN

Dies ist ein transzendenter Zustand, der oft mit Erfahrungen der Kategorie 6 verbunden ist.

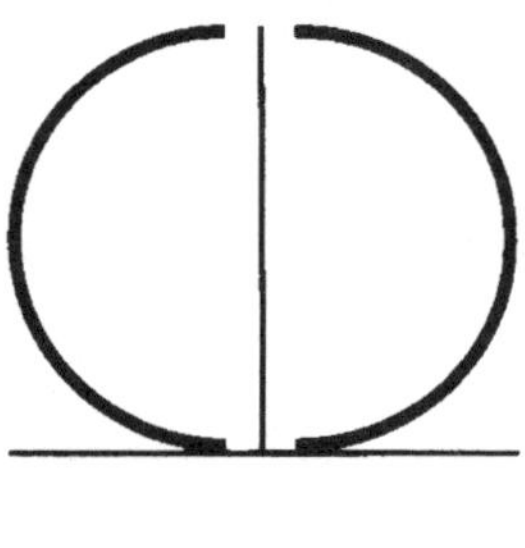

Welches ist nun das beste Muster?

Diese Abfolge der Hirnwellenmuster sollte nicht als Rangfolge verstanden werden. Wer wollte behaupten, dass es wichtiger oder besser ist, Theta statt Beta zu produzieren? Selbst einen Awakened Mind möchten Sie vielleicht nicht *andauernd* erleben. Also, was ist das Beste? Die einzig richtige Antwort auf diese Frage lautet, dass es das Beste ist, *wenn Sie die Hirnwellen haben, die Sie haben wollen, und dass Sie sie zu der Zeit haben, zu der Sie sie haben wollen.* Mit anderen Worten arbeiten wir darauf hin, dass wir unseren Bewusstseinszustand jederzeit nach unseren Wünschen verändern können.

»ICH MEDITIERE NICHT, HABE ABER EINIGE DER ERFAHRUNGEN, DIE ALS MEDITATION BESCHRIEBEN SIND!«

Erinnern Sie sich an unseren Freund, der glaubte, er würde meditieren, und dann herausfand, dass er statt dessen saß und dachte? Auch das genaue Gegenteil kommt vor. Eine junge Frau kam einmal zu mir, um Entspannung und Stressbewältigung zu lernen. In Wirklichkeit litt sie jedoch unter einem frühkindlichen Trauma, und wir verbrachten erhebliche Zeit mit diesem Trauma, als wir ihre Theta-Hirnwellen entwickelten. Während der ersten Sitzung sagte sie mir, dass sie noch nie meditiert habe. Sogar der Begriff war ihr nicht vertraut. Ich schloss sie an das EEG an und begann eine geleitete Phantasie. Gleich darauf reduzierte sich ihr Beta dramatisch, und Alpha, Theta und Delta erschienen in einem wunderbaren Meditationsmuster. Nachdem die geführte Phantasie beendet war, fragte ich sie, ob diese Erfahrung neu für sie gewesen sei. Sie antwortete „Aber nein! Ich fühle mich immer so, wenn ich in einer Blumenwiese sitze."

Manche Menschen haben noch nie etwas über Meditation gehört und verbringen häufig, sogar täglich, Zeit im Zustand tiefer Meditation, ohne es zu wissen (oder sich darum zu kümmern). Sie glauben, dass sie nur tagträumen, ruhen, sitzen, Musik hören, oder – auf der aktiven Seite – im Garten arbeiten, zur Arbeit gehen, laufen, Blumen stecken, das Haus putzen oder malen.

Die Kombination von Alpha und Theta ohne Beta ist Meditation, und es ist vollkommen gleichgültig, was Sie dabei tun. Im Folgenden definiere ich Meditation als *jede stille Form von Kontemplation und Entspannung, die dieses Hirnwellenmuster hervorbringt.*

EINE THETA-MEDITATION

Bevor wir mit der Theorie von Meditation und Hirnwellentraining fortfahren, möchte ich Ihnen eine Meditation zeigen, die Theta-Wellen entwickeln hilft. Theta-Hirnwellen sind bei den meisten Menschen unterentwickelt und verdienen deshalb als erste unsere Aufmerksamkeit. Probieren Sie diese Meditation aus, bevor Sie weiterlesen. Die nachfolgende Diskussion wird erklären, *warum* wir so vorgehen. Es hat sich als viel effektiver für meine Klienten oder die Teilnehmer meiner Workshops erwiesen, wenn sie erst die Meditation ausprobieren und danach die Theorie erlernen. Auf diese Weise ist ihr Kopf nicht mit Theorie vollgestopft, wenn sie ihre Erfahrungen machen.

Genießen Sie es!

Bitte beachten Sie, dass * *Pause* bedeutet:
(*) = 2 bis 5 Sekunden
(**) = 5 bis 10 Sekunden
(***) = 10 bis 30 Sekunden

Längere Pausen werde ich extra angeben. Nutzen Sie diese als Zeit der Stille, um den Anweisungen zu folgen und zu meditieren. Wenn Sie beginnen, verweilen Sie in der Ruhe und Stille nur, solange es Ihnen angenehm ist. Gehen Sie weiter zum nächsten Abschnitt, wenn Sie anfangen abzuschweifen, sich gelangweilt fühlen, oder wenn Sie mit Ihren Erkundungen zu einem Schluss gekommen sind.

HAUS DER TÜREN

Lass deinen Kopf frei werden, und konzentriere dich auf deine Atmung.
Verbringe mindestens 5 bis 10 Minuten damit, dich zu entspannen, bevor du weitergehst. (Vielleicht möchtest du die Entspannungsübung von Seite 45 als Vorbereitung auf diese Meditation wiederholen.)

Und nun, aus tiefer Entspannung und großem Frieden (*)
stelle dir einen Ort vor, (*)
eine Landschaft oder einen anderen Ort, der dir angenehm ist. (*)
Er kann in den Bergen, auf dem Land, am Strand sein … (*)
Sieh ihn klar und deutlich vor dir. (**)
Geh dort in deiner Vorstellung umher. (*)

Gebrauche alle deine Sinne, wenn du diese Umgebung sorgfältig untersuchst.
Erlebe die Farben, die Formen, die Strukturen, die Geräusche, die Gerüche. (**)
Welche Tageszeit ist es, wie sind die Stimmung und die Temperatur?
Fühle alles in deiner Vorstellung. (**)
Verändere die Umgebung so, wie du möchtest, damit sie gefahrlos ist und du dich sicher fühlen kannst.

(Pause für 1 oder 2 Minuten)

Nun stelle ein Haus in diese Umgebung.
Geh jetzt noch nicht hinein, schau es dir erst von außen an. (*)
Wir werden auf eine Reise durch dieses Haus gehen. (*)
Du gehst durch die Eingangstür, (*)
durch den Eingangsbereich,
und befindest dich in einem Raum, der mit Spiegeln ausgekleidet ist. (*)
Spiegel überall um dich herum.
Du siehst dein Bild, dein Spiegelbild. (***)

Nun, auf der anderen Seite des Spiegelraums
befindest du dich in einem langen Flur, (*)
einem scheinbar endlosen Korridor mit zahlreichen Türen auf beiden Seiten. (*)
Und jede Tür hat eine andere Farbe. (*)
Du gehst den Flur hinunter, vorbei an Tür, ... an Tür ... an Tür, (**)
bis du vor einer Tür auf der linken Seite stehenbleibst.
Achte auf die Farbe der Tür.
Und an der Tür kann sich ein Schild, ein Bild oder ein Symbol befinden.
Wenn es so ist, siehst und verstehst du es. (**)
Wenn du so weit bist, öffne diese Tür und betritt den Raum, der dahinterliegt. (*)
Nimm dir so viel Zeit, wie du brauchst, um den Raum und alles, was in ihm ist, sorgfältig zu untersuchen.

(eine Minute Pause)

Während du dich in diesem Raum aufhältst, hast du die Macht, alles zu verändern, was du willst.
Nimm dir jetzt Zeit, die Veränderungen vorzunehmen.

(eine Minute Pause)

Bald wirst du den Raum wieder verlassen. (*)

Nimm dir genug Zeit, um alles zu Ende zu bringen, was du hier zu tun hast. (***)
Du kannst jederzeit hierher zurückkehren, wenn du mehr Zeit an diesem Ort verbringen möchtest. (***)

Und nun, wenn du so weit bist, lasse diesen Raum hinter dir, und gehe auf den Korridor zurück. (**)
Schließe die Tür hinter dir, aber schließe sie nicht ab, damit du zurückkehren kannst, wenn du willst. (**)
Setze deinen Weg fort, den Korridor hinunter, an den Türen vorbei, (***)
bis du vor einer Tür auf der rechten Seite stehenbleibst. (*)
Achte auch diesmal auf die Farbe der Tür … und die Aufschrift oder das Symbol, wenn du so etwas vorfindest. (***)
Wenn du bereit bist, öffne die Tür und untersuche, was sich hinter ihr befindet. (**)
Nimm dir so viel Zeit, wie du brauchst, um auch diesen Raum sorgfältig zu untersuchen.

(eine Minute Pause)

Erinnere dich daran, dass du alles in diesem Raum ändern kannst, wenn du es möchtest.

(eine Minute Pause)

Wenn du jetzt so weit bist, führe alles zu Ende, was du in diesem Raum zu tun hast. (***)
Denke daran, dass du in diesen Raum zurückkehren kannst, wann immer du willst.

Und nun lass diesen Raum hinter dir. (**)
Geh zurück auf den Flur, schließe die Tür hinter dir, aber schließe nicht ab.(**)
Folge jetzt dem Weg zurück, den du durch den Korridor gekommen bist. (*)
Vorbei an der ersten Tür, die du durchschritten hast. (**)
Zurück durch den Spiegelraum. (*)
Beachte alle Veränderungen in deinem Spiegelbild. (**)
Zurück durch den Eingangsbereich. (*)
Hinaus ins Freie. (**)
Verändere deine Umgebung, wenn du es möchtest, und finde einen bequemen Platz zum Sitzen … und Meditieren. (**)
Meditiere über das, was du im Haus der Türen erlebt hast (*)
und was es für dich bedeuten mag.

(ein bis zwei Minuten Pause)

Wenn du so weit bist, (*)
finde ein paar „Schlüssel", die du mit zurückbringen kannst, wenn du erwachst,(*)
die dich daran erinnern, wo du gewesen bist, was du erlebt hast und was du aus deinen Erfahrungen gewonnen hast. (*)
Diese Schlüssel können Bilder, Symbole, Körperwahrnehmungen, Farben, Gefühle, Worte oder ganze Sätze sein ... alles, was dir hilft, dich an deine Erfahrungen zu erinnern ... sogar Geschmack, Gerüche, Geräusche und Strukturen aus deiner Meditation.

(***)

Komme in deinem eigenen Tempo zum Ende deiner Meditation. (***)
Wenn du bereit bist, nimm dir jetzt Zeit, zurückzukehren, (**)
zurück in die Außenwelt. (**)
Erlaube dir, zu erwachen und zurückzukehren, (*)
wach ... und erfrischt. (***)
Atme ein paar Mal tief durch, (**)
und erlaube dir, dich zu strecken, beginne mit den Fingern und Zehen. (**)
Öffne die Augen und komm zurück in die Außenwelt.

DIE ERFAHRUNG VERANKERN

Wenn Sie diese Meditation durchführen, sollten Sie Papier und Bleistift bereithalten. Sie haben möglicherweise eine Reihe von Erfahrungen gemacht, die Ihnen (*a*) Informationen über sich selbst geben und (b) Ihnen helfen, sich zu erinnern, wie sich dieser Bewusstseinszustand anfühlt, so dass Sie ihn das nächste Mal leichter erreichen können. Vielleicht gibt es noch unerledigte Dinge in Ihrem Haus, an denen Sie bei folgenden Meditationen arbeiten möchten.

Da es in der Natur der Meditations-Hirnwellen liegt, dass sie sich nahe oder unterhalb der Bewusstseinsgrenze befinden, neigen viele Meditierende dazu – besonders wenn sie weniger Erfahrung haben –, die Inhalte der Übung sehr schnell zu verlieren oder zu vergessen. Es fördert Ihre zukünftige Fähigkeit zu meditieren, wenn Sie sich an Details erinnern, da Sie dadurch den Meditationszustand als vertrautes Hirnwellenmuster in sich verankern.

Wie bringt man nun die Inhalte zurück? Wenn Sie ein echtes Meditationsmuster aus Theta und Alpha produziert haben, enthielt es bereits die Brücke, die es

Ihnen ermöglicht, Ihre Erfahrungen bewusst mitzuerleben. Falls Ihr Alpha von niedriger Frequenz ist, wird das Material nur teilweise über die Brücke gelangen. Weil die Inhalte nicht stark genug in das Bewusstsein gezogen werden, werden sie buchstäblich umkehren und ins Unterbewusste zurücksinken (Abbildung 3 A). In einem solchen Fall *wissen* Sie, dass Sie etwas erlebt haben, es liegt Ihnen geradezu auf der Zunge, aber es gelingt Ihnen nicht, die Erinnerung aus dem Unterbewussten zu heben. Sie brauchen ein Werkzeug, das Ihnen hilft, Ihre Erfahrungen sofort in Ihre vollbewusste Wahrnehmung zu bringen, nachdem Sie aus dem Meditationszustand zurückgekehrt sind. Um Ihre Erlebnisse ins Wachbewusstsein der Beta-Wellen zu bringen, müssen Sie sie in Gedankenform kleiden (Abbildung 3 B). Am besten fassen Sie sie in Worte, indem Sie sie gleich nach der Meditation aufschreiben oder darüber sprechen.

Wenn Sie allein meditieren, schreiben Sie am besten Ihre „Schlüssel" zuerst auf und ergänzen dann die Details. Beschreiben Sie so viele Einzelheiten wie möglich. Je mehr detaillierte Beobachtungen Sie erinnern, um so besser werden Sie die Meditation im Gedächtnis behalten. Alternativ können Sie laut über Ihre Erfahrungen sprechen, z.B. in ein Diktiergerät, damit Ihnen eine Aufzeichnung zur Verfügung steht.

Falls Sie mit einem Freund/einer Freundin oder in einer Gruppe meditieren, können Sie sich gegenseitig über Ihre Erfahrungen berichten. Analysieren oder diskutieren Sie die Bedeutung nicht lang und breit, bevor sich nicht alle ihrer Inhalte voll bewusst geworden sind. Wenn Sie über die Erfahrungen anderer sprechen (wobei Sie Ihre Beta-Wellen einsetzen), bevor Sie über Ihre eigenen berichtet haben, laufen Sie Gefahr, Ihre Inhalte zu verlieren. Die Verbindung zwischen Ihrem Bewusstsein und Ihrem Unterbewusstsein ist manchmal sehr empfindlich. Wenn Sie Ihr Beta einsetzen, um die Geschichten anderer zu analysieren, werden Ihr Alpha und Theta geschwächt, und Details Ihrer Erfahrungen können verblassen. Nachdem jeder ausreichend Zeit hatte, zumindest über seine Schlüssel zu berichten, können Sie frei diskutieren, ohne zu riskieren, Ihre Erfahrungen zu verlieren.

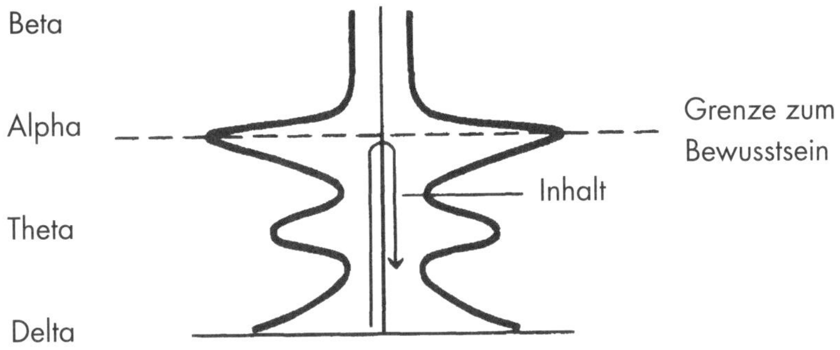

3A: Der Inhalt kann nicht ins Bewusstsein gelangen

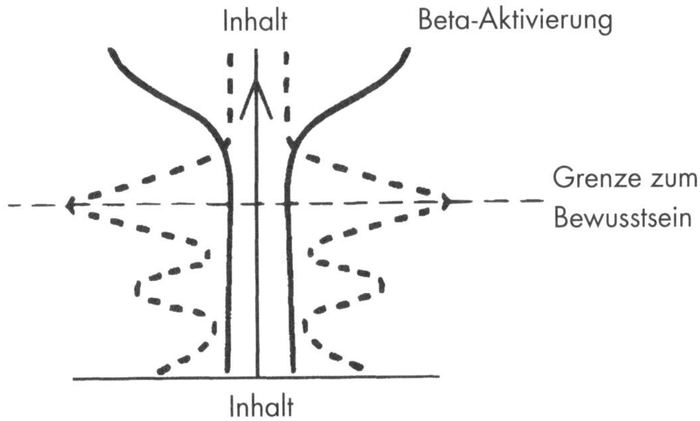

3B: Die „Schlüssel" heraufholen

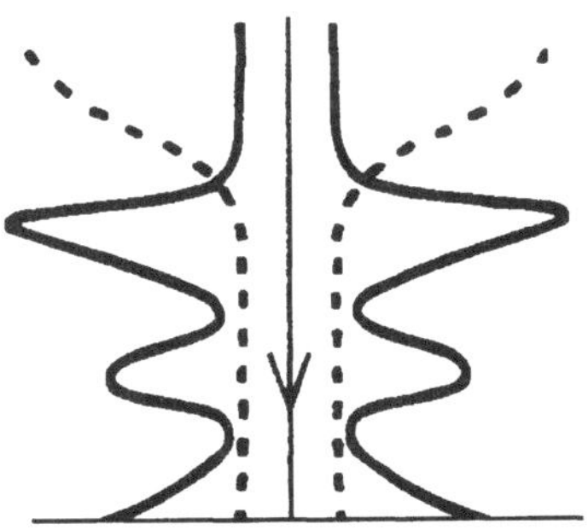

3C: Mit den „Schlüsseln" in die Tiefe gehen

Helfen Schlüsselwörter oder Bilder, in den meditativen Zustand zurückzukehren?
Meditation ist etwas *Gefühltes,* eine Kombination von Wahrnehmungen auf unterschiedlichen Ebenen. Nutzen Sie Ihre Beta-Hirnwellen, um die verschiedenen Bestandteile und Wahrnehmungen aus Ihrer Meditation in Worte zu fassen und sich bewusstzumachen. Dadurch erinnern Sie sich besser an den Inhalt und daran, wie sich der meditative Zustand anfühlt. Wenn Sie das nächste Mal meditieren wollen, setzen Sie sich hin und erinnern Sie sich an dieses Gefühl. Sie können die Reiseroute einfach umdrehen und sich von Ihren Schlüsseln oder Wegzeichen, die Ihre Erlebnisse aus dem Unterbewussten ins Bewusstsein brachten, wieder in die Tiefe leiten lassen (Abbildung 3 C). Dadurch öffnen Sie den Zugang zu Ihrem meditativen Hirnwellenmuster. Je öfter Sie diese Zugänge nutzen – sie vertiefen, erweitern und verstärken –, um so leichter werden Sie in Ihren Meditationszustand zurückfinden.

Die Schlüssel können ganz verschieden sein. Ein Beispiel könnte wie folgt aussehen: „Ich entspanne mich. Meine Schultern fallen locker herab. Der Knoten in meinem Bauch entwirrt sich. Eine sanfte Dunkelheit umgibt mich. Ich habe das Gefühl, in einen tiefen Brunnen zu fallen. Dann schwebe ich in Frieden." Viele der hier angesprochenen Schlüssel haben etwas mit Abstieg zu tun. Die Worte, die Sie aus dieser Meditation mitnehmen könnten, sind „entspannen", „entwirren", „sanft", „Dunkelheit", „fallen", „tief", „Brunnen", „schweben" und „Frieden". Es ist besser, Sie wählen die drei für Sie bedeutungsvollsten Schlüssel aus, statt zu versuchen, sie alle zu erinnern. (Nachdem „dunkel" erinnert wurde, folgt „sanft" vielleicht von ganz allein.) Die Schlüssel in diesem Beispiel könnten am Ende „tief", „dunkel" und „schwebend" lauten.

Ein anderes Beispiel: „Ich *fliege* auf dem Rücken eines mächtigen *Adlers.* Wir *steigen auf* zum *Licht.* Ich höre eine Art *himmlischer Musik* und fühle, wie der *Wind* durch meine Haare streicht." Die Schlüsselworte sind kursiv gedruckt.

Oder ganz kurz: „Ich fühle, wie ich auf den Grund eines wunderschönen *tiefen,* dunklen *Sees sinke."* Oder: „Ich fühle mich *offen* wie eine *Blume* in voller Blüte." Oder: „Ich sehe, wie die *Sonne* hoch über mir aufsteigt, und empfinde die *Wärme* auf meiner Haut." Oder: „Ich bin von *unendlichem friedlichen Nichts* umgeben." Es kann aber auch einfach „die Farbe *Blau":* „ein Gefühl von *Leere"*, *„Michausdehnen"* oder *„Wellenrauschen"* sein.

Obwohl die Erlebnisse jedes Menschen einzigartig und persönlich sind, gibt es viele gemeinsame Erfahrungen, die geradezu archetypischer Natur sind. Ihre persönlichen Schlüssel, die Sie in der Meditation gefunden haben, sind in der Regel viel kraftvoller als Schlüssel, die von außen kommen. Wenn Sie jedoch Probleme haben, ein tiefes Gefühl in Ihrer Meditation zu bekommen, kann Ihnen vielleicht eine der oben genannten Formulierungen helfen.

DER SCHRITTWEISE AUFBAU DES HIRNWELLENTRAININGS

Inzwischen haben Sie die Beziehung zwischen Körper und Meditation und die Bedeutung der Entspannung kennengelernt. Außerdem haben Sie die Theta-Wellen in der „*Haus der Türen*"-Meditation erlebt. In den folgenden Kapiteln werden Sie Ihr Hirnwellentraining fortsetzen und lernen, Ihre Beta-Wellen zu verringern, Alpha- und Theta-Wellen zu stimulieren und die Delta-Wellen zu stabilisieren. Sie werden auch lernen, wie Sie die richtige Menge Beta-Wellen für ein Awakened-Mind-Muster und einen High Performance Mind produzieren können. Obwohl Sie auf jeder Ebene beginnen können, finde ich es am besten, bei der Entwicklung des Hirnwellenmusters Schritt für Schritt vorzugehen. Deshalb folgen die Übungen in diesem Buch einer bestimmten Ordnung.

Wenn Sie die einzelnen Techniken verstanden haben, wissen, wofür sie eingesetzt werden und wie sie auf Sie wirken, können Sie die Reihenfolge durchaus Ihren Bedürfnissen anpassen. In den Jahren meiner Arbeit habe ich beobachtet, dass es zu Beginn eines Hirnwellentrainings günstig ist, zuerst die Theta-Wellen zu entwickeln.

DIE THETA-WELLEN ENTWICKELN

Der Schlüssel zu Theta liegt darin, einen Weg tief ins Innere zu finden – zu Ihrem eigenen Unterbewussten. Bilder einer langen Reise stimulieren Theta am stärksten. Das konkrete Bild spielt dabei keine Rolle, wichtig ist die Wirkung der Bilder auf Ihre Hirnwellen. Bilder, die Sie *hinunter, durch etwas hindurch* und *hinein* bringen, helfen Theta anzuregen. Je mehr *Veränderungen* Sie vornehmen, desto tiefer werden Sie kommen. Erinnern Sie sich an die „*Haus der Türen*"-Meditation weiter vorn. Nachdem Sie Ihre Alpha-Wellen mit Hilfe von Sinneswahrnehmungen angeregt hatten, gingen Sie *durch* die Haustür, *durch* den Eingangsbereich, liefen *in* und *durch* den Spiegelraum, den langen Korridor *hinab* und in den Raum *hinein.* Durch die Wiederholung auf der anderen Seite des Korridors vertiefte sich Ihr Hirnwellenmuster noch mehr.

Sie können Ihre Theta-Wellen auch mit Bildern vertiefen, die Sie *unter, über, herum* und *hinauf führen.* Entwickeln Sie Ihre eigene Theta-Meditation, indem Sie Bilder verwenden, die diese Richtungsangaben enthalten.
Erlauben Sie sich z.B.:

- eine Treppe *hinunter*
- eine lange Wendeltreppe *herum* und *hinab*
- unter einem Torbogen *hindurch*
- in einen Tunnel *hinein* und *hinab in die Tiefe*
- *durch* eine enge Passage
- *durch* ein großes schmiedeeisernes Tor
- einen steilen Hang *hinauf*
- in ein großes Gebäude *hinein*
- *über* einen Haufen Steine, die den Weg zu einem verborgenen Heiligtum versperren
- *in* das Zentrum eines achteckigen Raumes

zu gehen.

Wenn Sie am Ende Ihrer Reise angekommen sind, brauchen Sie etwas, über das Sie meditieren können. Am besten beginnen Sie die Meditation in der Erwartung, dass Sie etwas Wertvolles erfahren oder finden werden, wenn Sie an Ihrem Bestimmungsort angekommen sind.

Diese Erwartung bewirkt zweierlei: Sie gibt Ihrer Meditation eine Struktur, an die Sie sich anlehnen können, und sie verschafft Ihnen die Möglichkeit, Inhalte Ihres Unterbewussten zu erfahren, was die Theta-Wellen noch *verstärkt.* Wenn Sie am Ende Ihrer Reise ankommen und nichts weiter tun, kann es sein, dass Ihr Theta verschwindet, sobald Sie Ihre Reise beenden. Ein Inhalt am Ende Ihrer Reise gibt Ihren Theta-Wellen etwas, auf das sie sich richten können. Dadurch werden weitere Theta-Wellen angeregt, und Sie können mehr über Ihr Inneres lernen. Dieser Prozess der Selbstentdeckung kann nur stattfinden, wenn Sie nicht aufhören, Theta-Wellen im richtigen Verhältnis zu den anderen Hirnwellen zu produzieren.

WELCHE INHALTE KOMMEN FÜR MEINE MEDITATION IN FRAGE?

Der Inhalt Ihrer Meditation kann sich auf eine konkrete Situation oder Frage in Ihrem Leben beziehen oder er kann genereller, allgemeiner Natur sein. Hier einige Beispiele für konkrete Inhalte:

- Welches der beiden Jobangebote soll ich annehmen?
- Wie kann ich das Design-Problem am Computer lösen?
- Wie kann ich das Kommunikationsproblem mit meiner Frau lösen?
- Woher soll das Geld für die Weihnachtsgeschenke kommen?
- Wie kann ich das Abschlussexamen schaffen?
- Wie soll ich den Zeitschriftenartikel abfassen?

Es gibt unendlich viele Möglichkeiten. Wenn Sie die Antwort auf eine spezielle Frage suchen, müssen Sie aufpassen, dass Sie Ihr Problem nicht mit den Beta-Wellen lösen. Wenn Sie ein Awakened-Mind-Muster entwickeln wollen, brauchen Sie Beta. Wollen Sie aber nur meditieren, sollten Sie Ihre Gedanken aus dem Spiel lassen. Wie können Sie über eine konkrete Frage meditieren, ohne Ihre Beta-Hirnwellen zu aktivieren? Sie entwickeln Ihre Meditation im Voraus. Setzen Sie sich hin, schließen Sie Ihre Augen, und machen Sie sich bereit. Aber bevor Sie still werden und Ihre Beta-Wellen loslassen, denken Sie an das, worauf Sie Ihre Meditation fokussieren wollen. Wenn Sie ein bestimmtes Problem haben, gehen Sie mit der Erwartung in die Meditation, dass Sie neue Einsichten gewinnen werden. *Dann vergessen Sie es!* Lassen Sie vollständig los, und beginnen Sie zu meditieren.

Später, wenn Sie in der Stille und der Meditation angekommen sind, lassen Sie die gesuchten Informationen aus den unterbewussten Theta-Wellen emporsteigen. Versuchen Sie nicht, Ihre Erfahrungen zu analysieren, darüber nachzudenken oder sie zu verstehen. Heben Sie sich das für später auf, wenn Sie Ihre Meditation in Ihren Beta-Wellen verankern.

Die Antworten können Sie auf ganz unterschiedlichen Wegen erreichen. Eine Klientin, die als Flugbegleiterin arbeitete, wollte wissen, wie sie die Stressbelastung in ihrem Leben reduzieren könne. Nachdem sie die Frage gestellt hatte, vergaß sie sie vollständig. Umgeben von schönen Bildern ihres heiteren und friedlichen inneren Raumes genoß sie ihre Meditation, als plötzlich die gigantische Nase einer Boeing 747 durch eine Mauer brach und ihr zurief: „Nimm Urlaub!"

Ein anderer Klient beschäftigte sich mit einer sehr komplexen Managementaufgabe. Seine Meditationsbilder führten ihn in die freie Natur. Ein riesiger Adler flog herab, landete neben ihm und lud ihn ein, auf seinem Rücken Platz zu nehmen. Der Adler flog meinen sehr überraschten, aber begeisterten Klienten zu einer kleinen Insel, wo er ein Bild des gelösten Problems vorfand. Hätte er sich geweigert, auf den Rücken des Adlers zu klettern oder gedacht, „Das hat nichts mit meiner Frage zu tun", und das Angebot abgelehnt, hätte er sowohl eine wunderbare Reise als auch die Lösung seines Problems verpasst.

Die Bilder sind nicht immer so präzise und sinnlich fassbar. Die Antwort kann auch darin bestehen, dass man ein Gefühl davon bekommt, was zu tun ist. Ich habe mich immer wieder über Menschen amüsiert (mich selbst eingeschlossen), die nach einer Meditation vertraulich mitteilten: „Darüber hätte ich wirklich nicht meditieren müssen. Ich wusste die Antwort schon die ganze Zeit!" Natürlich wussten wir sie, aber wir wussten vor der Meditation nicht, dass wir sie wussten. Erst durch die Meditation konnten wir uns der Antwort bewusst werden.

ALLGEMEINE INHALTE

Sie befinden sich am Ende Ihrer Reise tief in Ihrem Meditationszustand. Sie produzieren aktiv Alpha- und Theta-Hirnwellen und sehr wenig Beta. Sie möchten in diesem Zustand bleiben und meditieren. Wie können Sie das tun, ohne an einer besonderen Aufgabe zu arbeiten?

Auch wenn Sie kein bestimmtes Ziel haben und einfach nur meditieren wollen, können Sie eine tiefe spirituelle Meditationserfahrung machen. Vielleicht erleben Sie eine Zeit der Stille ohne besondere Inhalte, oder Ihre Gedanken wandern ziellos umher. Sie werden sich langweilen. Sie werden einschlafen. Oder Sie werden anfangen, nachzudenken – vielleicht planen Sie, was Sie nach der Meditation unternehmen wollen.

Probieren Sie es aus, Sie werden sehen, was passiert. Wenn es Ihnen schwerfällt, in der Meditation zu bleiben, versuchen Sie, sich auf *irgendeinen* Inhalt zu konzentrieren. So haben Sie etwas, an das Sie sich anlehnen können, einen Anker, der Sie in dem erreichten Bewusstseinszustand hält. Am besten suchen Sie sich ein allgemeines Thema, auf das Sie Ihre Aufmerksamkeit richten können.

Dazu einige Beispiele:

- mit Ihrer höheren Macht Kontakt aufnehmen
- mit dem Höheren Selbst in Verbindung treten
- Selbstheilung
- andere heilen
- Erweiterung
- Rückzug
- Energie (siehe den Anhang über Kundalini)
- Liebe
- Licht

Es gibt viele Möglichkeiten. *Probieren Sie verschiedene aus, und schauen Sie, was für Sie geeignet ist.* Wenn ein bestimmtes Thema Sie besonders gut im meditativen Zustand hält, nutzen Sie es, bis Sie auch das loslassen können. Andererseits kann es sein, dass ein solcher Focus Ihrer Meditation auf Dauer größere Tiefe und Bedeutung gibt und dadurch verhindert, dass sie zum reinen Stressmanagement verkümmert.

ABSCHLUSS DER MEDITATION

Sagen Sie nicht plötzlich: „Oh, jetzt muss ich aufhören!", und verlassen Sie Ihre Meditation nicht abrupt. So verlieren Sie Ihre Erinnerung, außerdem ist es ein ungemütlicher Abschluss. Sie können mit der Anleitung, mit der ich die *„Haus der Türen"*-Meditation beendet habe, *jede* Meditation verankern. Finden Sie Ihre Schlüssel, bevor Sie den meditativen Zustand verlassen, damit Sie sich erinnern, wo Sie gewesen sind und was Sie erlebt haben. Bündeln Sie Ihre Erfahrungen in Bildern, Symbolen, Farben, Gefühlen oder Worten. Bringen Sie diese Schlüssel nach der Meditation in Ihr Beta-Bewusstsein, indem Sie sie niederschreiben, darüber sprechen oder zumindest über sie nachdenken. Reaktivieren Sie Ihren Körper langsam, damit Sie vollständig und auf angenehme Weise wach werden. Beginnen Sie in der Peripherie, bewegen, strecken und reiben Sie Ihre Finger und Zehen, und dehnen Sie dann langsam Ihren ganzen Körper. Atmen Sie mehrmals tief durch. *Achten Sie darauf, wie es sich anfühlt, wieder wach zu sein!*Das gibt Ihnen ein wichtiges körperliches Feedback über den Unterschied zwischen Ihrer Meditation und dem Wachbewusstsein. *Je bewusster Sie die Unterschiede zwischen beiden Zuständen und Ihre Erlebnisse auf dem Weg von einem zum anderen wahrnehmen, um so eher werden Sie diese Reise beherrschen lernen.*

»ABER ICH WEISS BEREITS, WIE MAN MEDITIERT!«

Wenn Sie mit einer Meditationsmethode gute Erfahrungen gemacht haben, wenden Sie sie unbedingt an. Vergleichen Sie sie mit der Tabelle der subjektiven Meditationserfahrungen in diesem Buch, damit Sie verstehen, welche Hirnwellen Sie dabei produzieren. Die Beschreibungen beziehen sich auf den *Zustand der Meditation,* nicht auf die Methode, mit der Sie ihn herbeiführen, nicht auf den Inhalt Ihrer Meditation.

Wenn Sie überlegen, ob Sie eine andere Meditationstechnik ausprobieren sollen, tun Sie dies, ohne Ihre bisherige Praxis aufzugeben. Manchen Menschen tut es gut, verschiedene Techniken anzuwenden. Vielleicht gewinnen Sie dadurch neue Einsichten und Anregungen.

Unabhängig davon, wie Sie an die Meditation herangehen, welcher Philosophie oder Theologie Sie anhängen, ob Sie Anfänger sind oder schon lange meditieren, können Ihnen ganz alltägliche Schwierigkeiten begegnen. Die Antworten auf diese Probleme ergeben sich oft aus der Kenntnis der Hirnwellen, die ihnen zugrunde liegen.

ANTWORTEN AUF HÄUFIGE MEDITATIONS-»PROBLEME«

Was können Sie tun, wenn Sie meditieren und trotzdem die äußere Welt nicht loslassen können?

Sie wissen, dass Sie meditieren, aber gleichzeitig hängt ein Teil von Ihnen ganz gegen Ihren Willen noch in der äußeren Welt fest. Das können reine Gedanken sein, wie z.B. innere Dialoge, oder Sie machen im Geiste Listen, denken darüber nach, was Sie tun sollten, tun wollen, nicht tun wollen, wovor Sie Angst haben oder was Sie gerne tun würden. Mit anderen Worten, Sie denken neben Ihrer Meditation.

Wenn es Ihnen gelungen ist, Ihre Gedanken an Zukunft und Vergangenheit loszulassen, kann sich dieses Problem als Nachdenken über die Meditation selbst wieder einschleichen. Vielleicht denken Sie darüber nach, wie Sie vorankommen, oder darüber, *dass Sie nicht über Vergangenheit oder Zukunft nachdenken,* oder Sie machen sich Sorgen, dass Sie *nachdenken könnten.* Beta-Wellen können die schönsten Drehungen und Wendungen vollbringen , um aktiv zu bleiben!

An diesen Situationen sind Ihre höherfrequenten Beta-Wellen schuld. Wenn wieder Beta-Wellen auftreten, egal, welchen Inhalten Sie nachgehen, beginnen Sie, auf Ihre Zunge zu achten. Dies kann der wichtigste Schlüssel sein, diese Gedanken loszuwerden.

Atmen Sie jedes Mal Entspannung ein, wenn ein unerwünschter Gedanke auftritt, und entspannen Sie beim Ausatmen Ihre Zunge. Übertreiben Sie, bis Sie die Entspannung in Ihrer Zunge wirklich spüren. Atmen Sie zusammen mit den Spannungen auch alle Gedanken aus.

Es gibt noch subtilere Dinge als Gedanken, die Sie in der äußeren Welt festhalten können. Niedrigfrequente Beta-Wellen mit hoher Amplitude können unterhalb des Denkniveaus geradezu wie ein Grundrauschen oder wie ein Brummen wirken, das Sie davon abhält, sich ganz in Ihre Meditation fallen zu lassen. Vielleicht werden Sie auch das Gefühl haben, dass Sie Ihre Wahrnehmung des Raums, in dem Sie sich befinden, nicht ganz aufgeben können.

Weil sich diese Erfahrungen unterhalb der üblichen Frequenzen der Verbalisierung und des Vorgedachten abspielen, kann die Entspannung der Zunge dieses Beta-Problem nicht so leicht lösen . Die beste Lösung, die ich für meine Klienten gefunden habe, ist eine *sehr tiefe Entspannung.* Wenn man in einen tiefen Theta-Zustand eintritt, kann dies die verbliebenen Beta-Wellen beseitigen helfen. Außerdem ist es wichtig, dafür zu sorgen, dass der Ort Ihrer Meditation sicher ist und dass Sie nicht gestört werden. Wenn Ihre Meditation unterbrochen oder auf irgendeine Weise beeinträchtigt werden kann, können es Ihre angeborenen Überlebensreflexe sein, die das störende niederfrequente Beta hervorrufen.

Setzen Sie Ihre Katze vor die Tür. Das ist kein Scherz – der plötzliche Schreck durch ein unerwartetes schweres Objekt, das während einer tiefen Meditation auf Ihnen landet, bewirkt selbst bei erfahrenen Meditierenden eine Beta-Aktivierung, besonders, wenn die Gefahr besteht, dass es noch einmal passieren kann. Stellen Sie das Telefon auf lautlos. Lassen Sie Ihre Mitbewohner wissen, dass Sie nicht gestört werden möchten: Schließen Sie die Tür ab, und hängen Sie, wenn nötig, ein Schild auf. Diese Vorkehrungen können Ihnen helfen, Ihre Außenwelt loszulassen.

Aber ich möchte nicht den Eindruck erwecken, dass es immer notwendig ist, solche umfassenden Vorsichtsmaßregeln zu treffen. Es wäre optimal, wenn Sie mitten auf dem Times Square in New York City sitzen und genauso tief meditieren könnten wie zu Hause. Aber zunächst müssen wir lernen, wie wir das erreichen können.

Alpha opfern, um Beta loszuwerden: Ein zuverlässiger Weg, mit Beta-Problemen fertigzuwerden, ist es, in einen so tiefen Trancezustand einzutreten, dass kein Beta mehr auftreten kann. Für viele von Ihnen wird dies anfangs bedeuten, dass Sie die bewusste Wahrnehmung fast ganz aufgeben müssen. Es ist sehr wichtig, dass Sie beginnen, sich ohne Beta zu erleben . Vielleicht sind Sie bereit, vorübergehend Ihre bewusste, klare Erinnerung an Ihre Meditation aufzugeben, um in wirkliche Tiefen zu gelangen. Legen Sie sich zur Meditation hin. Versuchen Sie nicht, sich an Ihre Meditation zu erinnern. Nutzen Sie Musik oder eine geführte Entspannung, an der Sie sich orientieren können. Gehen Sie so tief wie möglich.

Machen Sie sich keine Gedanken, ob Sie bewusst bleiben oder sich an etwas erinnern können. Wenn Sie erst einmal gelernt haben, Ihr Beta wirklich loszulassen, können Sie sich darum kümmern, dass Ihre Alpha-Wellen in der Meditation präsent bleiben und Ihnen die bewusste Wahrnehmung ermöglichen.

Was ist, wenn Geräusche Sie stören oder Sie von Ihrer Meditation abhalten?
Nutzen Sie sie. Wann immer Sie ein unerwünschtes Geräusch hören, nutzen Sie es, um noch tiefer zu gehen und sich davon zurückzuziehen. Ich kenne Menschen, die an dem Punkt angelangt sind, dass sie störende Geräusche wie ein klingelndes Telefon tatsächlich begrüßen, weil sie ihnen Gelegenheit geben, eine tiefere Ebene ihrer Meditation zu erreichen. „Der Lärm ist draußen – dort draußen. Ich bin in mir – hier drinnen."

Wie können Sie bewusst bleiben, wenn Sie Ihr Unterbewusstes aktivieren?
Vom Standpunkt der Hirnwellen lautet die Antwort, dass Sie Ihr Alpha aktiv halten und Beta abstellen, während Sie Ihr Theta entwickeln. Dies erreichen Sie durch Imaginationen und Bilder (wie z.B. in der *„Haus der Türen"*-Meditation), die Ihre Alpha-Wellen anregen. Halten Sie die Bilder in Ihrem Bewusstsein, während Sie immer tiefer gehen und Theta aktivieren. Einige Beispiele:

- ➤ Visualisieren Sie einen Ort der Heilung (wie z.B. einen Meditationsraum, eine heilige Stätte), nachdem Sie die Gedanken losgelassen und sich entspannt haben.
- ➤ Gebrauchen Sie so viele Sinne wie möglich, und erleben Sie alles klar und deutlich. (Dadurch regen Sie Ihre Alpha-Wellen an.)
- ➤ Finden Sie dort einen bequemen Platz, an dem Sie sich niederlassen können, und beginnen Sie eine tiefe Meditation. (Aktivieren Sie Theta.)

Diese Meditation in der Meditation wird Ihnen helfen, die erforderliche Alpha-Brücke aufzubauen, bevor Sie den tieferen Teil Ihrer Meditation beginnen.

Wie können Sie sich an Ihre Meditation erinnern?

Das Erden und Verankern Ihrer Meditation ist sehr wichtig. Finden Sie Schlüssel, die Sie an Ihre Erfahrungen erinnern. Bringen Sie diese hinauf in Ihre Beta-Wellen, und verbalisieren Sie die Inhalte. Dazu benötigen Sie Alpha-Wellen als Brücke. Eine Zeit stiller Reflexion *über Ihre Meditation, bevor Sie sie abgeschlossen haben,* wird Ihnen helfen, die Alpha-Brücke zu erhalten. Mit anderen Worten, schaffen Sie eine Übergangsphase. Sie bewegen sich nicht länger *in* den Inhalten des Unterbewusstseins, aber Ihre Meditation ist noch nicht zu Ende. *Gehen Sie zu den Bildern des Anfangs zurück – den Ort der Heilung, denMeditationsraum, die heilige Stätte – und meditieren Sie dort über Ihre Erfahrung.*

Wie können Sie verhindern, dass Sie einschlafen?

Es ist wichtig, dass Sie nicht nur Delta produzieren (mit anderen Worten einschlafen), wenn Sie meditieren. Sind Sie ein Schläfer, kann es besser sein, die Tiefe der Meditation zu opfern, um bei einer leichteren Meditation wach bleiben zu können. Lernen Sie dann schrittweise, tiefer zu gehen. Manche Menschen schlafen ein, sobald sie die Augen schließen. Falls das bei Ihnen so ist, schließen Sie die Augen nicht! *Meditieren Sie mit offenen Augen, und lassen Sie Ihren verschwommenen Blick auf einem Gegenstand ruhen.* Das kann es schwieriger machen, Alpha zu produzieren, aber diese Schwierigkeiten sind es wert, wenn sie Sie am Einschlafen hindern.

Setzen Sie sich aufrecht hin, ohne sich an einen Stuhl oder eine Wand anzulehnen. Dies allein wird Sie wahrscheinlich davon abhalten, einzuschlafen. Der Trick ist es nun, auch im Sitzen tief meditieren zu lernen. Jetzt ist es noch wichtiger, dass Sie sich auf Ihre Theta-Wellen konzentrieren.

Bedeutet es, dass ich schlafe, wenn ich schnarche?

Nicht unbedingt. Manchmal gibt es in einem Workshop ein oder zwei Leute, die sehr laut schnarchen. Danach fragt immer einer „O.K., wer waren die Schläfer?" Niemand antwortet. Keiner hat sich selbst als schlafend wahrgenommen. Falls die Schnarcher angesprochen werden, bringen sie manchmal ihre größte Überraschung zum Ausdruck, oder ihnen sind die Geräusche, die sie gemacht haben, zwar bewusst gewesen, aber ihre Meditation war zu tief, als dass sie sich darum hätten kümmern wollen.

Schnarchen hängt von der Art und Weise ab, wie die Luft durch Mund und Nase strömt, während man atmet. Wenn Ihr Körper vollständig entspannt ist und die Strömung der Atemluft eingeengt wird, sind Schnarchgeräusche sehr wahrscheinlich. Den meisten Menschen ist es unangenehm, wenn sie merken, dass sie diese Geräusche von sich geben, während sie Beta- oder Alpha-Wellen produzieren. Sie verändern ihre Körperhaltung, um das zu verhindern. Erzeugt eine Person reines Theta ohne die Alpha-Brücke, wird ihr nicht bewusst sein, dass sie schnarcht. Bei Menschen, die starkes Theta und nur wenig Alpha produzieren, kann die Verbindung zum Bewusstsein stark genug sein, um das Schnarchen zu bemerken. Oft befinden sie sich jedoch in so tiefer Meditation, dass sie nicht bereit sind, etwas dagegen zu tun, weil sie ihren Bewusstseinszustand nicht verändern wollen.

Schnarchen hält Sie nicht von Ihrer Meditation ab, solange es Sie nicht an Sie *selbst* erinnert, wenn sich noch andere Menschen mit im Raum befinden. Es kann natürlich die anderen beeinträchtigen. Nehmen Sie es als Biofeedback, das Ihnen anzeigt, dass Sie sehr tief gelangt sind. Wenn Sie sich selbst schnarchen hören, prüfen Sie Ihren Bewusstseinszustand. Sind Sie eingeschlafen oder wach? Sind Sie sich der Inhalte Ihrer Meditation bewusst? Wenn nötig, verändern Sie Ihren Zustand in die gewünschte Richtung.

Wie können Sie schnell Alpha-Wellen produzieren?

Die Produktion von Alpha-Wellen ist physiologisch mit Ihren Augen verbunden. Wie wir gesehen haben, produzieren Sie Alpha schneller und stärker mit geschlossenen Augen. *Wenn Sie die (geschlossenen) Augen in Ihrem Kopf nach oben richten, werden Sie noch mehr Alpha produzieren.*

Probieren Sie diese Übung aus:

- Atmen Sie mit geschlossenen Augen ein, heben Sie Ihren Blick leicht, und schauen Sie in Richtung Ihrer Stirn.
- Senken Sie Ihren Blick, wenn Sie ausatmen.
- Wiederholen Sie dies mehrmals.
- (Beachten Sie: Strapazieren Sie Ihre Augen nicht. Wenn Sie sich unwohl fühlen, beenden Sie die Übung sofort.)

Probieren Sie es nun auf diese Weise:

- Atmen Sie mit geschlossenen Augen aus, heben Sie Ihren Blick leicht, und schauen Sie in Richtung Ihrer Stirn.
- Senken Sie Ihren Blick, wenn Sie einatmen.

Die meisten Menschen finden die erste Methode natürlicher und daher effektiver, andere haben mit der ersten Methode Schwierigkeiten und schwören auf die zweite. Am besten, Sie probieren beide aus und finden heraus, welche Ihnen mehr liegt.

Ich empfehle Ihnen, dass Sie diese Methode sparsam einsetzen. Nach einigen Minuten verringert sich die Fähigkeit, Alpha zu stimulieren. Außerdem sind die Augenmuskeln sehr empfindlich und leicht zu ermüden, und Augenbeschwerden wären das Letzte, was wir haben wollen.

Einige wenige Atemzüge – fünf bis zehn höchstens – am Anfang der Meditation sind wahrscheinlich am wirkungsvollsten.

EIN NEUER ZUGANG ZU EINEM URALTEN WEG

Meditation an sich ist nichts Neues – nur diese Beschreibungen sind es. Im Gegensatz zu früher sind wir mit moderner Technik jetzt in der Lage, den Zustand der Meditation zu messen und zu beobachten. Manche Menschen im Westen möchten die Technik – z.B. ein EEG – nutzen, um zu überprüfen, ob die spirituellen Lehrer tatsächlich die behaupteten Bewusstseinszustände erreichen. Auf einer Reise in den Fernen Osten habe ich ein interessantes Beispiel für die umgekehrte Haltung kennengelernt.

Ich unterrichtete in einer Chi-Kung-Klasse in einem Taoistentempel Taiwans. In den Gesichtern vor mir las ich Unglauben und Widerstand, ja sogar Feindseligkeit. Wegen der Sprachbarriere und der notwendigen Übersetzung war es schwierig, die Informationen zu vermitteln. Außerdem brachte ich eine Maschine in ihr geweihtes Heiligtum! Und nicht zuletzt war ich auch noch eine Frau!

Ich stellte die Ausrüstung und die Theorien vor und zeigte Bilder der Hirnwellen einschließlich des Awakened-Mind-Musters an der Tafel. Als ich nach einem Freiwilligen suchte, der sich an den Mind Mirror anschließen lassen sollte, erntete ich Schweigen. Der Chi-Kung-Meister schaute sich im Raum um und sah, dass niemand nach vorn kommen würde. So hob er seine Hand und stellte sich zur Verfügung. Seine Schüler schauten ihn besorgt und ängstlich an.

Ich war inzwischen ziemlich nervös, weil ich mir einen erfolgreichen Verlauf der Sitzung wünschte, aber wenig dafür tun konnte. Ich konnte natürlich in keiner Weise garantieren, dass der Meister die richtigen Hirnwellen zeigen würde.

Ich schloss ihn an und war zu meiner großen Erleichterung in der Lage, sein perfektes Awakened-Mind-Muster auf dem Bildschirm zu demonstrieren. Dann deutete ich auf das Bild des Awakened Mind, das ich an die Tafel gemalt hatte, um auf die Übereinstimmung hinzuweisen.

Die Gruppe der zurückhaltenden und widerstrebenden Schüler begann zu strahlen und in Lachen auszubrechen. Zusammen kamen sie nach vorn und umlagerten die Maschine, um sie anzuschauen und sie zu berühren. Jeder wollte der Nächste sein, um sie auszuprobieren.

Sie brauchten den Meister, um der Technik glauben zu können, und nicht umgekehrt. Erst als sie sein perfektes Awakened-Mind-Muster sahen, wussten sie, dass der Mind Mirror tatsächlich funktionierte.

VIER

MEDITATION UND BEWUSSTSEINSINHALTE

Es gibt zwei Möglichkeiten, das Bewusstsein zu betrachten – mit Blick auf den *Zustand* oder auf die *Inhalte* des Bewusstseins. Bis jetzt haben wir uns überwiegend mit dem Bewusstseinszustand beschäftigt und wie er durch die unterschiedlichen Hirnwellen definiert wird. Was ist nun mit den Inhalten? Wie können wir damit arbeiten, sie verstehen, lenken und gebrauchen?

Die Bewusstseinsinhalte können je nach unserem Hirnwellenstatus unterschiedlich erlebt werden. Unser *Denken* z.B. spielt sich im Bereich der Beta-Wellen ab. Wenn wir unsere Gedanken still werden lassen, schaffen wir ein freies Feld, in das die *Inhalte* der Alpha- und Theta-Wellen aufsteigen können. Diese Inhalte können aus Imaginationen, Tagträumen, verdrängten Erinnerungen und Gefühlen, der einfachen Bewusstheit dessen, was ist, oder inspirierenden Einsichten bestehen. Mit der richtigen Form von Beta-Hirnwellen entsteht aus dem Alpha-Theta-Meditationsmuster ein Awakened Mind. Er ist ein fruchtbarer Boden für Inhalte wie Kreativität, Problemlösung und Selbstheilung. Das Hirnwellenmuster des Awakened Mind mit diesen wertvollen, heilsamen und schöpferischen Inhalten ist die Grundlage des High Performance Mind.

Unsere Bewusstseinsinhalte können hilfreich, aber auch unangenehm sein. In diesem Kapitel werden wir uns anschauen, wie wir mit einigen eher unangenehmen Inhalten umgehen können. Wir werden uns zunächst mit der störenden Beta-Aktivität beschäftigen, die uns hindert, tiefere Bewusstseinszustände zu erreichen. Dann werden wir Inhalte aufgreifen, die in den Alpha-Hirnwellen an der Grenze zwischen Bewusstsein und Unterbewusstsein auftreten können, und zum Schluss werden wir uns den wesentlichen Inhalten des Unterbewussten zuwenden, die in den Theta-Wellen zu finden sind.

WIE SIE DAS GEPLAPPER DER BETA-WELLEN REDUZIEREN KÖNNEN

Häufig produzieren wir im Wachzustand zu viel Beta hoher Amplitude, das wir weiter vorn als *gespreiztes* Beta bezeichnet haben. Einer der wichtigsten Schritte auf dem Weg zur Beherrschung unserer Hirnwellen ist, dass wir lernen, diese oft widerspenstigen Denkmuster unter Kontrolle zu bekommen.

Die folgenden Übungen haben einen doppelten Nutzen – sie helfen, die Beta-Hirnwellen zu reduzieren, und sie sind *kurz*. Schon nach einer Minute Meditation werden Sie sich weniger gestresst und mehr in Ihrer Mitte fühlen. Üben Sie, wann immer Sie wollen, aber besonders, wenn Sie grübeln oder Ihr Kopf voller ungewollter Gedanken ist.

EIN-MINUTEN-MEDITATION

Mache eine Pause, und sitze eine Minute lang still. Versuche nicht, deine Gedanken zu verändern oder dein Bewusstsein in irgendeiner Weise zu kontrollieren. Wenn du willst, kannst du dich an einer Uhr orientieren.

Was passierte in Ihrem Bewusstsein während dieser einen Minute?

- Wie viele Gedanken hatten Sie?
- Woher kamen sie?
- Was war der *Inhalt* oder der Gegenstand, mit dem Sie sich während dieser Minute befasst haben?
- Wie oft haben Sie das Thema gewechselt?
- Waren Sie sich Ihrer Gedanken voll bewusst, oder gab es irgendwo in Ihrem Hinterkopf eine Art fortlaufenden Kommentar, in den Sie sich ein- oder ausblenden konnten?

Können Sie sich vorstellen, wie es gewesen wäre, wenn Sie die Minute *ohne jeden Gedanken* verbracht hätten?

ENTSPANNEN SIE IHRE ZUNGE

Setzen Sie sich wieder eine Minute lang ruhig hin. Es ist am besten, wenn Sie die Augen schließen. Schauen Sie auf die Uhr oder schätzen Sie einfach, wann die Minute vorüber ist. Beim ersten Mal werden Sie wahrscheinlich von Ihrer Schätzung überrascht sein.

Erlaube deiner Zunge, sich zu entspannen.
Konzentriere dich allein darauf, deine Zunge zu entspannen – auf sonst nichts.
Wenn du deine Zunge entspannst, mag sie sich kürzer und dicker anfühlen.
Stelle dir vor, dass sie in deiner Mundhöhle schwimmt.
Übertreibe die Entspannung deiner Zunge.
Lass dein Kinn herabsinken, lockere deinen Kiefer, und erlaube deinem Mund sich leicht zu öffnen.
Erlaube deiner Zunge und deinem ganzen Mund, sich bei jedem Ausatmen noch mehr zu entspannen.
Setze dies eine Minute lang fort.

Schauen Sie wieder auf die Uhr, wenn Sie keinen Wecker benutzt haben. Wie viel Zeit ist tatsächlich verflossen? Was geschah in Ihrem Bewusstsein während dieser Minute?
➤ Erschien Ihnen die Minute länger oder kürzer als das erste Mal?
➤ Wie viele Gedanken hatten Sie?
➤ Was waren diesmal Ihre Inhalte?
➤ Wie oft haben Sie das Thema gewechselt?
➤ Was glauben Sie, ist mit Ihren Beta-Wellen passiert?

Einfach durch die Entspannung Ihrer Zunge können Sie Ihren Gedankenfluss reduzieren und ungewolltes Nachdenken loslassen.

Versuchen Sie nochmals, Ihre Zunge 10 oder 15 Sekunden lang zu entspannen – und dann *denken Sie.*
➤ Was passiert mit Ihrer Zunge?
➤ Ist sie angespannt?
➤ Was geschieht mit Ihrem Denkprozess?
➤ Ist es schwieriger zu denken, während Sie Ihre Zunge entspannt halten?

Experimentieren Sie mit diesen Meditationen. Sie werden feststellen, dass die Entspannung Ihrer Zunge die Gedanken sehr wirkungsvoll beruhigen kann. Diese einfache Technik hilft Ihnen, Ihre Beta-Hirnwellen radikal zu reduzieren. Wenn wir denken, neigen wir dazu, mit uns selbst zu sprechen. Selbst wenn wir uns

des inneren Dialoges nicht bewusst sind, spannt sich unsere Zunge an – bereit, in Aktion zu treten. Manchmal kann man dies als sanftes Ziehen am Zungengrund wahrnehmen. Wenn Sie Ihre Zunge *vollständig entspannen*, können Sie nicht mit sich selbst sprechen, deshalb fällt es Ihnen schwerer, zu denken.
Sie haben noch andere Möglichkeiten, Ihr Bewusstsein zu beruhigen und die Beta-Wellen abzustellen. Sie können z.B. Ihren Beta-Wellen etwas geben, auf das sie sich konzentrieren können. Dadurch können Sie lernen, Ihr Bewusstsein *auf einen Punkt zu fokussieren.*

WIE OFT ATMEN SIE?

Es ist sehr wirkungsvoll und jederzeit möglich, sich auf die eigene Atmung zu konzentrieren. Machen Sie ein weiteres Experiment.

Nimm dir eine Minute Zeit und zähle, wie oft du während dieser Zeit atmest. Versuche nicht, deinen normalen Atemrhythmus zu verändern. Zähle jeden vollständigen Atemzyklus mit Ein- und Ausatmen.

Durchschnittlich atmen wir 12- bis 18-mal pro Minute. Was ist *Ihre* normale Anzahl pro Minute? Wenn Sie sich auf lhre Atmung konzentrieren und sie verlangsamen, werden Sie die Aktivität Ihrer Beta-Wellen vermindern.

VERLANGSAMEN SIE IHRE ATMUNG

Lege deine rechte Hand locker mit der Innenfläche auf deinen Oberschenkel. Hebe langsam die Hand, während du einatmest. Senke sie langsam, wenn du ausatmest. Nutze auf diese Weise deine Hand als Hebel, und beginne sanft, deine Atmung zu regulieren.

Es ist wichtig, dass du dich nicht zwingst, deine Atmung zu verlangsamen. Auch solltest du den Atem nicht anhalten oder dir Sauerstoff vorenthalten. Du hast einfach nur die Absicht, deine Atmung zu verlangsamen. Vielleicht möchtest du etwas länger als gewöhnlich in voller Einatmung und voller Ausatmung verweilen. Auf keinen Fall solltest du dich anstrengen.

Schau auf die Uhr und zähle deine Atemzüge pro Minute. Verlangsame deine Atmung in der oben beschriebenen Art und Weise.

Sehen Sie sich die Unterschiede zwischen der ersten und der zweiten Übung an.

- Wie viele Atemzüge zählten Sie dieses Mal? Waren es weniger als vorher?
- Wie lang erschien Ihnen die Minute?
- Was hatten Sie für Gedanken, verglichen mit denen der ersten Übung?
- Haben Sie sich daran erinnert, Ihre Zunge zu entspannen?
- Wie fühlen Sie sich?

Beachten Sie, wie sich Ihr Gefühl von Stress oder Entspannung verändert, wenn Sie nur eine Minute lang Ihre Atmung verlangsamen.

KONZENTRATIONSÜBUNGEN

Wenn Sie lernen, Ihre Aufmerksamkeit auf eine Sache zu konzentrieren, ohne dass Ihre Gedanken abschweifen, werden sich Ihre Beta-Weilen verringern. Sie schärfen Ihre Bewusstheit und werden leichter einen meditativen Zustand einnehmen können.

Beginnen Sie diese Übung, indem Sie sich mit offenen Augen hinsetzen. Wählen Sie einen Punkt, auf den Sie Ihren Blick richten wollen. Er sollte ein Stück von Ihnen entfernt sein und sollte etwas unterhalb Ihrer Augenhöhe liegen. Sie können etwas vor sich hinstellen oder einen Gegenstand wählen, der sich bereits im Raum befindet. Viele Menschen nehmen eine Blume, eine Zeichnung, wie z.B. ein Mandala oder etwas anderes von ästhetischem Wert. Das Ziel ist es, sich auf einen nichtidentifizierbaren Punkt zu konzentrieren. Wenn Sie also eine Blume wählen, konzentrieren Sie sich auf einen Punkt auf der Blume – nicht auf die ganze Blume. Ich kenne Menschen, die vollkommen damit zufrieden sind, ihren Blick auf einem Punkt auf dem Teppich ruhen zu lassen.

Wenn Sie wollen, können Sie einen Wecker für diese Übung benutzen, oder sitzen Sie einfach etwa eine Minute lang still. Manchmal werden Sie überrascht sein, wenn sich diese Minute zu einem längeren Zeitabschnitt ausdehnt.

Setze dich bequem hin und halte den Rücken gerade. Richte deine Aufmerksamkeit nach außen auf den Punkt, den du gewählt hast.

Sei dir nur des Punktes bewusst. Richte deine Aufmerksamkeit in einer geraden Linie nach außen – von dir auf diesen Punkt.

Entspanne deine Augen, und lass deinen Blick unscharf werden. Der Punkt oder die Umgebung des Punktes können verschwimmen oder sich umwölken. (Denke daran, dass du dich nicht auf einen konkreten Gegenstand konzentrierst, sondern nur auf einen Punkt.)

Erlaube deinem Bewusstsein, von allen Gedanken und Bildern freizuwerden, während du dich auf diesen Punkt konzentrierst.

Denken Sie anschließend über Ihre Erfahrungen nach.

- Wie viele Gedanken hatten Sie?
- Wie lang erschien Ihnen die Minute?
- Waren Sie in der Lage, Ihre Konzentration aufrechtzuerhalten?

Manche Menschen konzentrieren sich lieber auf etwas in ihrem Inneren als auf etwas Äußeres. Wenn Sie sich bei dieser Methode sicherer fühlen, wählen Sie einen Punkt *in Ihrem Körper*, auf den Sie sich konzentrieren können. Besonders beliebt bei meinen Klienten sind das Herz, der Nabel, der Nasenrücken, die Mitte der Stirn oder ein Punkt oben auf dem Kopf. Ihr Punkt kann überall sein, wo es für Sie angenehm ist – auch Ihren linken großen Zeh können Sie wählen. Führen Sie diese Übung mit geschlossenen Augen durch. Bei einer fortgeschrittenen Form dieser Übung lernen Sie, nach außen und innen gleichzeitig zu fokussieren.

RENATAS ERFAHRUNGEN

Es folgt ein Bericht über die Erfahrungen einer Studentin mit diesen Konzentrationsübungen während einer Gruppensitzung in Big Sur, Kalifornien:

> Zunächst konzentrierte ich mich auf einen Stein im Kamin. Als mein Fokus stärker und stärker wurde, erschien mir alles am Rande dieses Punktes wie ein Negativbild. Plötzlich begann ich eine rote Aura um die Person zu sehen, die dem Stein am nächsten saß.
>
> Die nächste Übung, mich nach innen zu fokussieren, war schwieriger für mich, aber nicht ganz unmöglich. Ich bemerkte, wie ich meinen Bauch vernachlässigt hatte (dies war der Punkt, den ich mir als Fokus ausgesucht hatte). Er schien bis zu diesem Moment nicht existiert zu haben.
>
> Die abschließende Übung, mich nach innen und nach außen gleichermaßen zu konzentrieren, war eine außergewöhnliche Erfahrung. Plötzlich verschmolz ich mit dem Stein, und alles, was ich empfand, war Einheit und Liebe – keine Grenzen mehr, kein Getrenntsein. Ich war von dieser Erfahrung so fasziniert, dass ich die Übung den ganzen Tag über fortsetzte, während ich mit den anderen Teilnehmern Kontakt hatte.

Renatas Erfahrungen zeigen uns, dass Meditationen nicht kunstvoll ausgearbeitet sein müssen oder dass man über einen längeren Zeitraum meditieren muss, damit wir unsere Wahrnehmung positiv beeinflussen. Nach dieser einfachen Konzentrationsübung erfuhr Renata eine tiefgreifende Veränderung ihrer Beziehung zu anderen Menschen. Sie fuhr fort:

> Meine Wahrnehmung hat sich durch diese Techniken grundlegend verändert. Indem ich mich nach innen konzentriere und gleichzeitig nach außen oder auf die Person, mit der ich in Kontakt bin, empfinde ich nichts als Liebe. All mein oberflächliches Urteilen ist wie weggeblasen.

Machen Sie Ihre eigenen Erfahrungen mit diesen Übungen. Versuchen Sie, nichts Bestimmtes zu erwarten, sondern erlauben Sie sich einfach, die Möglichkeiten kennenzulernen.

BETA MIT BILDERN REDUZIEREN

Sie können Ihre Beta-Wellen auch durch Bilder vermindern. Ganz unterschiedliche Gedanken können Ihr Bewusstsein unnötig in Beschlag nehmen, von ganz unwesentlichen bis zu außerordentlich belastenden Gedanken. Es gibt verschiedene Techniken, wie Sie mit Bildern Ihre unerwünschte Beta-Aktivität beherrschen können. Hier sind einige Beispiele:

1

Stelle dir deine Gedanken als graue Wolken an einem blauen Himmel vor. Schaue sie dir genau an. Jeder Gedanke, der dir in den Kopf kommt, ist eine graue Wolke an einem sonst blauen Himmel. Beginne die Wolken sanft mit deinem Atem wegzublasen, wenn du ausatmest. Blase die Wolken weg, bis der ganze Himmel blau und klar ist.

2

Wenn du gefühlsbetonte Gedanken loswerden möchtest, stelle dir vor, dass du diese Gedanken auf ein Blatt Papier schreibst, das du dann ins Feuer wirfst und verbrennst. Achte darauf, wie es sich anfühlt, wenn die Gedanken verbrennen.

3

Vielleicht hast du immer wiederkehrende kreative Einfälle oder wichtige Ideen, während du deine Beta-Hirnwellen beruhigen willst. Nur um die Ideen nicht zu verlieren, lässt du dich von ihnen ablenken. Wenn du einen Gedanken im Gedächtnis behalten willst, stell dir vor, dass du ihn auf ein Blatt Papier schreibst, das du dann in einer Aktentasche oder einem Ordner deponierst, damit du es dort später wiederfinden kannst.

Sie sehen an diesen Beispielen, dass Sie mit ganz unterschiedlichen Bildern Ihre Gedanken loslassen können. Erfinden Sie auch eigene Bilder, die Ihnen helfen, Ihre Beta-Wellen zu verringern.

ZIEHEN SIE SICH VON IHREN GEDANKEN ZURÜCK

Sie können unerwünschte Gedanken auch dadurch hinter sich lassen, indem Sie sich in eine Meditation tief in Ihr Inneres zurückziehen. Nehmen Sie eine bequeme Haltung ein. Wenn Sie wollen, schließen Sie Ihre Augen, und nehmen Sie sich etwas Zeit, sich zu entspannen.

Richte deine Aufmerksamkeit auf die Straße vor dem Gebäude, in dem du dich befindest. Nimm die Geräusche wahr, die von draußen kommen. Vielleicht spürst du die Energie und die Stimmung da draußen – den Straßenverkehr, umherlaufende Menschen. Versuche Lärm und Energie nicht zu beschreiben, aber sei dir aller Geräusche bewusst, die du hörst.

Ziehe dich sanft von der Außenwelt in das Gebäude zurück. Versuche das ganze Gebäude, egal wie groß es ist, in dein Bewusstsein aufzunehmen. Werde dir aller Geräusche, Energien und Bewegungen bewusst.

Ziehe dich nun langsam aus dem Rest des Gebäudes in den Raum zurück, in dem du dich befindest. Nimm wieder die Geräusche, Energien und Stimmungen wahr.

Ziehe dich nun sanft aus dem Raum zurück, in deinen eigenen Körper – zu dir selbst. Achte auf Geräusche, Wahrnehmungen, Bewegungen und Energien innerhalb deines Körpers.

Ziehe dich schließlich aus deinem Körper in dein Inneres zurück, in deine Stille – in deine Mitte. Es gibt in dir einen Ort der Stille, der Ruhe und des Friedens. Finde ihn und ruhe dich dort ein paar Minuten aus.

Wenn ein Gedanke vorüberkommt, nutze eine der Techniken aus diesem Kapitel, um ihn loszulassen, und kehre zum Ort der Stille zurück.

Während du dich auf deine Rückkehr aus der Entspannung vorbereitest, werde dir nach und nach bewusst, was du erlebst – die Entspannung deines Körpers, die Inhalte deines Bewusstseins –, und nimm nochmals den Ort des Friedens und der Stille in dir wahr.

Wenn du magst, finde wieder einen Schlüssel für dein Gefühl, damit du leichter in diesen Bewusstseinszustand zurückkehren kannst, z.B. ein Körpergefühl, eine Farbe, ein Wort, ein Bild oder ein Geräusch.

Atmen Sie nach dieser Übung mehrmals tief durch, dehnen und strecken Sie sich, und werden Sie vollständig wach, bis Sie sich fit und erfrischt fühlen. Diese Übungen können Sie tiefer in Ihr Inneres führen, als Ihnen bewusst sein mag. Sorgen Sie deshalb dafür, dass Sie vollständig wach in die Außenwelt zurückgekehrt sind, bevor Sie Auto fahren oder gefährliche Geräte bedienen.

DER ALPHA-BEREICH

Alpha-Wellen stimulieren

Nachdem Sie nun gelernt haben, Ihr Beta zu kontrollieren, ist der nächste Schritt der Zugang zu Ihren Alpha-Wellen. Viele Menschen produzieren etwas Alpha, sobald sie ihre Augen schließen. Mit geschlossenen Augen ist es zweifellos leichter, Alpha zu produzieren, als mit offenen Augen. Eine Ausnahme sind bildende Künstler. Ich habe beobachtet, dass Menschen, die mit geöffneten Augen in einem meditativen Zustand künstlerisch tätig sind, manchmal leichter Alpha auch mit offenen Augen produzieren können. Dazu gehören Maler, Bildhauer, Schriftsteller, Choreographen, Fotografen usw. Ihr Alpha ist allerdings meistens schwächer als mit geschlossenen Augen hervorgebrachtes Alpha.

Unser nächstes Ziel ist es, einfach so viel Alpha wie möglich zu produzieren. Deshalb schließen Sie bitte während der nächsten Meditationen Ihre Augen.

Visualisierung und alle Arten von Imagination helfen uns, Alpha-Wellen zu produzieren. Es ist wichtig, sich darüber klar zu werden, dass man mit allen Sinnen imaginieren kann – nicht nur im visuellen Bereich. Für die Alpha-Hirnwellen ist es entscheidend, dass Sie so viele Sinne wie möglich benutzen. Außerdem hilft eine Haltung entspannter, gelöster Aufmerksamkeit und eine tiefe körperliche Entspannung, Alpha-Wellen hervorzurufen.

Alleiniges Alpha erleben wir als eine Art leichten Tagträumens und geistiger Entspannung, die durch jede Imagination hervorgerufen wird. Alpha ist der Zustand zwischen Wachen und Schlafen, in dem uns lebhafte und manchmal unverständliche Bilder spontan durch den Kopf schießen. Es ist auch der Ort der Tagträume, wo die Gedanken in die Vergangenheit, in die Zukunft oder in Phantasieweiten abschweifen. Es ist das Tor zur Meditation, wo wir imaginieren, Grundlagen legen und die Brücke zu den Tiefen des Bewusstseins öffnen. Mit Alpha verbessern wir unser Erinnerungsvermögen, können kreative Einsichten besser behalten und erschließen uns tiefe unterbewusste Ressourcen.

Wir können die Alpha-Wellen auf zwei Arten erleben. Bei der ersten erleben wir fast keine Inhalte, sondern sind uns auf entspannte, gelöste Weise bewusst, was *ist*. Wenn eine Uhr laut im Raum tickt und eine frische Brise durch das offene Fenster weht, dann ist genau das der Inhalt unseres Bewusstseins – wir nehmen die tickende Uhr und den kühlen Luftzug wahr.

Oft erleben wir jedoch Bilder oder Vorstellungen im Alpha-Zustand. Alpha-Wellen machen unsere Visualisierungen klar, scharf und prägnant.

VISUALISIERUNG

Das Visualisieren ist sehr populär geworden. „Stell dir vor, was du dir wünschst, und es wird eintreten", wird uns von allen Seiten geraten. Obwohl manche Wahrheit in diesem Satz steckt, muss doch ein sehr komplexer Prozess ablaufen, bevor Sie die Früchte wirklich ernten können.

Anmerkung: Forschungsergebnisse weisen darauf hin, dass es sehr wichtig ist, nicht nur das gewünschte Ergebnis zu visualisieren, sondern auch, wie man die Hindernisse auf dem Weg überwindet.

»Aber ich kann nicht visualisieren!«

Viele Menschen haben eine feste Vorstellung, was Visualisierung ist, wie man visualisiert und ob sie es richtig machen. Einige glauben, es nicht zu können, und sind so entmutigt, dass sie es nicht länger versuchen. Sie beginnen zu glauben, dass Visiualisierung für sie nicht funktioniert. Manchen gelingt es, aber insgeheim finden sie ihre Methode komisch, oder sie versuchen ihre Erfahrungen in einem akzeptablen Rahmen zu halten. Andere erleben Bilder, werten sie aber ab, denn „es sind ja nur Vorstellungen, die nichts bedeuten". Oft liegt die Angst, nicht visualisieren zu können, in einer unzutreffenen Definition von Visualisierung begründet. In diesem Kapitel wollen wir Visualisierung in einem größeren Zusammenhang betrachten. Dabei werden Sie erkennen, dass diese Technik für alle Menschen zugänglich ist. Doch zuvor lesen Sie bitte den nächsten Absatz durch, und machen Sie dann die Übung.

Trink etwas

Schließe deine Augen. Stelle dir vor, dass du irgendein Getränk zu dir nehmen wirst. Ist es in einer Tasse oder einem Glas? Welche Farbe hat das Gefäß – oder ist es durchsichtig? Von welcher Farbe ist das Getränk? Fühle das Gefäß. Ist es warm oder kalt? Wie voll ist es? Hebe es hoch und fühle, wie schwer es ist. Stelle es kräftig auf den Tisch zurück. Kannst du das Geräusch hören? Rieche an dem Getränk. Probiere es jetzt. Sei vorsichtig, dich nicht zu verbrennen, wenn es heiss ist. Trinke, so viel du willst. Öffne deine Augen und kehre zurück.

Was ist passiert? Was haben Sie getrunken? Konnten Sie es schmecken oder riechen? Konnten Sie es sehen? Konnten Sie das Gefäß fühlen oder das Geräusch hören, als Sie das Gefäß auf den Tisch stellten? Wenn Sie eine dieser Fragen mit ja beantworten, dann können Sie visualisieren, auch wenn es schwierig war, das Getränk bildlich vor sich zu sehen.

Die Bedeutung, die wir dem Wort „Visualisierung" gegeben haben, wird unserer geistigen Vorstellungskraft nicht gerecht. Die meisten Menschen glauben, dass sie Bilder sehen müssten, als würden sie Szenen auf einer geistigen Filmleinwand betrachten. Sie glauben, nicht visualisieren zu können, weil sie nicht in der Lage sind, solche inneren Bilder zu sehen.

Sie vergessen dabei, dass sie fünf andere Sinne haben, mit denen sie sich etwas vorstellen können – Gehör, Berührung, Bewegung, Geruch und Geschmack. Wir sollten daher das Wort „Visualisierung" durch „Sinnesvorstellung" *(sensualization)* oder „Imagination" ersetzen. Jeder von uns hat einen *Eingangssinn,* den Sinn, den wir automatisch zuerst benutzen. Weil er uns häufig mit den stärksten Eindrücken versorgt, glauben wir, dass es der *einzige* ist. Aber das stimmt nicht. Wir können unsere Erfahrung sehr vertiefen und bereichern, wenn wir unsere Imagination nach dem zuerst benutzten Sinn mit allen anderen Sinnen fortsetzen. Unsere alten Vorstellungen von Visualisierung werden erheblich erweitert, wenn wir von Sinnesvorstellung sprechen.

Wenn Sie die Kunst der Sinnesvorstellung üben, werden Ihre Erlebnisse in Alpha immer klarer und lebendiger. Sie werden nicht nur Ihre Fähigkeit zur Imagination verbessern, sondern auch die Menge und Stabilität Ihrer Alpha-Wellen erhöhen. Die Imaginationen der folgenden Übung fördern Ihre geistige Flexibilität. Je stärker Ihre Bilder sind und je mehr Sinne Sie einsetzen, um so bessere Ergebnisse werden Sie erzielen. Am besten führen Sie diese Übungen sitzend oder liegend in entspannter Haltung durch. Sie können sie aufnehmen, so dass Sie der Anleitung mit geschlossenen Augen folgen können. Oder Sie lesen eine Übung durch, schließen dann die Augen und folgen ihr so genau wie möglich. Wenn Ihre Gedanken beginnen abzuschweifen oder wenn Sie das Gefühl haben, dass Ihr Bild so vollständig und so real wie möglich ist, öffnen Sie die Augen, und lesen Sie die nächste Anweisung.

ALPHA: AKTIVIERE DEINE SINNE

Sehen

- Beginne damit, so viele Farben wie möglich zu sehen, nicht nur die Primärfarben Rot, Gelb und Blau, sondern auch die Sekundärfarben Orange, Grün und Violett und die vielfältigen Kombinationen, Farbtöne und Schattierungen – Hellblau, Türkis, Braun, Pink, Karminrot, Gold, Pfirsich, Flieder ... Dann füge die Gegensätze Schwarz und Weiß hinzu.

- Beobachte Wolken am Himmel, die der Wind vor sich hertreibt.
- Schau auf die unermessliche Weite von Tausenden und Abertausenden von Sternen am Himmel einer Sommernacht.
- Zünde ein Streichholz in einem dunklen Zimmer an.
- Blicke vom Gipfel eines hohen Berges auf ausgedehnte wunderschöne Landschaften unter dir.
- Sieh das Gesicht eines Freundes, der dich anlacht.
- Sieh die Straße, in der dein Haus steht, und gehe schnell an den einzelnen Gebäuden vorbei, bis du vor deiner eigenen Haustür stehst.
- Schaue aus dem Fenster eines landenden Flugzeuges auf die Stadt, die Gebäude, die Straße, die Autos, den Flughafen, bis du die Rollbahn erblickst.

Fühlen

- Fühle weiches Fell unter deinen Fingern.
- Lasse auf einer Wanderung durch den Park deine Hand über die rauhe Borke eines Baumes gleiten.
- Liebkose die zarte Haut eines Babys.
- Nimm Eiswürfel aus dem Tiefkühlschrank, und fühle, wie sie in deinen Händen schmelzen.
- Wasche deine Hände mit Seife und warmem Wasser.
- Empfinde das kratzige Gefühl, wenn du am Strand Sand von deinen Beinen streifst.
- Stelle dir vor, wie sich deine Kopfhaut anfühlt, wenn du deine Haare bürstest oder kämmst.
- Fühle die kühle Luft auf deinem dampfenden Körper, wenn du aus der Sauna kommst.
- Fühle ein grob gehobeltes Holzbrett, aber sei vorsichtig wegen der Splitter.

Hören

Höre ...

- das Geräusch eines startenden Flugzeuges
- den Klang eines Tennisballs beim Aufprall auf den Schläger
- Kinderlachen auf dem Spielplatz
- das Läuten einer Glocke
- den Bohrer beim Zahnarzt
- das Knacken und Krachen von Holz, das im offenen Feuer verbrennt
- das Echo eines Nebelhorns in der Ferne
- das Heulen einer Polizeisirene
- Vogelgezwitscher in der Morgendämmerung, das dich frühmorgens weckt
- lachende Menschen, klappernde Tassen und klirrende Gläser auf einer Party

Riechen

Rieche ...

- die stinkenden Abgase, während du hinter einem Lastwagen fährst
- den Geruch von gebratenem Speck
- die Parfümerieabteilung eines Kaufhauses
- den Geruch eines Fischmarktes
- den Geruch von angebranntem Toast
- dein bevorzugtes Rasierwasser
- den Duft von frischgebackenem Brot in einer Bäckerei

- den Geruch von frischgebrühtem Kaffee
- den Geruch von Schuhcreme, mit der du deine Schuhe putzt

Schmecken

Schmecke …

- die Schärfe von reinem Zitronensaft
- den Milchschaum auf einem Cappuccino
- ein Menthol-Hustenbonbon
- einen salzigen Kartoffelchip
- einen Bissen scharfen Käse
- einen knackigen, frischen Apfel
- kaltes Vanilleeis, das in deinem Mund schmilzt
- eine große, reife Erdbeere
- den frischen Pfefferminzgeschmack von Zahnpasta

Bewegungsgefühl (Kinästhesie)

- Fühle, wie du im Dunkeln eine Treppe hinuntersteigst und nach dem Lichtschalter suchst.
- Taste auf einem hohen Regal nach einem Behälter, den du nicht sehen kannst.
- Gehe barfuß an einem steinigen Strand spazieren.
- Spiele Tennis, Fußball, Volleyball oder deinen Lieblingssport.
- Tanze.
- Versuche, die Kindersicherung einer Medizinflasche zu öffnen.
- Nimm ein Sonnenbad oder faulenze an einem geschützten, leeren Strand.
- Fühle eine herzliche Umarmung von einem guten Freund.

Welcher Sinn verschaffte Ihnen die lebhaftesten Erfahrungen? Welche waren die schwächsten? Nachfolgend finden Sie eine Skala, mit der Sie Ihre Erfahrungen mit den verschiedenen Sinnen bewerten können.

SKALA DER IMAGINATION

1 – Lebensnahe Erfahrung, so intensiv und charakteristisch wie das reale Erleben
2 – Sehr klares und eindeutiges Erlebnis, das der Wirklichkeit nahekommt, ihr aber nicht entspricht

3 – Mittlere Klarheit, aber immer noch ein realistisches Erleben
4 – Verschwommene Erfahrung mit minimalem Bezug zur Wirklichkeit
5 – Formlos, düster, uncharakteristisch und nicht erkennbar
6 – überhaupt keine Erfahrungen, nur Gedanken über die Erlebnisse

Hatten Sie die stärksten Erlebnisse nur in ein oder zwei Gruppen, oder waren sie gleichmäßig über alle Sinne verteilt? Traten die stärksten Wahrnehmungen nur kurz und blitzartig auf, oder konnten Sie die Lebendigkeit über einen längeren Zeitraum aufrechterhalten?

Werten Sie selbst die kürzesten Erlebnisse nicht ab. Viele Menschen erkennen ihre aufblitzende Wahrnehmung nicht, auch wenn die Erfahrung sehr lebendig ist. Sie glauben weiterhin, dass sie keine klaren Sinnesvorstellungen haben können, *nur weil sie nicht in der Lage sind, sie aufrechtzuerhalten.* Wenn Sie selbst Sekundenbruchteile klarer Imagination anerkennen, werden Sie viel leichter lernen, Ihre Erfahrungen zu verlängern.

Gab es einen Sinn, der immer vor den anderen auftrat? Dies ist Ihr *Eingangssinn.* Häufig benutzen wir ihn, ohne es zu merken, um die anderen Sinne bei der Imagination zu aktivieren. Vielleicht sehen Sie das Düsenflugzeug, bevor Sie hören, wie es startet. Oder Sie fühlen, wie Sie das Streichholz anstreichen, bevor Sie das Licht aufleuchten sehen. Oder Sie riechen die Hustenbonbons, bevor Sie sie schmecken. Manche Menschen bleiben in einem einzigen Sinn stecken – oft ist es das Sehen.

Als Sie versuchten, das Läuten der Glocke zu *hören, sahen* Sie sie statt dessen? Merkten Sie, als Sie das Brot riechen wollten, dass Sie einen Laib Brot erblickten? Wenn ein Sinn die anderen überspielt, können Sie ihn als Fundament für Ihre Imagination benutzen, d.h., Sie können darauf aufbauen, statt sich mit diesem Sinn zufrieden zu geben.

Machen Sie die Übung noch einmal, nutzen Sie aber diesmal Ihren stärksten Sinn, um Zugang zu den schwächeren Sinnen zu bekommen. Mit anderen Worten, wenn Ihr stärkster Sinn das Sehen ist und das Hören der schwächste, sehen Sie die Glocke, bevor Sie sie hören – aber hören Sie nicht einfach beim Sehen auf. Ist das Bewegungsempfinden (Kinästhesie) am stärksten und Ihr schwächster Sinn das Sehen, fühlen Sie erst die Bewegung, wie Sie das Streichholz anzünden, bevor Sie das Licht aufleuchten sehen. Wenn das Hören Ihr stärkster Sinn ist und das Tastempfinden am schwächsten ausgeprägt ist, hören Sie das Rauschen des Meeres, bevor Sie erleben, wie Sie sich den Sand von den Beinen abstreifen. Spielen Sie mit diesen Kombinationen Ihrer Sinne und Vorstellungen, um die Qualität Ihrer

Imagination zu verbessern. Denken Sie daran: Je mehr Sinne Sie kombinieren, desto intensiver und bedeutungsvoller werden Ihre Imaginationen.

Wenn Sie Ihre Imaginationen vertiefen lernen, produzieren Sie mehr Alpha-Wellen. Dadurch stärken Sie die Brücke zu Ihrem Unterbewusstsein. Je mehr Sie üben, desto besser können Sie Inhalte aus dem Theta-Bereich in Ihr Bewusstsein bringen, d.h., Sie werden sich an Ihre Träume und Meditationen leichter erinnern können und Ihre Gedächtnisleistung verbessern.

ALLES, WAS SIE SCHON IMMER ÜBER IMAGINATION WISSEN WOLLTEN, ABER SICH NIE ZU FRAGEN TRAUTEN

Nachfolgend finden Sie die häufigsten Fragen und Missverständnisse zum Thema Visualisierung und Imagination.

»Wo sehen Sie Ihre Bilder?«

Die meisten Menschen sehen ihre Bilder irgendwo vor ihren Augen, so als würden sie vor ihnen auf eine Filmleinwand projiziert oder live vor ihnen gespielt. Aber viele Menschen sehen ihre Imaginationen an anderer Stelle, z.B. hinter den Augen, in der Mitte des Kopfes, außerhalb des Körpers im Rücken oder auf einer Seite, oder innerhalb des Körpers (nicht im Kopf) im Herzen, im Solarplexus oder im Bauch. Es ist auch möglich, dass man mehrere visuelle Felder an unterschiedlichen Stellen hat, an denen zwei oder mehrere verschiedene Bildszenarien gleichzeitig ablaufen können. Ich hatte einmal einen Klienten, der ein Sichtfeld für Ja und ein Sichtfeld für Nein hatte. Die beiden Felder veränderten ihre Größe je nach der Stärke jeder Sichtweise.

»Kann man Alpha für Beta-Funktionen einsetzen? Kann man mit Bildern Mathematikaufgaben lösen?«

Als ich den Mind Mirror einmal in einer Abendgruppe vorführte, gab ich dem Mann, den ich angeschlossen hatte, eine Rechenaufgabe, die er im Kopf lösen sollte. Ich erwartete, dass ich meinen Teilnehmern das normale Beta zeigen könnte, das gewöhnlich bei dieser Art von Problemlösung auftritt. Statt dessen produzierte er reichliche Mengen von Alpha-Wellen und nur sehr wenig Beta.

Irgendwie überrascht fragte ich ihn, wie er seine Aufgabe bearbeitet hatte. Mit einem leichtem Erröten sagte er verlegen, „Na ja, wie Sie wissen, hat jede Zahl eine Farbe. Und wenn Sie Orange und Grün zusammenfügen, erhalten Sie die Antwort."

Eine andere Person, die Rechenaufgaben mit Alpha-Wellen löste, beschrieb ihre Technik mittels der Perspektive. Ihr System machte es erforderlich, dass bestimmte Zahlen rechts oder links, andere in einer gewissen Entfernung und wieder andere in der Nähe plaziert waren. Sie benutzte eine sehr komplexe visuelle Formel, mit der sie ihre Rechenaufgaben löste. Vielleicht kennen Sie andere Techniken, wie das Visualisieren von Zahlen an einer Tafel oder die Methode, Zahlen im Geist auf ein Blatt Papier zu schreiben.

Die vielleicht interessanteste und ungewöhnlichste Reaktion bekam ich von einer jungen Frau, die sehr starkes *Theta* produzierte, als sie an ihrer Antwort arbeitete. Als ich sie fragte, wie sie ihre Mathematikaufgabe löste, erläuterte sie mir, dass sie eigentlich eine Brille gebraucht hätte, als sie Rechnen in der Schule lernte, was aber niemand wusste. Weil sie nicht erkennen konnte, was ihr Lehrer an die Tafel schrieb, musste sie, wie sie sagte, das Rechnen erlernen, indem sie die Gedanken ihres Lehrers las!

»Wenn Sie imaginieren, sind Sie dann außerhalb des Bildes und schauen hinein, oder sind Sie im Bild und schauen hinaus?«

Sie können beides tun. Manche Menschen erleben ihre Bilder, als wären sie in ihrem eigenen Körper und würden ihre Sinne wie üblich gebrauchen. Wenn sie visuelle Erfahrungen machen, haben sie das Gefühl, die Bilder mit den eigenen Augen zu sehen. Wenn sie sich etwas mit dem Tastsinn vorstellen, ist es, als würden sie ihre Hände ausstrecken und den Gegenstand berühren. Andere Menschen, die meistens stark visuell orientiert sind, sehen das Bild, als würden sie sich selbst bei dieser Aktivität beobachten. Wenn ihnen die geführte Phantasie z.B. vorschlägt, einen Weg entlangzugehen, sehen sie sich selbst auf diesem Pfad wandern.

Ist nun eines besser als das andere? Nicht unbedingt. Es gibt Situationen, in denen jede Methode ihre Vorteile hat. Wenn Sie mit Ihrer Vorstellungskraft etwas in sich selbst verändern wollen, wird die Imagination um so wirkungsvoller sein, je mehr Sie sie *in Ihrem Inneren* erleben. Andererseits nutzen wir unsere Imagination manchmal, um Dinge zu erkunden, die gefährlich und angstauslösend sind. Wenn wir sie direkt als innere Bilder erleben würden, könnten wir sie oft schwer ertragen. Indem wir uns von den Bildern distanzieren, können wir unsere Reaktionen besser kontrollieren und uns leichter durch den ganzen Prozess hindurcharbeiten.

Manche meiner Klienten stellen sogar eine durchsichtige Plexiglaswand zwischen sich und ihre Bilder, die sie von Szenen fernhält, die zu schmerzhaft oder gefährlich sind, um sie unmittelbar zu erleben. Dadurch fühlen sie sich sicherer, als wenn sie in den Bildern selbst oder in deren Nähe wären. So können sie auch Arbeiten zu Ende führen, die sie sonst aus Angst oder Schmerz hätten abbrechen müssen.

Es wäre optimal, in den Bildern und außerhalb gleichzeitig sein zu können. Das klingt vielleicht paradox, aber es ist nicht nur möglich, sondern für manche Menschen sogar ganz normal. Um Ihre geistige Flexibilität zu trainieren, sollten Sie beide Arten der Imagination einzeln üben und sie dann zusammen probieren.

Lassen Sie uns zu dem Wanderweg zurückkehren.

Stelle dir die Szene vor, und schaue dir die Vegetation zu beiden Seiten des Weges an. Sieh die Farben und die Formen. Fühle die Strukturen mit deinen Händen. Nimm die Tageszeit wahr, das Wetter, die Temperatur, die Gerüche und die Geräusche. Erlebe dies, als würdest du aus deinem eigenen Körper nach außen schauen.

Halte hier an, und beginne die Übung von vorne. Sieh dich diesmal den Weg entlanggehen. Füge dich in das Bild hinein, und schaue es von außen an.

War eine der beiden Methoden einfacher als die andere? Üben Sie beide, bis Sie damit vertraut sind, und versuchen Sie dann, beide zu kombinieren. Zu Beginn werden Sie vielleicht zwischen beiden Methoden hin- und herspringen. Dann wird das Hin- und Herspringen immer schneller, bis Sie beide Perspektiven gleichzeitig einnehmen. Wenn Sie geistig so flexibel sind, dass Sie sich in Ihren Vorstellungen auf diese Weise bewegen können, werden Sie mit Ihrer Imagination die besten Ergebnisse erzielen.

»Wie unterscheiden sich Alpha-Bilder von Theta-Bildern?«

Bilder, die von Alpha-Wellen erzeugt werden, sind klarer, schärfer und meistens lebendiger als Bilder aus dem Theta-Bereich. Die Farben sind intensiver und vielfältiger, die Umrisse deutlicher. Bilder, die reinem Alpha entstammen, sind allerdings weniger bedeutungsvoll und scheinen nicht aus großer Tiefe zu kommen. Wie in der Übung oben sind sie einfacher zu kreieren und zu lenken.

Im Unterschied dazu sind Bilder, die von Theta-Wellen erzeugt werden, dunkler, unschärfer und weniger prägnant. Sie können persönlich außerordentlich be deutungsvoll sein und das Gefühl vermitteln, dass sie den größten Tiefen Ihres menschlichen Seins entspringen. Oder sie können sich wie eine göttliche Inspiration anfühlen, wie ein Geschenk von einer höheren Macht. Manchmal scheinen sie in Licht getaucht zu sein. Ein Gefühl inneren Wissens begleitet sie oft – Wissen um die Wahrheit, Wissen, was Sie als Nächstes tun sollen, Wissen, dass Sie etwas Wichtiges in sich berührt haben. Aber erwarten Sie nicht immer klare Einsichten oder erleuchtende Erfahrungen von Ihren Theta-Wellen. Manchmal können Sie in Ihrem Unterbewussten wie in einem trüben Sumpf verwirrender Unverständlichkeiten herumfischen.

Gelegentlich werden Theta-Bilder von blauem oder violettem Licht begleitet, das ihnen auch vorausgehen kann. Es zeigt einen starken Ausbruch von Theta-Wellen an. Dem entspricht die englische Redewendung „It came to me out of the blue" (etwa: Der Gedanke kam wie aus heiterem Himmel).

»Wie kann ich meine Fähigkeit zur Imagination verbessern?«

Üben, üben, üben! Nutzen Sie die oben beschriebenen Übungen, und arbeiten Sie an Ihren schwächsten Sinnen. Finden Sie Zeiten in Ihrem Tagesablauf, in denen Sie Ihre Augen schließen und an Ihrer Vorstellungkraft arbeiten können. Wenn Sie morgens unter der Dusche stehen und das Wasser bei geschlossenen Augen über Ihr Gesicht läuft, nutzen Sie die Gelegenheit, und stellen Sie sich den vor Ihnen liegenden Tag vor. Stellen Sie sich mit allen Ihren Sinnen vor, was Sie heute erreichen möchten. Haben Sie ein Problem, das gelöst, oder eine Frage, die beantwortet werden soll, lassen Sie die Lösung durch Ihre Bilder zu Ihnen kommen. Lassen Sie die Worte beiseite. Sprechen Sie nicht mit sich selbst. Lassen Sie Ihre Bilder kommunizieren.

Sagen Sie sich nicht, dass Sie nicht visualisieren können. Negative Selbstbestätigung schadet Ihrem Imaginationsprozess. Nehmen Sie jedes Bild an, das kommt. Erkennen und schätzen Sie auch kurze Augenblicke von Klarheit und Lichtheit. Wenn Sie das tun, werden die Imaginationen mit Sicherheit wiederkehren und länger andauern.

»Kommt dieses Bild tatsächlich von mir, oder bilde ich es mir nur ein?« Diese Frage wird häufig gestellt und beunruhigt viele Menschen. Die Antwort ist ziemlich paradox. *Alles,* was Sie sich einbilden, kommt von Ihnen, die Bilder entspringen nur verschiedenen Teilen Ihres Bewusstseins. Manche Bilder steigen spontan aus Ihrem Unterbewussten auf, andere werden vom bewussten Verstand geschaffen. Wenn Sie die Qualität Ihrer Bilder ·mit meinen Beschreibungen vergleichen, werden Sie feststellen, woher Ihre Bilder kommen.

Trauen Sie Ihren Bildern. Wenn ich mit meinen Klienten an den Inhalten ihres Bewusstseins arbeite, erlebe ich oft, dass Theta-Bilder ihnen schmerzliche Teile ihres Selbst erschließen und ihnen Botschaften vermitteln, warum sie bestimmte Schwierigkeiten durchleben. Eine Klientin erinnert sich z.B. ihres Schmerzes und ihrer Verwirrung als kleines Kind, als ihre Mutter sie misshandelte. Weil ihr immer erzählt worden war, ihre Kindheit sei glücklich gewesen, hat sie einen Abwehrmechanismus aufgebaut, der die Gültigkeit dieser unterbewussten Bilder leugnet. Sie sieht die Misshandlung vor ihrem inneren Auge und fragt mich: „Ist das wahr, oder erfinde ich das nur?" Wenn sie es in Bildern sieht und fühlt, die aus ihren Theta-Wellen kommen, dann sind sie stichhaltig. Auch wenn das Kind manche Bilder verdichtet und andere verdrängt hat, ist der Kern dessen, was sie wieder erlebt, *für sie* real. Das heißt nicht unbedingt, dass ihre Mutter sie so misshandelt hat, wie sie es erinnert, aber es bedeutet, dass sie in ihrem Inneren eine Misshandlung empfunden hat, die integriert und geheilt werden muss.

Selbst wenn sie absichtlich etwas erfunden hätte, muss dieses Material doch von irgendwoher aus ihrem Bewusstsein stammen. Schon deshalb ist ihre Imagination es wert, wie *ihre* Erfahrung behandelt zu werden.

DER THETA-BEREICH

Wenn man seinen Bewusstseinszustand durch Meditation verändert und entwickelt, können intensive Gefühle und Erinnerungen auftreten. Vielfältige positive und negative Reaktionen sind möglich, wenn wir mit unerwarteten Inhalten unseres Unterbewussten konfrontiert werden. Was wir mit diesen Inhalten anfangen, hängt von den Bedürfnissen, Erfahrungen und der psychischen Verfassung des einzelnen ab.

Wenn Sie sich mit verborgenen Traumata auseinandersetzen und das Gefühl haben, dass Sie damit überfordert sind, empfehle ich Ihnen, Hilfe bei einem professionellen Therapeuten zu suchen. Mit der geeigneten Unterstützung können Sie sich mit schmerzhaftem unterbewusstem Material auseinandersetzen und dafür sorgen, dass diese Arbeit effektiv, sicher und von Dauer ist.

Wenn Sie sich mit den Theta-Wellen und dem Unterbewussten vertraut machen und die verborgenen oder flüchtigen Inhalte *aktiv angehen*, können Sie sich am wirkungsvollsten mit ihnen auseinandersetzen. Es gibt eine Reihe von Leitlinien, wie Sie diese Inhalte zugänglich machen und in einer gesunden, erfolgversprechenden Weise bearbeiten können.

Zunächst wollen wir am Beispiel der „*Haus der Türen*"-Meditation aus Kapitel 3 untersuchen, wie andere Menschen mit ihren unterbewussten Inhalten umgegangen sind. Wenn Sie die Tür öffnen und nachsehen, was sich dahinter verbirgt, regen Sie Theta-Wellen an und setzen Material aus ihnen frei. Es gibt endlos viele Möglichkeiten, was Sie dort erfahren können, genauso, wie es unendlich viele Theta-Türen gibt, die man öffnen kann. Hier sind einige Beispiele aus eigenen Sitzungen mit meinen Klienten.

Inhalt: Hinter der Tür befindet sich ein Raum, der lange Zeit verschlossen war und kein Tageslicht gesehen hat. Schmuddelig und dunkel ist er, voller Staub, Spinnweben und alter verschlissener Möbel. Man bekommt kaum Luft.

Wie die Klientin damit umging: Für die Meditierende repräsentierte dies ihr gesamtes Unterbewusstes – einen Ort, den sie sehr lange nicht aufgesucht hatte. Sie öffnete die Fenster, schuf neue Fenster, die es bisher nicht gab, säuberte den Raum sorgfältig und ordnete die Möbel neu. Sie verwandelte den Raum in einen Ort, in dem man sich halbwegs wohlfühlen konnte. Sie hat jetzt einen inneren Ort, den sie aufsuchen kann, wenn sie schnell in ihr Unterbewusstes eintauchen möchte.

Inhalt: Hinter einer altertümlichen braunen Tür findet ein Mann seinen sterbenden Vater in einem Krankenhaus vor.

Wie der Klient damit umging: Obwohl sein Vater vor Jahren gestorben war, erkannte dieser Mann, dass er niemals Frieden mit ihm geschlossen hatte. Deshalb hatte er diese unerledigten Dinge und den Schmerz um den Tod seines Vaters in seinem Unterbewussten verschlossen. In der Meditation weinte er mit seinem Vater an dessen Sterbebett. Er bat seinen Vater um Vergebung für sein Fehlverhalten und sagte ihm, dass auch er ihm vergeben wolle. Er hielt ihn im Arm, während er starb. Das hatte er schon damals tun wollen, aber er war dazu nicht in der Lage gewesen.

Inhalt: Eine Frau öffnet eine grüne Tür und findet keinen Raum, sondern eine weite, offene, wunderschöne Landschaft vor.

Wie sie damit umging: Sie erfuhr in dieser Meditation, dass die Natur ein Teil von ihr war, den sie vernachlässigt hatte. Sie lebte in einer Stadt, verbrachte ihre Tage in einem Büro und hatte sehr wenig Kontakt mit der Natur. Ihr wurde klar, dass sie sich selbst mehr Zeit in der Natur gönnen musste.

Inhalt: Hinter der Tür ist pechschwarze Dunkelheit. Die Klientin kann nichts erkennen, so sehr sie sich auch bemüht. Sie geht entmutigt.

Was sie damit anfing: Ich schlug ihr vor, zurückzugehen und einen Lichtschalter zu finden. Es war ganz einfach. Sie schaltete das Licht an und fand einen Raum aus ihrer Kindheit, in dem sich sehr schmerzhafte Erinnerungen befanden. Sie konnte dann beginnen, mit diesen Erinnerungen offen und bewusst umzugehen.

Inhalt: Das Schild an der Tür lautet VERSCHLOSSEN. Der Meditierende versucht alles, aber er kann die Tür nicht öffnen.

Wie man damit umgehen kann: Das Unterbewusste will die Inhalte, die sich dort befinden, wirklich schützen. Meine Empfehlung in solchen Fällen lautet, die Tür bis auf weiteres geschlossen zu lassen. Man sollte stattdessen den Flur hinunterschauen, um nach einer Tür mit der Aufschrift *Schlüssel* zu suchen. Gehen Sie hinein, und versuchen Sie herauszufinden, warum die andere Tür verschlossen ist.

Inhalt: Das Schild auf der Tür zur linken lautet TOD, auf der Tür zur rechten steht LEBEN. Die Bilder hinter jeder Tür passen zu den Schildern.

Was es bedeutet: Die Türen treten gelegentlich paarweise auf – mit Gegensätzen wie hell und dunkel, fröhlich und traurig. Untersuchen Sie die Räume einfach, um mehr Informationen über Ihr Unterbewusstes zu bekommen.

Inhalt: Hinter einer roten Tür wütet ein Feuer – eine Flammenwand.

Was die Klientin damit anfing: Als sie in das Feuer schritt, merkte sie, dass es der Ärger war, den sie jahrelang verborgen hatte. Daraus lernte sie, dass es für sie wichtig war, mit dem Ärger umzugehen und ihn in angemessener Form zum Ausdruck zu bringen. Dieser Raum des Feuers wurde ein Ort, den sie immer wieder gern aufsuchte, um mit ihren tiefen Gefühlen in Kontakt zu kommen.

Inhalt: Der Raum ist ein exquisit eingerichteter Meditationsraum. Er ist heiter, ruhig und friedvoll und bedarf keiner Veränderung.

Was die Klientin damit anfing: Sie fand einen Ort der Ruhe in sich, zu dem sie zurückkehren konnte, um zu meditieren und Frieden zu finden.

DIE GESCHICHTE EINES SKEPTIKERS

Einer meiner Studenten, ein Mann, den ich als J.T. bezeichnen möchte, war sehr skeptisch gegenüber dem ganzen Meditationskonzept. Nur widerstrebend nahm er am Workshop teil und äußerte Zweifel, dass in seinem Inneren viel passieren könne, wenn er mit lauter Fremden im Raum an ein EEG angeschlossen würde. Als er die „*Haus der Türen*"-Meditation ausprobierte, war er angenehm überrascht, dass er sich geirrt hatte. Seine Meditation zeigte, wie individuell und charakteristisch sowohl die Inhalte als auch die Interpretation ihrer Bedeutung sein können.

Sein Haus war eine Kirche, und der Raum mit den vielen Spiegeln zeigte ein Bild von ihm, bekleidet in einer langen, weißen Robe. Die erste Tür, die er öffnete, führte in eine sechseckige Seitenkapelle. Die zweite Tür führte in einen Raum, der eine mittelalterliche Folterkammer zu sein schien. Er war mit einem Streckbett ausgestattet, das sich in ein Sterbelager verwandelte. Dieses Bett stellte für ihn seine latente Faulheit und Antriebsschwäche auf dem spirituellen Weg dar. Die Botschaft war, dass er sich nicht länger vor Mühsal und Tod fürchten müsse. Sehr bewegt erklärte er, wie er von der Liebe dieser Botschaft angerührt war. Nach dieser Meditation war er sehr berührt vom Tiefgang seiner Erfahrung und der Kraft der Botschaften aus seinem Unterbewussten. Er war ebenfalls beeindruckt, wie unaufdringlich das EEG-Gerät gearbeitet hatte.

MIT INHALTEN UMGEHEN

Nachfolgend lernen Sie einige Prinzipien kennen, die sich für den Umgang mit Theta-Inhalten bewährt haben:

Haben Sie keine Angst vor den Inhalten: Was auch immer auftaucht, es ist ein Teil von Ihnen, der es als solcher verdient, respektiert und geliebt zu werden, egal, ,um was es sich handelt.

Sie können in sich immer Veränderungen vornehmen. Keines dieser Bilder, keiner der inneren Zustände, die sie repräsentieren, gilt auf Dauer oder ist festgelegt. Sie können die Informationen zur Kenntnis nehmen und entsprechend handeln.

Sie müssen nicht alles auf einmal schaffen. Ihre Probleme und Schwierigkeiten zu verstehen, sie zu heilen, zu verändern oder zu integrieren kann Zeit in Anspruch nehmen.

Sie können immer wieder zurückkehren. Wenn Sie die Bilder einmal gefunden haben, können Sie sie auch wiederfinden. Hinterlassen Sie Markierungen, oder finden Sie Wegzeichen, die Sie in den Bewusstseinszustand zurückgeleiten, in dem Sie die Inhalte vorfanden.

Nichts ist zu übermächtig oder zu schmerzhaft, als dass es nicht am Ende geheilt werden könnte. Beharrlichkeit und die Bereitschaft zur Heilung haben eine außergewöhnliche Wirkung auf das Unterbewusste.

Machen Sie sich keine Sorgen, wenn Sie nichts Bemerkenswertes vorfinden. Manche Menschen befürchten, dass sie nicht wirklich in Theta sind, wenn sie nicht etwas Tiefes, Bedeutendes, Kreatives oder Schwieriges empfinden. Das ist absolut nicht so! Theta kann ein Zustand stiller Betrachtung und Ruhe sein.

Entwickeln Sie Ihre Spiritualität. Wenn Sie an eine göttliche Quelle oder höhere Macht glauben und zu ihr bewusst Verbindung aufnehmen, erschließen Sie sich eine unbegrenzte Kraftquelle für persönliches Wachstum und Heilung.

WIE SIE GEZIELT BESTIMMTE INHALTE IHRES UNTERBEWUSSTSEINS AUFSUCHEN KÖNNEN

Im dritten Kapitel habe ich detaillierte Hinweise für die Aktivierung von Theta-Hirnwellen gegeben. Die *„Haus der Türen"* -Meditation ermöglicht aber nur einen allgemeinen Zugang zum Theta-Bereich. Alles Mögliche kann sich in den Räumen ereignen, weil wir nicht nach Inhalten zu einem speziellen Problem suchen. Was müssen wir tun, wenn wir bestimmtes unterbewusstes Material gezielt bearbeiten wollen?

Es gibt viele unterschiedliche Wege ins Unterbewusste. Die Imagination ist eine der wirkungsvollsten Methoden, weil sie die Alpha-Brücke öffnet und Ihnen dadurch erlaubt, die Inhalte Ihres Unterbewusstseins besser und direkter wahrzunehmen. Wenn wir jedoch Zugang zu einem speziellen Thema suchen, müssen wir Bilder finden, die uns zu dem Material führen, das wir bearbeiten wollen.

Eine Meditation wie das *„Haus der Türen"* kann ganz einfach von einer allgemeinen in eine spezielle Meditation umgewandelt werden. Zunächst müssen Sie sich entscheiden, an welchem Material Sie interessiert sind. Dann müssen Sie ein Bild oder ein Wort finden, das es beschreibt. So könnten Sie z.B. anstelle der Frage: „Warum fällt es mir so schwer, das Rauchen aufzugeben?" das Bild einer brennenden Zigarette oder das Wort „Rauchen" wählen. Wenn Sie Ihre Beziehung erkunden wollen, könnten Sie statt: „Was kann ich tun, um meine Beziehung mit Christina zu verbessern, und wie kann ich die Beziehung zu dem machen, was ich mir wünsche?" nur „Christina" oder „Beziehung" verwenden. Sie finden vielleicht auch „Verständigung" oder „Erfüllung" oder einfach das Bild eines Herzens passender.

Nachdem Sie ein Wort oder ein Symbol für Ihr Thema gefunden haben, können Sie in die *„Haus der Türen"*-Meditation zurückgehen. Wenn Sie den Korridor hinuntergehen und an den Türen vorbeikommen, finden Sie eine Tür mit dem entsprechenden Schild. Öffnen Sie *diese* Tür, und erforschen Sie, was sich hinter ihr befindet.

Je nachdem, was Sie vorfinden, können Sie detailliertere Fragen stellen. Aber Sie sollten Schritt für Schritt vorgehen und dem unterbewussten Material die Führung überlassen. Wenn Sie die Tür mit der Zigarette darauf geöffnet haben und dort ein Bild von sich selbst vorfinden, könnten Sie das Bild fragen, was dieser Mensch braucht, um das Rauchen aufzugeben. Wenn Sie aber die Tür öffnen und ein Krankenzimmer oder den Schnitter Tod sehen, werden Sie anders vorgehen müssen. Lassen Sie sich von den Informationen des Unterbewussten führen. Versuchen Sie, nicht zu kontrollieren, auf welchem Weg die Informationen Sie erreichen. Trotzdem können Sie Veränderungen in Ihrem Raum vornehmen – vor allem aber ist es gut zu wissen, was im Unterbewussten vorgeht, wenn man es verändern will.

Oft sind die Theta-Hirnwellen unterentwickelt, wenn Verletzungen aus der Vergangenheit tief im Unterbewussten verborgen sind und die Psyche entschieden hat, sie vor der bewussten Wahrnehmung zu verschließen. Es kann faszinierend sein, die Gehirnwellen eines Menschen zu beobachten, der unterbewusstes Material hat, das verborgen bleiben will.

Wenn man die Hirnwellen auf dem EEG-Monitor betrachtet, kann man tatsächlich beobachten, wie Inhalte, die das Bewusstsein nicht wahrnehmen soll, hin und her geschoben werden. Die Abbildung 1 A zeigt eine Person, deren Alpha-Wellen eine tragfähige Brücke zum Unterbewussten bilden. Das Problem ist nur, dass keine Theta-Wellen da sind, um die unterbewussten Inhalte bereitzustellen.

In diesem Fall wäre ein nächster Schritt, dem Klienten Zugang zu seinen Theta-Wellen zu ermöglichen. Dieser Ansatz wirkt meistens. Abbildung 1 B zeigt jedoch eine andere Strategie, durch die der bewusste Kontakt mit Theta-Inhalten manchmal vermieden wird. Sobald Theta erscheint, verschwindet Alpha, das gerade noch so stark war. Das Material ist da, aber die Brücke ist verschwunden! Es gibt Menschen, die während einer Sitzung zwischen diesen beiden Mustern immer wieder hin- und herwechseln. Erst wird Alpha aktiviert, dann Theta, aber nie die Kombination, die notwendig ist, um die Inhalte bewusstwerden zu lassen.

Ich versuche dann, mit dem Inhalt des Blockes zweigleisig zu arbeiten und Bewusstseinszustand und Inhalt zusammen zu nutzen, um die Blockierung zu durchbrechen.

Angesichts dieses offensichtlich flüchtigen und unterdrückten Materials müssen Klient und Trainer entscheiden, ob es richtig ist, einer Erfahrung nachzuspüren, die sich als außerordentlich traumatisch herausstellen könnte. Eine Klientin, die ich S.P. nennen möchte, zeigte dieses Muster bei mehreren Sitzungen. Sie wusste, dass es da etwas in ihrer Vergangenheit gab, das sie daran hinderte, bei voller Erinnerung tief in ihr Unterbewusstes einzutauchen. Nach langer Diskussion entschied S.P., dass sie sich dessen bewusst werden wollte, was immer mit ihr geschehen war. Ihre Erinnerung kehrte nur sporadisch zurück und nur als kinästhetische Erfahrung und als Geschmack, nie aber visuell oder auditorisch.

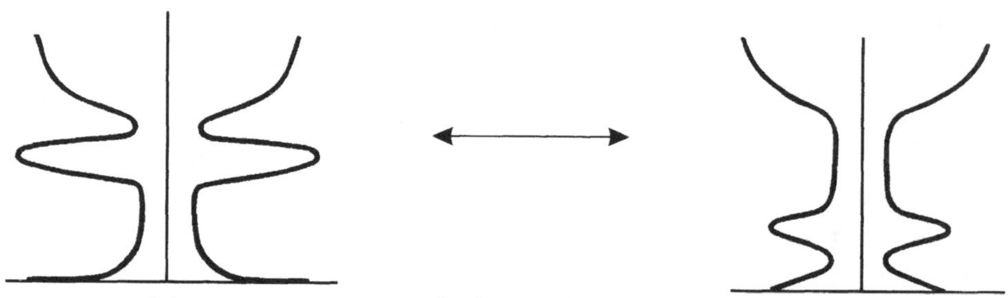

Flüchtige Inhalte

Eine grässliche, aber unvollständige Geschichte erwuchs aus den Bruchstücken, die S.P. vorfand. Ich ermutigte sie, langsam vorzugehen und nur dann nach Bildern Ausschau zu halten, wenn sie sich sicher genug fühlte, der Erfahrung gewachsen zu sein. Ich erklärte ihr auch, dass sie nicht die genauen Details dieser Kindheitsereignisse wissen müsse, um sie zu heilen. Nach mehr als einem Jahr eigener und gemeinsamer Arbeit wusste sie genug, um eine Lösung für ihr Problem zu finden und in ihrem Leben weiter voranzugehen.

Obwohl das Hirnwellenmuster von S.P. immer noch eine kleine Menge flüchtiger Theta-Wellen zeigte, war sie damit zufrieden. Sie fühlte sich jetzt bereit und in der Lage, an ihren Theta-Wellen mit einer mehr spirituellen Zielrichtung zu arbeiten. Ihre weitere Meditationsarbeit konzentrierte sich mehr auf die Verbindung zu einer höheren Kraft und darauf, den richtigen Weg für ihr weiteres Leben zu finden.

Die Entscheidung, wie tief man graben und wann man ablassen soll, ist sehr persönlicher Natur. Ich würde niemals Klienten drängen, nach verschüttetem Material zu suchen. Wenn sie jedoch wirklich motiviert sind und das Problem ihrer weiteren Entwicklung im Wege steht, würde ich ihnen sicher helfen, sich durch das Verborgene zu einer befriedigenden Lösung hindurchzuarbeiten. Und diese Lösung ist für jede Person anders. Nochmals, wenn Sie sich nicht in der Lage fühlen, mit den unterbewussten Inhalten selbst umzugehen, sollten Sie sich dringend professionelle Hilfe suchen. Achten Sie darauf, ob Sie sich überwältigt, ängstlich oder deprimiert fühlen oder ob Sie negative Gefühle mit Ihrem Vorhaben verbinden, die nicht nachlassen oder Ihre Stabilität gefährden.

Die meisten Menschen fühlen sich jedoch zuversichtlich und sicher, wenn sie ihre unterdrückten Inhalte mit Hilfe von Meditation und Hirnwellentraining angehen. Es gibt eine Reihe von Möglichkeiten, wie man dies tun kann.

ARBEITEN SIE AN IHREM BEWUSSTSEINSZUSTAND, UM AN IHRE INHALTE HERANZUKOMMEN

Das direkte Biofeedback erweist sich hier als nützlich. Von dem Muster Alpha / kein Theta bringe ich die Klienten mit einer geführten Meditation hinunter zu den Theta-Wellen. *Sobald* Alpha zu verschwinden beginnt, gebe ich ihnen Feedback und fordere sie auf, es zurückzubringen. Die meisten Menschen können nach einiger Übung Alpha aufrechterhalten, während sie Theta erschließen. Einigen fällt es sehr schwer, Theta und Alpha gleichzeitig zu produzieren. Häufig ist in diesen Fällen das Theta selbst sehr stark, was auf eine große Menge unterdrückten Materials hinweist.

Hier wähle ich den umgekehrten Ansatz, vergesse zunächst das Alpha und bringe die Person in einen tiefen und starken Theta-Zustand. Dann spreche ich vorsichtig Alpha an. Indem ich nur wenige Bilder aufsteigen lasse, beginne ich, Material aus dem Unterbewussten abzuleiten. Man kann unterdrückte Erinnerungen wirkungsvoll aufspüren, indem man den Meditierenden hilft, Theta aufrechtzuerhalten, während sie Alpha entwickeln. Allein und ohne Führung ist dies aber nur schwer zu erreichen.

»WIE KANN ICH DAS AUCH ALLEIN TUN?«

Es gibt Wege, wie Sie blockierte Teile Ihres Unterbewussten erschließen können. Nachfolgend finden Sie eine Art Meditation oder inneren Dialog, der Ihnen helfen wird, sich durch Blockierungen und unterdrücktes Material hindurchzuarbeiten. Nehmen Sie sich für diese Meditation viel Zeit, und sorgen Sie dafür, dass Sie nicht gestört werden. Lesen Sie sich wie immer alle Anweisungen durch, bevor Sie beginnen. Machen Sie sich mit den Teilschritten vertraut. Lassen Sie der Meditation eine Entspannungsphase vorangehen, aber entspannen Sie sich nicht so tief, dass Sie Ihre bewusste Aufmerksamkeit verlieren. Vielleicht möchten Sie sanfte Meditationsmusik im Hintergrund hören – aber *sehr leise, damit Sie nicht abgelenkt werden.*

Die vielen Teile unseres Selbst

Die folgenden Übungen beruhen auf einem grundlegenden Prinzip. *Jeder von uns besteht aus vielen verschiedenen Teilen. Alle diese Aspekte von uns schaffen gemeinsam das komplexe Wesen, das wir sind. Dieser Sichtweise liegt die Annahme zugrunde, dass letztlich jedes Teil für das Wohlergehen des Ganzen arbeitet.* Mit anderen Worten, jeder Teil hat einen positiven Sinn. Oft sieht es nicht so aus, weil manche Teile von uns irregeführt oder fehlgeleitet wurden und jetzt etwas tun, was uns in Wirklichkeit Schaden zufügt. Aber ihre ursprüngliche Rolle zielte darauf ab, *zu unserem Vorteil* zu wirken, auch wenn sie uns später geschadet hat.

BLOCKIERUNGEN LÖSEN

1. Bevor du beginnst, überlege dir, wonach du suchen willst. In dieser Meditation werden wir sehr allgemein bleiben und uns auf die Blockierung selbst konzentrieren – nicht auf das, was sich hinter der Blockierung verbergen mag. Das kommt später.

(***)

2. Beruhige dein Bewusstsein, und entspanne deinen Körper. Lass alle Vorstellungen und Erwartungen los, was in der Meditation passieren soll.

(***)

3. Stelle dir einen Ort vor, an dem du meditieren kannst. Gebrauche alle deine Sinne, um deine Alpha-Wellen zu stimulieren.

(*** – *oder bei Bedarf länger*}

4. Vertiefe deine Meditation – gehe tiefer in dich hinein, um Theta-Wellen zu produzieren.

(*** – *oder länger*}

5. Nimm langsam Kontakt zu dem Teil von dir auf, der die Blockierung hervorgerufen hat. Du brauchst keine kristallklare Vorstellung von diesem Teil zu haben. Je deutlicher du ihn aber wahrnimmst, um so leichter wirst du später mit ihm kommunizieren können. Tue in dieser Phase der Meditation nur so viel, wie dir möglich ist. Es reicht, wenn du mit dem Gefühl in Kontakt kommst, dass es diesen Teil tatsächlich gibt.

(***)

6. Versuche nun, diesen Teil so deutlich darzustellen wie möglich – damit du mit ihm Verbindung aufnehmen kannst. Finde ein Symbol, ein Bild, eine Farbe, eine körperliche Empfindung oder eine andere Darstellung, die den blockierenden Teil in dir verkörpert.

(***)

7. Beginne einen inneren Dialog mit diesem Teil, damit du die Verbindung festigst und zusätzlich Informationen gewinnst. Du kannst fragen, ob er bereit ist, mit dir zu kommunizieren. Wenn die Antwort „Ja" lautet, setze die Meditation fort. Ist die Antwort „ Nein", frage, was geschehen muss, damit er sich dir mitteilt.

Wenn überhaupt keine Antwort kommt, fahre fort, als sei die Antwort „Ja" gewesen. Die Antwort kann in Worten zu dir kommen, du kannst sie auch als Bilder oder als Körperwahrnehmung erleben oder als eine Art innerer Gewißheit. Vertraue der Antwort, die du bekommst.

(***)

8. Unterhalte dich mit diesem Teil von dir. Zu Beginn könntest du fragen: „Wie fühlst du dich?" Lass den Teil sich so ausdrücken, wie es ihm möglich ist. Du könntest auch fragen: „Wie lange bist du schon da?" oder „Was brauchst du?"

(*30 Sekunden bis zu einer Minute Pause*)

Setze den Dialog mit diesem unterbewussten Teil von dir fort, um ihm näherzukommen und um seine Beweggründe zu verstehen. Du könntest fragen: „Welche Rolle spielst du in meinem Leben?" oder „Was ist deine positive Absicht für mich?" oder „Wie dienst du mir?" Du kannst auch deine eigenen Fragen finden. Nimm dir Zeit für deine Untersuchung.

(*Pause für mindestens 2 Minuten*)

9. Gib diesem Teil von dir zu verstehen, dass du ihn schätzt. Da er für dich gearbeitet hat, verdient er Anerkennung und Wertschätzung, selbst wenn er dir am Ende Kummer bereitet hat.

(***)

Dieser Schritt fällt manchen Menschen schwer. Sie ärgern sich manchmal so sehr über diesen Teil, der sie so behindert hat, dass sie nur schwer einsehen können, dass die Blockierung ursprünglich dem Selbstschutz und Überleben diente. Vertraue darauf, dass deinem Unterbewussten dein Wohlergehen am Herzen liegt, auch wenn es nicht so aussieht. Wenn du seine guten Absichten anerkennst, heißt das nicht, dass du ihm erlaubst, so weiterzumachen wie bisher.

(**)

10. Sage diesem Teil nun, wie du dich fühlst. Selbst wenn du in deinem bewussten Denken genau weißt, wie dieser Teil dich blockiert und dich geschädigt hat, ERWARTE NICHT VON DEINEM UNTERBEWUSSTEN, dass ES DICH OHNE SORGFÄLTIGE ERKLÄRUNG VERSTEHT. Gib ihm keine Schuld. Setze all dein Wissen über Kommunikation ein, das du auch gegenüber Dritten gebrauchen würdest.

Sage dem Teil, was sein Verhalten bei dir bewirkt hat (was die Blockierung für dich bedeutet hat und welche Schwierigkeiten sie hervorgerufen hat).

(***)

11. Überlege dir, was jetzt passieren soll. Sieh dir den ursprünglichen Grund für die Blockierung an. Brauchst du sie noch, oder haben sich deine Bedürfnisse verändert? Was soll dein Unterbewusstes tun?

(***)

12. Sage deinem Unterbewussten, was du willst. Bitte es, dir zu helfen, damit du bekommst, was du jetzt brauchst. Wenn nötig, erinnere es daran, dass es zu deiner Unterstützung da ist und dass das, was es in der Vergangenheit für dich getan hat, dir heute nicht länger dient.

(***)

13. Verhandle. Feilsche mit deinem Unterbewussten. Du kannst weiter Fragen stellen, um das Gespräch voranzubringen. Falls du die Funktion dieses Teiles immer noch brauchst (z.B. als Schutz oder zum Überleben), frage ihn, ob er diese Aufgabe nicht auf andere Weise erfüllen kann – so, dass du nicht länger die negativen Auswirkungen der Blockierung erleben musst. Brauchst du seine Dienste nicht mehr, teile ihm dies mit und frage ihn, ob er bereit ist aufzuhören. Hilfreich könnten auch Fragen sein, z.B: „Was brauchst du, damit du mich nicht länger blockieren musst?" Oder: „Was muss passieren, damit es eine Veränderung zum Besseren gibt?"

(***)

14. Triff eine Abmachung mit deinem Unterbewussten. Vielleicht musst du einen zeitlichen Zusammenhang oder einen anderen Kontext herstellen, wie z.B.: „Wenn ich dies tue …, wirst du zulassen, dass die Blockierung verschwindet."

(***)

15. Danke diesem Teil für seine Bereitschaft, mit dir zusammenzuarbeiten.

(**)

16. Bereite dich auf den Schluss vor. Frage dein Unterbewusstes, ob da noch etwas ist, worüber es jetzt mit dir sprechen möchte. Sag ihm, was immer du noch sagen möchtest, bevor du deine Meditation abschließt. Vielleicht planst du, dein Unterbewusstes zu einer bestimmten Zeit in der Zukunft wieder aufzusuchen. Dann könntest du prüfen, ob die Neuprogrammierung funktioniert oder ob unvorhergesehene Probleme aufgetaucht sind.

(***)

17. Schließe deine Meditation ab und erwache. Atme mehrmals tief und kräftig durch, und dehne und strecke deinen ganzen Körper.

(***)

18. Verankere deine Meditation, indem du sie in Worte fasst, schreibe sie auf oder sprich darüber.

(Mache eine Pause – so lange, wie es dir erforderlich erscheint.)

Wenn Sie am Anfang keine positive Funktion finden, halten Sie Ausschau danach, und stellen Sie weitere Fragen. Gehen Sie so weit zurück, bis Sie die ursprüngliche positive Absicht gefunden haben.

Beispiel: Eine Frau will den positiven Grund für den Teil in ihr finden, der ihr starke emotionale Schmerzen bereitet.

Sie fragt den Schmerz: „Welche Rolle spielst du in meinem Leben? Welchen guten Zweck verfolgst du?" Der Schmerz antwortet: „Dich zu bestrafen!"

Nun ist dies nicht gerade ein *guter* Zweck, deshalb hört die Klientin nicht an dieser Stelle auf. Sie fragt: „Worin liegt der positive Sinn, dass du mich strafst? Wie dient mir das?" Der Schmerz antwortet: „Damit du dich schlecht fühlen kannst."

Wieder kein positiver Sinn. Deshalb fragt sie: „Warum hilft es mir, wenn ich mich schlecht fühle?" Der Schmerz antwortet: „Damit du nicht aus der Reihe tanzt." Nun beginnt sie Fortschritte zu machen, obwohl sie noch nicht weiß, wohin es führen wird.

Diesem Weg folgend fragt sie: „Wie hilft es mir, wenn ich nicht aus der Reihe tanze?" Der Schmerz antwortet: „Es hält dich davon ab, Fehler zu machen."

Mit dem Gefühl, dass dies immer noch kein überzeugender positiver Sinn ist, fragt sie weiter: „Auf welche Weise hilft es mir, dass ich davon abgehalten werde, Fehler zu machen?" Ihr ist klar, dass sie endlich zu den Wurzeln vorgedrungen ist, als der Schmerz antwortet: „Es schützt dich vor Gefahren."

Nachdem sie den Schmerz so weit zurückverfolgt hat, erkennt sie, dass er in Wirklichkeit ein von ihr unterbewusst eingesetzter Mechanismus ist, der sie vor Fehlern schützen soll. Obwohl dieser Schutz heute nicht mehr angemessen ist, kann er es ursprünglich durchaus gewesen sein. Indem sie weiter mit ihrem Schmerz sprach, fand sie heraus, dass er sie vor ihrer überstrengen Mutter schützte, die sie für Fehler bestrafte. Für ihr junges Bewusstsein war es ein wichtiger Selbstschutz, dass sie keine Fehler machte oder zumindest so wenige wie möglich. Deshalb entwickelte ihr Unterbewusstes dieses System.

Wenn sie genug Schmerz empfand, wurde sie daran erinnert, nicht aus der Reihe zu tanzen. Dadurch vermied sie Fehler und war vor der Ablehnung und den möglichen Bestrafungen ihrer Mutter sicher. Unser Unterbewusstes leistet ganz Erstaunliches zu unserem Schutz und für unser Überleben.

DAS FEUER

Ein Bauarbeiter mittleren Alters kam mit der Klage zu mir, dass er nicht visualisieren könne. Außerdem habe er sich noch niemals an einen Traum erinnert. Das Hirnwellenprofil zeigte ein Muster unterdrückter Inhalte. Nach nur einer Sitzung erinnerte er sich plötzlich, dass er als sehr junges Kind ein schweres Feuer miterlebt hatte.

Die Bilder, die er bei diesem Erlebnis sah, waren so schrecklich, dass er eine unterbewusste Entscheidung traf, nie wieder mit der Erinnerung konfrontiert sein zu wollen. Die Erinnerung an das Feuer war tief in seine Theta-Wellen verdrängt. Sein Hirnwellenmuster sorgte dafür, dass er niemals in einen Bewusstseinszustand gelangte, der diese Erinnerungen und die schrecklichen und blutrünstigen Bilder an die Oberfläche kommen ließ. Nach nur einigen Sitzungen, in denen wir an diesem Thema arbeiteten und den Erinnerungen erlaubten, zurückzukehren und sich zum Ausdruck zu bringen, begann er sich seiner Träume zu erinnern und konnte während der Meditation visualisieren.

Manchmal ist es nicht so einfach, sich der Inhalte hinter den Blockierungen bewusst zu werden. Die Blockierungen sind komplexer und das Wagnis, sie zu erinnern, ist größer. Gehen Sie vorsichtig und respektvoll mit unterbewussten Inhalten um, da sie nicht ohne Grund verdrängt wurden. Wenn Sie Schwierigkeiten befürchten, wenn das Verdrängte erschlossen wird, suchen Sie sich einen Therapeuten, der etwas von der Arbeit mit dem Unterbewussten versteht.

HINTER DER WAND

Eine Frau kam in großem Schmerz und großer Angst zu mir. Sie war seit ihrem elften Lebensjahr nicht mehr in der Lage, zu duschen. Immer, wenn sie den Duschvorhang schloss, wurde sie von Angst ergriffen. Sie hatte darüber hinaus eine Erinnerungslücke von mehreren Jahren in diesem Zeitabschnitt.

Indem wir den oben beschriebenen Dialog führten, empfahl ich ihr, mit der Blockierung Kontakt aufzunehmen. Das Bild des Blockes war eine hohe, dicke, graue Wand, um oder über die sie nicht gelangen konnte. Nach einigen Sitzungen behutsamer Arbeit brachte sie die Wand dazu, zuzustimmen, dass sie durch sie hindurchschauen konnte. Wir dachten, dass wir endlich zu dem kommen würden, was sich hinter der Blockierung verbarg. Als sie durch die Wand schauen konnte, sah sie nur einen Berg – ein weiteres Hindernis. Wir mussten erhebliche zusätzliche Arbeit leisten, um diese Blockierung zu überwinden. Schließlich begannen die Erinnerungen *sehr langsam* durchzusickern. Sie erinnerte sich daran, dass ihre Brüder sie jedes Mal missbraucht hatten, wenn sie duschte.

Mit dieser Form des inneren Dialoges können Sie nahezu alle unterbewussten Bereiche erforschen. Wenn Sie sich z.B. unorganisiert und antriebsschwach fühlen, suchen Sie ein Symbol oder ein Bild für den Teil, der Ihre Desorganisation und Antriebsschwäche repräsentiert. Finden Sie heraus, welchem guten Zweck er dient. Die Teilschritte sind die gleichen, ebenso die Fragen, die Sie stellen. Sie haben nur ein anderes Thema.

Sie können das Gleiche mit Ihrer Angst vor Erfolg, mit selbstschädigendem Ver halten oder Gefühlen wie Verzweiflung, Ängstlichkeit, Schuld, Ärger oder Panik tun. *Wann immer Sie ein Gefühl ein Bedürfnis, eine Einstellung, ein Verhalten oder innere Schwierigkeiten nicht verstehen, können Sie in Ihrem Unterbewussten nach Informationen und Führung suchen. Sie können Veränderungen in Ihren unterbewussten Strukturen vornehmen, die Sie gesünder und glücklicher machen und Ihnen zu einer ausgeglicheneren, stabileren und klareren Psyche verhelfen.*

TRANSZENDENZ

Eine Klientin, die ich C.R. nennen will, ist eine zweiunddreißig Jahre alte Therapeutin, die viele Jahre an ihrem persönlichen Wachstum gearbeitet hat und mit meditativen Bewusstseinszuständen vertraut ist. Ihre anfänglichen Hirnwellen näherten sich in der Meditation einem Awakened-Mind-Muster. Sie beinhalteten große Mengen Theta und Delta, die durch eine instabile Alpha-Brücke von der bewussten Wahrnehmung abgeschnitten waren. C.R. wollte „das Unterbewusste hervorholen und ihm zu seinem eigenen Recht verhelfen".

Während der zweiten und dritten Sitzung arbeiteten wir daran, ihr Alpha zu stabilisieren. Sie sollte in der Lage sein, es aufrechtzuerhalten, während sie Inhalte im Unterbewusstsein erforschte. Die Blockierung, die wir vorfanden, war eine Steinwand, die sie vor einer Verquickung von Missbrauchserfahrungen und Spiritualität schützte. Durch Missbrauchserlebnisse im Kindesalter hatte sie die beiden Erfahrungen irgendwie verflochten, wodurch sie als Erwachsene das Gefühl hatte, dass Missbrauch eine spirituelle Bedeutung hatte oder eine Art Voraussetzung für Spiritualität war. An diesem Punkt erkannten wir, dass wir ihrer starken spirituellen Veranlagung mehr Raum geben mussten, um den Missbrauch zu heilen.

Sie kam mit zwei großen Anliegen in die vierte Sitzung. In der Therapie hatte sie ein Bild von sich selbst im Alter von zehn Jahren gesehen, das sie als strahlendes junges Mädchen mit langen blonden Haaren zeigte. Dieses Mädchen sagte: „Hör auf, dich einzumischen. Nie vertraust du mir. Lass mich in Ruhe. Du musst meinem Weg vertrauen und aufhören, mich zu kontrollieren." C.R. hatte das Gefühl, dass dieses Mädchen der Schlüssel zu etwas war, wonach sie sehr lange gesucht hatte. Darüber hinaus wollte sie das Thema Freundschaft bearbeiten. C.R. fühlte sich oft einsam und unglücklich, weil sie das Gefühl hatte, dass ihre Freunde nicht so für sie da waren, wie sie sich das von ihnen wünschte. Sie wollte herausfinden, warum es für ihr Wohlbefinden so wichtig war, mit anderen Menschen „verbunden zu sein, gesehen zu werden und sich aufgehoben zu fühlen". Sie hoffte, einen besseren Weg zur Befriedigung dieser Wünsche zu finden, ohne allzu große Ansprüche an andere zu stellen und durch ihre Zurückweisung verletzt zu werden.

Als ich sie in eine Meditation führte, entwickelte sie schnell ein Awakened-Mind-Muster, mit dem für sie typischen stark ausgeprägten Unterbewussten und Unbewussten. Sie nahm mit dem zehn Jahre alten Mädchen Verbindung auf, das nun in einen Wandlungsprozess eintrat. C.R. beschrieb die Erfahrung folgender maßen: „Sie wird eine Art göttliche Erscheinung, die Stärke und Licht verströmt.

Sie ist wild, kraftvoll, schön und gütig gleichermaßen ... Ich bin ergriffen, tief berührt. Ich fühle, wie sich etwas in mir öffnet, das so lange verschlossen war."

Ich fragte sie, ob dieses Wesen ihr die Unterstützung und Verbundenheit gewähren könne, die sie ohne Erfolg bei ihren Freunden gesucht hatte. C.R. kämpfte mit Verlegenheit, Verleugnung und Angst, bevor sie die Antwort offenbarte, die ihr die strahlende Erscheinung gegeben hatte: „Ich bin das absolute Sein, ich bin das Licht, ich bin ewig, ich bin immer hier, ob du mich wahrnimmst oder nicht." C.R. berichtete davon, dass sie sich von Wissen und Frieden umgeben fühlte und von einem Gefühl „des Seins, das weder Denken noch Handeln erfordert".

An diesem Punkt wunderte sie sich, warum sie diesen Bewusstseinszustand nicht schon früher erlebt hatte. Hatte sie befürchtet, ihr Wunsch nach Freundschaft würde ganz verschwinden, wenn sie diesen Zustand zulassen würde? Schließlich erkannte sie, dass sie sich Sorgen gemacht hatte, sie könnte zur Einsiedlerin werden, wenn sie Kontakt zu ihrem transzendenten Teil aufnehmen würde. Deshalb hatte sie dieses Erleben unbewusst von ihren Freunden und Beziehungen erhofft, obwohl sie es in Wirklichkeit nur in sich selbst finden konnte.

Seit dieser Sitzung gab es innere und äußere Veränderungen im Leben von C.R. Sie legte ihre Beziehung auf Eis und reiste für einige Monate. Sie schrieb: „Vieles hat sich verändert, was ich denke, wie ich die Welt sehe und wie ich mich auf andere beziehe. Ich habe über die Sitzungen nur mit wenigen Menschen gesprochen. Meine Erfahrungen sind mit Worten kaum zu beschreiben, und ich habe das Gefühl, ich müsse das, was als Ergebnis meiner Erfahrungen in mir heranwächst, schützen. Eine der wichtigsten Veränderungen, die aus der Sitzung hervorging, ist die Gewissheit, dass der Missbrauch, den ich als Kind erlebt habe, meinen Wesenskern nicht beschädigt hat – dass ich in meiner Seele heil bin. Eine Wunde, die viele Jahre lang offen war, kann nun zu heilen beginnen ... Kann ich mich nun endlich entspannen und die innere Ruhe finden, nach der ich mein ganzes Leben lang gesucht habe?"

DAS MATERIAL DES BEWUSSTSEINS

Der High Performance Mind besteht aus einer Kombination von Bewusstseinszuständen mit den Inhalten des Bewusstseins. Wie wir gesehen haben, ist der optimale Bewusstseinszustand, der dem High Performance Mind zugrunde liegt, eine Kombination von Beta, Alpha, Theta und Delta, die wir als Awakened Mind bezeichnen. Durch den richtigen Umgang mit den Inhalten dieser Hirnwellen bekommen wir die Informationen über uns selbst, die wir suchen. In diesem Kapitel haben wir erfahren, wie wir durch Meditation unser Bewusstsein erschließen und seine Inhalte verändern können. Im nächsten Kapitel befassen wir uns mit der Rolle des High Performance Mind im Zusammenhang mit Heilung und Kreativität.

FÜNF

HEILUNG

Heilen bedeutet, etwas ganz zu machen, zum Guten zu wenden, gesund werden zu lassen. Uns selbst zu heilen bedeutet, jede verfügbare Ressource zu nutzen, um uns physisch, emotional, mental und spirituell ganz werden zu lassen. Andere heilen heißt, dass wir unsere Ressourcen – manchmal sind es die gleichen, die wir für uns eingesetzt haben – nutzen, um anderen Menschen zu helfen, ganz zu werden.

SELBSTHEILUNG

Selbstheilung bedeutet nicht, dass Sie sich allein heilen müssen – dass Sie dabei ganz auf sich selbst gestellt sind. Selbstheilung bedeutet, dass Sie die Verantwortung für Ihre Gesundheit übernehmen, statt Ihre Möglichkeiten und Ihre Kraft anderen zu überlassen. Selbstheilung kann heißen, dass Sie die bestmögliche Behandlung und Medikation aus allen möglichen Quellen aufspüren und wohlinformiert sorgfältig abgewogene Entscheidungen treffen, die auch die Nebenwirkungen jeder Behandlungsmethode berücksichtigen. Ihr bestmöglicher Weg zur Heilung mag nicht nur die Entscheidung für eine Operation einschließen, sondern auch die Suche nach dem besten Chirurgen im Land. Heilung kann aber auch bedeuten, dass Sie eine Operation verschieben oder auf sie verzichten und stattdessen einer Kombination von Kräuterheilmitteln, energetischer Medizin, spiritueller Heilung und Meditation vertrauen. Vielleicht entscheiden Sie sich, dies mit allopathischen Medikamenten zu unterstützen, wenn die Situation es erfordert. *Selbstheilung bedeutet, dass SIE diese Entscheidungen fällen und dass SIE fortlaufend den Heilungsprozess beobachten und Ihre Entscheidungen entsprechend anpassen.*

Wie können wir solche Entscheidungen treffen? Durch Lernbereitschaft, Nachforschungen, Meditation und Vertrauen in eine Kraft, die größer ist als wir. Um in die beste *geistige Verfassung* zur Übernahme dieser Verantwortung zu kommen, können wir ein ausbalanciertes optimales Hirnwellenmuster entwickeln. Gelingt uns die Beherrschung *irgendeiner* biologischen Funktion, verbessern wir damit auch unsere Chancen, andere biologische Funktionen positiv zu beeinflussen. Wenn wir die Verantwortung für das Funktionieren unseres Körpers übernehmen, können wir lernen, unseren Herzschlag zu verlangsamen, unseren Blutdruck zu reduzieren, unsere Körpertemperatur anzuheben, unsere Durchblutung zu lenken und unsere Verdauung zu verbessern. Der Bewusstseinszustand, in dem wir uns befinden, während wir diese Dinge lernen, ist bedeutungsvoll für den Prozess der Selbstheilung.

Das Hirnwellenmuster, das sich optimal für die Selbstheilung eignet, ist in der Regel die Kombination von Beta, Alpha, Theta und Delta, die wir bereits als Awakened-Mind-Muster kennen. Während wir uns in diesem Zustand befinden, können wir alle Aspekte und Ebenen unseres Bewusstseins nutzbar machen, um unsere Gesundheit zu fördern. Das gilt insbesondere für Meditationen zur Selbstheilung, die Imaginationen aller Art einbeziehen. Die Theta-Hirnwellen erlauben den Bildern, aus dem Unterbewussten aufzusteigen und dorthin zurückzukehren. Auf dieser tiefen Ebene der Persönlichkeit können sie wirkungsvoll Einfluss nehmen. Die Alpha-Hirnwellen bilden die Brücke vom Unterbewussten zum Bewussten. Damit kann ein offener Fluss von Sinnesvorstellungen und Informationen aufrechterhalten werden, der wichtig für den Heilungsprozess ist. Beta-Hirnwellen versorgen das Bewusstsein mit einem Zugang zum Unterbewussten über die Alphabrücke. Wir sind ist in der Lage, unsere Gedanken, Ideen und Bedürfnisse unserem eigenen inneren Wesen bewusst mitzuteilen. Ebenso ist es uns möglich, die tieferen Bedürfnisse, Gefühle und Erfahrungen, die in unserem Inneren verborgen sind, zu verstehen.

PSYCHOPHYSIOLOGISCHE ENTSPANNUNG ZUR SELBSTHEILUNG

Obwohl der Awakened Mind normalerweise das optimale Hirnwellenmuster zur Selbstheilung darstellt, ist tiefe geistige und körperliche Entspannung ebenfalls hilfreich. Diese Art der Meditation verlangt keine bewusste Wahrnehmung oder Wachheit von dem Meditierenden. Anstatt über Alpha eine Brücke zum Unterbewussten aufzubauen, taucht die Person so tief wie möglich in ihr Bewusstsein hinab. Wenn wir diesen Zustand in der Abbildung auf Seite 57 lokalisieren wollten, würden wir ihn links unten in der äußersten Ecke ansiedeln.

Beachten Sie, dass die Meditierenden, selbst wenn sie mit reinem Delta das gleiche Hirnwellenmuster produzieren, hier körperlich viel tiefer entspannt sind als im normalen Schlaf. Dies bedeutet, dass sie sich in tiefer Trance befinden. Mit dieser tiefen physischen und mentalen Entspannung sind Körper und Geist in einen stärkenden, regenerativen Zustand, in eine sehr tiefe Erholung eingetreten. Eine Stunde in diesem Ruhezustand kann der Wirkung von mehreren Stunden Schlaf entsprechen. Stellen Sie sich vor, Sie würden zwei Stunden pro Tag in diesem tieferholsamen Zustand verbringen *und* hätten Ihre normalen sechs bis acht Stunden Schlaf – Ihr Körper hätte so viel mehr Zeit zur Heilung.

Diese Heilungsmethode ist besonders bei schwereren systemischen Krankheiten sinnvoll, wenn der Körper viel Ruhe braucht. Max Cade konnte einer seiner Schülerinnen helfen, ihre Krebserkrankung zu heilen, indem er sie täglich für längere Zeit in einen Zustand tiefer psychophysiologischer Entspannung versetzte. Die Tiefe der Entspannung und die Zeit, die sie in diesem Zustand verbrachte, trugen schließlich dazu bei, dass sich ihr Krebs zurückbildete.

Wenn Sie auf diese Art meditieren, ohne krank oder besonders ruhebedürftig zu sein, kann es sein, dass Sie weniger Nachtschlaf brauchen. Manche Menschennutzen diese Meditation, wenn sie einige Zeit ohne Schlaf auskommen wollen. Ich kannte eine Frau, auch eine Schülerin von Cade, die sehr viel Vorbereitungszeit für ihr Hochschulexamen benötigte. Sie versetzte sich jeden Morgen und jeden Abend um acht Uhr in tiefe psychophysiologische Entspannung und meditierte eine Stunde lang. So konnte sie auf den Nachtschlaf ganz verzichten. Sie bestand ihre Prüfung! Ich weiß allerdings nichts über ihren Gesundheitszustand am Ende dieser Zeit, und dies ist keine Vorgehensweise, die ich empfehlen würde. Ich glaube, dass der Körper Schlaf braucht, nicht nur tiefe Ruhe.

Ich gehe davon aus, dass tiefe psychophysiologische Entspannung am wirkungsvollsten im Zusammenhang mit anderen Meditationen zur Selbstheilung eingesetzt wird. Diese anderen Methoden können kaum in der gleichen Meditation eingesetzt werden, weil sie ganz andere Hirnwellenmuster voraussetzen. Sie können jedoch abwechselnd angewendet werden.

Eine weitaus gebräuchlichere Form der Selbstheilungsmeditation setzt die aktive Teilnahme voraus und arbeitet mit Imaginationen. Zwei unterschiedliche Konzepte möchte ich Ihnen vorstellen. Einmal wird der Wandel von der Krankheit zur Gesundheit imaginiert, oder Sie stellen sich vor, dass Sie bereits gesund sind.

DIE HIRNWELLEN BEI IMAGINATIONEN ZUR SELBSTHEILUNG

Wenn Sie ein Awakened Mind-Muster entwickeln wollen, bieten Ihnen die Meditationen zur Selbstheilung ein ausgezeichnetes Hirnwellentraining. Andererseits wird Ihre Meditation zur Selbstheilung am wirkungsvollsten sein, wenn Sie sie im Awakened-Mind-Zustand praktizieren. Dies ist ein Musterbeispiel dafür, wie sich Inhalte und Bewusstseinszustand *gegenseitig* unterstützen.

Meditationen zur Selbstheilung werden im traditionellen Meditationsmuster praktiziert – Alpha, Theta und idealerweise Delta – mit zusätzlichen Beta-Wellen. Dies ist eine *aktive Meditation.* Sie brauchen Beta, um die bewussten Aspekte der Heilung gezielt einbringen zu können. Die Imaginationen, mit denen Sie Ihr Alpha trainiert haben, können hier sinnvoll eingesetzt werden. Die Tiefe von Theta ist wichtig, um die Affirmationen und Bilder der Selbstheilung im Unterbewussten zu verankern, damit sie dort wirksam werden können.

DER WANDEL VON DER KRANKHEIT ZUR GESUNDHEIT

Carl und Stephanie Simonton haben die Technik der Visualisierung zur Selbstheilung in ihrer Arbeit mit Krebspatienten bekanntgemacht. In ihrem richtungweisenden Buch *Getting Well, Again* (Wieder gesund werden; Rowohlt) beschreiben die Simontons, wie sie Imaginationen zur Selbstheilung einsetzen. Ein verkürztes Beispiel für diese Form der Imagination könnte so aussehen: „Sieh den Krebs als rohes Hackfleisch, und stelle dir die weißen Blutzellen als große weiße Hunde vor, die das Fleisch hinunterschlingen."

Obwohl diese Techniken einen dramatischen Einfluss auf das Konzept der Selbstheilung und auf die Haltung vieler Ärzte und Patienten hatten, sprachen die Autoren noch in den Begriffen „sehen" und „sich Bilder vorstellen". Das Sehen dominierte. Diese Art der Selbstheilung wurde auch bei anderen Krankheiten erfolgreich eingesetzt, solange die Person Bilder sehen konnte.

Wie schon weiter vorn gesagt, glauben manche Menschen, deren Eingangssinn nicht das Sehen ist oder die vor ihrem inneren Auge keine Bilder sehen können, dass diese Form der Selbstheilung für sie nicht möglich ist. Dem ist nicht so. Sie können Ihre Krankheit ebenso als Missklang *hören* und die Heilung als wunderschöne Geigenmusik wahrnehmen, die den Lärm überwindet und ihn schließlich ersetzt. Der Krebs kann ein bitterer Geschmack sein und die Heilung der Geschmack süßen Nektars. Sie können die Krankheit als rauhes, schmirgelartiges Gefühl empfinden, während sich die Heilung weich und samtartig anfühlt. Die Krankheit könnte ein fauler, verrotteter Geruch sein und die Heilung der Duft einer Blume oder eines Parfums. Oder es können ruckartige abgehackte Bewegungen die Krankheit repräsentieren, während die Genesung eine weiche, fließende Bewegung ist. Die optimale geistige Vorstellung der Selbstheilung würde ein Bild, ein Geräusch, einen Geruch, einen Geschmack, ein Tastempfinden und eine Bewegungserfahrung zu einer Einheit zusammenführen.

Die Techniken der Sinnesvorstellung sind hier besonders wichtig, da wir sie nicht nur zur Stimulation von Alpha-Wellen benötigen, sondern mit ihrer Hilfe eine möglichst starke positive Imagination unserer Heilung in unserem Unbewussten, Unterbewusstsein und Wachbewusstsein verankern wollen.

SICH SELBST ALS BEREITS GESUND ERLEBEN

Der Haupteinwand gegen das „Von-der-Krankheit-zur-Gesundheit-Konzept" der Imagination ist folgender: Was passiert, wenn der Wunsch nach Gesundheit nicht stark genug ist, wenn die Ängste vor der Krankheit oder ihre Macht die Meditierenden überwältigt haben, wenn die Klarheit, Tiefe und Imagination der Krankheit *stärker* als die Klarheit, Tiefe und Imagination der Genesung ist?

Wenn Sie sich mehr auf die Krankheit als auf Ihre Gesundheit konzentrieren, könnte die Erkrankung durch denselben Mechanismus, den Sie für Ihre Genesung nutzen wollen, verschlimmert werden.

Eine zweite Art der Meditation zur Selbstheilung zielt darauf ab, dass man sich als bereits gesund erlebt. Stellen Sie sich vor, wie Sie sein werden, *nachdem die Heilung stattgefunden hat.* Nutzen Sie all Ihre Möglichkeiten zur Imagination, kreieren Sie eine geistige Vorstellung von Gesundheit – ohne einen Gedanken an die ursprüngliche Krankheit.

Beide Meditationsmethoden sind sehr wirkungsvoll und helfen vielen Menschen. Wenn ich in Gruppen Meditationen zur Selbstheilung lehre, empfehle ich den Teilnehmern, beide Methoden einzusetzen. Wenn man die erste Methode nutzt, sollte man die Meditation mit der zweiten Methode abschließen. Wenn es schwierig ist, sich die Genesung vorzustellen, oder wenn man befürchtet, der

Krankheit zusätzliche Energien zuzuführen, kann man die zweite Meditation als „sicheres" Bild der Heilung einsetzen. Ich empfehle, dass Sie Ihre Meditation immer mit der positiven Vorstellung abschließen, wie Sie sein werden, wenn die Krankheit vollkommen verschwunden ist.

VORBEREITUNG AUF DIE MEDITATION: ALPHA AKTIVIEREN

In den folgenden Meditationen können Sie erleben, wie Sie Ihre Körperfunktionen beeinflussen können. Üben Sie so, wie Sie die Imaginationsübungen in Kapitel 4 angewendet haben. Nehmen Sie sich zunächst Zeit, sich vollständig zu entspannen und Ihren meditativen Zustand einzunehmen.

1. Stell dir vor, wie deine Hände heiß werden. Dazu kannst du jede Imagination anwenden, die dir geeignet erscheint. Spüre, wie du Geschirr in heißem Seifenwasser spülst oder wie du deine Hände an einem heißen Feuer, einem lodernden Holzfeuer, wärmst. Sei vorsichtig, dass du dich nicht verbrennst. Fühle, wie sie wärmer werden. Vielleicht fühlst du sogar, wie das Blut in deine Finger strömt – ein pulsierendes, klopfendes Gefühl, während deine Hände und Finger wärmer und wärmer werden.

2. Fühle dann, wie deine Stirn kühler wird, sehr kühl. Du könntest dir vorstellen, wie du an einem kalten Wintertag draußen durch den Schnee läufst. Ganz vermummt, nur die Stirn ist frei. Der nasse Schnee trifft auf deine Stirn und kühlt sie. Oder lege einen Eiswürfel auf die Stirn, aber pass auf, dass du nicht die Wärme in deinen Fingern verlierst.

3. Versuche dir vorzustellen, dass deine Stirn kühl und gleichzeitig deine Hände warm sind: deineHände sind warm, und in deinen Fingern pulsiert es. Sie schwellen etwas an, wenn das Blut in ihnen zirkuliert; deineStirn ist kalt, die kühle Stelle befindet sich genau in der Mitte deiner Stirn.

4. Lasse diese Bilder nun verblassen, und nimm Kontakt zu deinem ganzen Körper auf.

5. Beginne zu fühlen, wie dein Körper schwer wird – schwerer und schwerer. Verdoppele dein Gewicht, verdreifache dein Gewicht – so schwer, dass du deinen Arm nicht mehr heben könntest, wenn du es versuchen würdest, so schwer, dass du nicht einmal deine Augenlider anheben kannst. Schwer.

6. Und nun werde wieder leichter, immer leichter und leichter – so leicht, dass du nahezu das Gefühl hast, davonzuschweben. So leicht, dass dich nur das Gewicht deiner Bekleidung auf deinem Stuhl hält. Leicht.

7. Kehre langsam in den Normalzustand zurück, zu dem Gewicht, das du gewohnt bist.

8. Fühle jetzt, wie du schrumpfst – Du wirst kleiner und kleiner, wirst zur Hälfte deiner Größe, zu einem Viertel deiner Größe schrumpfen, bis du sehr, sehr klein bist. Du könntest in eine Streichholzschachtel passen. Du kannst es in der Tat jetzt versuchen, nachdem du eine offene Streichholzschachtel mit nur ein paar Streichhölzern darin gefunden hast. Du ziehst dich hoch und krabbelst hinein. Wie fühlt es sich an, über die Streichhölzer zu klettern?

9. Dann wächst du wieder zu deiner normalen Größe und darüber hinaus, größer und größer – zwei Meter, drei Meter und noch größer, bis du doppelt oder dreimal so groß bist wie normal. Nun geh hinaus und setz dich in den Park. Dein Kopf ragt über die Bäume hinaus. Erlebe, wie es ist, auf die Häuser und die Menschen unter dir hinabzuschauen.

10. Werde nun wieder kleiner und kleiner, bis du wieder deine normale Körpergröße erreicht hast. Werde dir wieder deines ganzen Körpers bewusst, deines *ganzen* Körpers.

11. Erlebe nun dein meditatives Selbst, das Gefühl, das du hast, wenn du dich in deinem tiefsten Meditationszustand, deiner tiefsten Trance oder Entspannung befindest. Empfinde, wie sich dein Körper anfühlt und was du erlebst, wenn du dich in tiefer Meditation befindest – und gehe in diesen Zustand hinein.

MEDITATION ZUR SELBSTHEILUNG

Hier finden Sie die Teilschritte für eine Meditation zur Selbstheilung. Nutzen Sie wie immer Ihre stärkste Imaginationstechnik, und erleben Sie Ihre Bilder mit so vielen Sinnen wie möglich.

1. Denke über das Problem nach, an dem du arbeiten möchtest, dann behalte es in deinem Hinterkopf.

2. Entspanne deinen Körper und lass deinen Geist still werden, während du in eine tiefe Meditation versinkst. Erhalte genug Alpha, damit du deine Erfahrungen wach und bewusst erleben kannst.

3. Denke an das Problem, das du heilen möchtest, und finde ein Symbol, das es repräsentiert. Das kann ein Bild, ein Geräusch, ein Geruch, eine Bewegung, ein Geschmack, ein Gefühl oder eine Kombination dieser Sinne sein. Es kann das Problem real oder symbolisch darstellen.

4. Finde ein Bild, das die Krankheit heilen wird. Dies ist ein aktiver Teil der Meditation. Stelle dir vor, wie das Bild der Heilung in dein Bewusstsein tritt und wie es auf irgendeine Weise beginnt, das Symbol der Krankheit oder des Problems zu verändern und zu heilen.

5. Stelle dir mit allen Sinnen vor, wie es wirkt. Verbringe ein paar Minuten damit, die Transformation des Symbols wirklich zu erleben.

6. Wenn du das Gefühl hast, mit diesem Symbol abgeschlossen zu haben, mit deiner Meditation aber an dieser Stelle weitermachen möchtest, kannst du ein anderes Sinnbild für das Problem und ein anderes Sinnbild für seine Heilung ausprobieren.

7. Lass dein Inneres allein weiterarbeiten. Schaffe die nötigen Voraussetzungen, damit sich die Transformation auch nach Ende der Meditation fortsetzt, so dass die Heilung während des ganzen Tages oder der ganzen Woche weitergehen kann.

8. Stelle dir vor, du bist geheilt. Nimm wahr, wie du dich fühlst, wenn das Problem oder die Krankheit *nicht existiert.* Nutze alle deine Sinne, und erlebe dich als gesund.

9. Schaue in die Zukunft, und stelle dir zwei oder drei Situationen vor, in denen du normalerweise durch deine Krankheit behindert wärest. Erlebe dich jetzt als vollkommen gesund und im Vollbesitz deiner Kräfte.

10. Festige dieses Bild in dir. Finde einen Weg, es in dir zu verankern, damit es dir auch nach der Meditation gegenwärtig bleibt.

11. Finde einen Abschluss für deine Meditation. Beende alle unerledigten Angelegenheiten. Erlaube dir, von deiner Meditation ausgeruht und entspannt, aber trotz-

dem wach und frisch ins Hier und Jetzt zurückzukehren. Atme mehrmals tief durch. Dehne und strecke deinen ganzen Körper, und öffne die Augen.

12. Verankere deine Meditation, indem du deine Erfahrungen aufschreibst, sie malst oder über sie sprichst.

SEKUNDÄRER KRANKHEITSGEWINN

Bevor wir mit der nächsten Selbstheilungsmeditation fortfahren, müssen wir uns einem sehr wichtigen Element des Heilungsprozesses zuwenden, das auch Sie betreffen könnte. Wenn sich in Ihrer Erkrankung ein versteckter Gewinn oder ein positiver Aspekt verbirgt, nennt man das „sekundären Krankheitsgewinn". Wenn Sie sich fragen: „Was tut diese Krankheit für mich?", werden Sie vielleicht entdecken, dass sie einen sekundären Gewinn mit sich bringt.

Beispiele für sekundären Krankheitsgewinn reichen von der vielen Menschen vertrauten Erfahrung, am Tag einer schweren Klassenarbeit krank geworden zu sein (der Gewinn ist, die Arbeit nicht mitschreiben zu müssen), bis hin zu Liebe und Aufmerksamkeit, die Ihnen Ihr Partner erst schenkte, als Sie an Krebs erkrankt waren (der Gewinn besteht aus Liebe und Aufmerksamkeit).

Sekundärer Krankheitsgewinn kann komplexer sein, er ist oft nicht so leicht zu entdecken wie in diesen einfachen Beispielen. Ich hatte einmal eine Klientin mit starken Allergien. Durch unsere Arbeit in Theta fanden wir heraus, dass sie in Wirklichkeit eher gegen *Männer* als gegen bestimmte Substanzen allergisch war. Der sekundäre Gewinn ihrer allergischen Reaktionen war ein Schutz vor intimen Beziehungen zum anderen Geschlecht, etwas, vor dem sie sich sehr fürchtete. Es war daher nicht nötig, an ihren Allergien zu arbeiten, sondern daran, ihre Beziehungsprobleme zu Männern zu heilen. Als dieser innere Prozess abgeschlossen war, verschwanden ihre Allergien rasch.

DAS NEW-AGE-DILEMMA

Wir müssen vorsichtig sein, dass wir es mit der Selbstverantwortung nicht übertreiben. Häufig fragt man sich in New-Age-Kreisen: „Warum habe ich diese Krankheit hervorgerufen?" oder: „Wofür brauche ich die Erkrankung?" Wir bewegen uns auf einem schmalen Grat. Einerseits ist in gewisser Weise *alles,* was uns passiert, unsere Verantwortung, angefangen von: „Warum habe ich mir gerade *diese* Eltern ausgesucht?" Andererseits kommen wir in Gefahr, wenn wir in jeden Aspekt unserer Gesundheit und unseres Wohlbefindens eine versteckte Bedeutung und Verantwortung hineinlesen wollen.

Ich glaube an Bakterien und Viren. Es ist gut möglich, krank zu werden, weil uns jemand ansteckt, der gerade neben uns steht. Andererseits mögen die Ernsthaften unter uns fragen: „Warum brauchte ich diese Keime gerade zu jener Zeit?" Die Antwort könnte sein: „Ich habe zu hart gearbeitet und bin über meine Kräfte gegangen, deshalb war ich anfälliger als sonst." In die gleiche Richtung geht die Frage: „Brauche ich die Krankheit vielleicht, um ein paar Tage nicht zur Arbeit gehen zu müssen und mich ausruhen zu können? Hätte ich ein paar Tage freinehmen können, *bevor* ich krank wurde und dadurch die Krankheit vermeiden können?" Wenn wir die verborgenen Hinweise oder den positiven Zweck der Erkrankung erkennen und einen anderen Weg finden, das Problem zu lösen, kann die Erkrankung vielleicht ganz und gar vermieden werden.

Daraus folgt, dass wir nur vorübergehend erfolgreich sein können, wenn wir an einem Symptom arbeiten, ohne seinen tieferen Grund zu finden. Bald würde ein neues Problem auftauchen, das auf den gleichen Ursachen beruht. Wir würden vielleicht aufhören zu rauchen, nur um eine Essstörung zu entwickeln. Oder wir würden die Übelkeit überwinden, aber ein Magengeschwür bekommen, bis wir herausfinden, was wir in unserem Leben nicht richtig „verdauen" können.

Ein Grundprinzip meiner Arbeit ist die Ökologie: Ich glaube, dass alle Teile eines Menschen, wie irregeführt sie auch sein mögen, auf ihre Weise für das Wohl des Ganzen arbeiten.

Die Wurzel eines Problems mag uns anfangs negativ erscheinen – oft als eine Art Bestrafung. Wenn Sie damit arbeiten, ist es sehr wichtig, die negativen Aspekte bis zu ihrer ursprünglichen positiven Funktion zurückzuverfolgen. Die folgenden Beispiele sollen diesen Prozess verdeutlichen:

1. Ein Mann leidet unter ausgedehnten Ekzemen. Er versenkt sich in tiefe Meditation und nimmt Kontakt zu dem Teil von sich auf, der die entstellenden Hautveränderungen verursacht. Er sieht das Bild eines hässlichen, schuppigen Gesichts und fragt nach der Bedeutung des Ekzems. Sein Inneres antwortet: „Es soll dich hässlich machen." Hier können wir nicht aufhören, denn es handelt sich um keine positive Funktion. Er fragt: „Welchen positiven Sinn hat es, dass ich hässlich bin?" „Damit du nicht mit Frauen ausgehst!" „Welcher positive Sinn steckt dahinter, dass ich nicht mit Frauen ausgehe?" „Damit du nicht heiratest" –

immer noch keine positive Funktion. „Welchen positiven Zweck hat es, dass ich nicht heirate?" „*Um dich zu schützen.*" Endlich haben wir den *positiven* Sinn gefunden.

Mit diesem Wissen kann er selbst entscheiden, ob er das Gefühl hat, diesen Schutz noch zu brauchen. Seine Eltern führten eine zerrüttete Ehe, und sein Inneres versuchte alles, um ihm diese Erfahrung zu ersparen. Er könnte sich durch seine Gefühle gegenüber der Ehe hindurcharbeiten und erkennen, dass er sich davor nicht länger schützen muss. Oder er könnte dabei bleiben, nicht heiraten zu wollen, aber mit dem ihm nun zur Verfügung stehenden Wissen andere Wege finden, um unverheiratet zu bleiben. Damit könnte er auf den Schutz durch das Ekzem verzichten.

2. Auch unsere schmerzlichsten inneren Anteile enthalten einen positiven Sinn, wenn man den Menschen als Ganzes betrachtet. Eine Frau ist an der Schwelle zum Suizid. Ein Teil tief in ihr will, dass sie sich umbringt. Wie können wir darin einen positiven Sinn finden? Wir müssen ihn zurückverfolgen. Was ist der positive Sinn des Todes? Flucht. Was ist der positive Sinn von Flucht? Kein Schmerz mehr. Der suizidale Teil in ihr will sie von ihrem unerträglichen Schmerz befreien. Wir müssen dann die Ursache des Schmerzes suchen – den Teil, der ihn erzeugt – seinen positiven Sinn usw. Diese Arbeit kann langwierig und schwierig werden, sie kann jedoch auf unschätzbare Weise psychologische Knoten im Unterbewussten lösen und lange Zeit verborgene Einstellungen, Glaubenssysteme und Lebensanschauungen deutlich werden lassen.

Diese Arbeit muss unbedingt im Bereich der Theta-Hirnwellen stattfinden. Wenn das Unterbewusste dauerhaft verändert werden soll, muss man zunächst einen Zugang zum Unterbewusstsein herstellen. Eine wirkliche und nachhaltige Heilung lässt sich nicht erreichen, wenn man nur über das Problem nachdenkt und in Beta darüber spricht.

Die folgende Meditation behandelt das Problem des sekundären Krankheitsgewinns.

DIALOG MIT DEM UNTERBEWUSSTSEIN

Sei dir der Angelegenheit oder des Problems bewusst, das du verändern willst.

Denke darüber nach, was du heilen willst. Behalte es im Hinterkopf, und lasse es los. Dann lasse deinen Geist klar und still werden.

Beruhige deinen Geist und entspanne deinen Körper

Erinnere dich, wie sich dein Meditationszustand anfühlt, und erlaube dir, dorthin zurückzukehren.

Richte deine Aufmerksamkeit auf deinen Atem. Atme langsam und tief ein und aus. Wenn du willst, verlangsame deinen Atem, indem du deine Hand ein oder zwei Minuten lang im Atemrhythmus auf und abbewegst.

Vergiss nicht, deine Zunge zu entspannen. Wenn du ein leichtes Ziehen am Zungengrund verspürst, sprichst du wahrscheinlich gerade mit dir selbst. Wenn du deine Zunge vollständig entspannst, kannst du keine Selbstgespräche mehr führen, und das Denken wird viel schwieriger. Wenn ein unerwünschter Gedanke auftaucht, entspanne deine Zunge, und atme den Gedanken aus. Atme Entspannung ein und atme deine Gedanken aus ...

Entspanne deinen Körper. Prüfe, ob dein *ganzer* Körper entspannt ist. Gehe deinen Körper durch, ob du irgendwo Spannungen festhältst. Durchleuchte ihn. Nimm die Bereiche wahr, die dunkler sind als andere. Lasse beim Einatmen die Entspannung dorthin fließen, und atme die Spannungen aus. Entspanne deinen Körper weiter, bis du das Licht überall sehen kannst.

Schaffe dir einen Ort der Heilung

Stelle dir einen Ort vor, an dem du heil werden kannst. Er kann drinnen oder im Freien sein. Gehe an diesem Ort der Heilung umher. Achte auf die Farben ..., die Formen ..., nimm die Strukturen wahr, die Atmosphäre, die Temperatur ..., die Geräusche, die Gerüche, sogar den Geschmack. Erkunde den Ort mit all deinen Sinnen. Verändere, was du möchtest, füge hinzu, was immer du für deine Gesundheit und dein Wohlbefinden brauchst. Schaffe dir einen geschützten, sicheren Raum von Klarheit und Gelassenheit.

Meditation

Finde einen bequemen Platz. Setze dich dort nieder, und erlaube dir, in eine sehr tiefe Meditation einzutauchen.

Fühle, wie du fällst ... tief hinein in die Entspannung, in Wärme ... in dich selbst.

Der Teil, der Heilung braucht

Nimm von diesem Ort tief in dir langsam Kontakt mit dem Teil auf, der Heilung, Transformation oder Veränderung braucht. Es mag das Thema sein, an das du vor der Meditation dachtest, oder du entdeckst, dass etwas Tieferes, Bedeutungsvolleres auftaucht, das bereit ist, geheilt zu werden.

Finde ein Sinnbild für diesen Teil

Lasse ein Sinnbild für diesen Teil in dir auftauchen. Dies kann ein Symbol sein, ein Bild, eine Körperwahrnehmung, ein Gefühl, ein Geräusch oder auch eine Stimme in deinem Kopf. Oder es kann einfach eine innere Gewissheit sein, dass dieser Teil da ist.

Beginne den Dialog

Frage diesen Teil, ob er bereit ist, mit dir zu kommunizieren. Wenn er unsicher ist, frage ihn, was geschehen muss, um seine Bereitschaft zu erhöhen.

Es folgen einige Fragen, die Sie diesem Teil von sich stellen können. Jede Meditation und jede Heilung verläuft anders, nehmen Sie daher die Fragen nur als Anregung. Sie können etwas hinzufügen, etwas auslassen oder verändern, was auch immer Ihnen hilfreich erscheint.

- Wie fühlt sich dieser Teil von Ihnen? Wenn er sich durch diese Arbeit in irgendeiner Weise bedroht fühlt, könnten Sie ihm versichern, dass alles, was Sie tun, Ihrem Wohl als Ganzem dient ..., dass Sie heilen und helfen wollen, nicht verletzen.
- Seit wann existiert dieser Teil? Geht es um ein neues Thema oder um ein ganz altes? Das mag Sie zur Frage führen: Wie ist er dort hingekommen?
- Was braucht oder möchte er von Ihnen?
- Welche Rolle oder welchen Zweck erfüllt er in Ihrem Leben? Was ist sein positiver Sinn für Sie? Wenn seine Aufgabe negativ oder unklar erscheint,

verfolgen Sie sie zurück, bis Sie entdecken, welche Funktion diese Schwierigkeiten für Sie erfüllen.

- Spielt dieser Teil eine Rolle, die Sie in Ihrem Leben noch benötigen? Wenn ja, wie kann er dies auf eine Weise tun, die für Sie vorteilhafter ist?
- Wenn nein, wie können Sie diesen Teil verändern? Wenn Sie seine Dienste nicht länger wünschen, lassen Sie ihn höflich, aber entschieden wissen, dass seine Rolle so nicht mehr gebraucht wird.
- Was muss geschehen, damit dieser Teil für Sie heute nützlich und hilfreich sein kann?
- Ist dieser Teil bereit, diese Veränderungen geschehen zu lassen? (Wenn nicht, was muss geschehen, damit er dazu bereit ist? Erinnern Sie ihn daran, dass Sie dies zum Wohle Ihres ganzen Wesens tun und dass sich Ihre Bedürfnisse geändert haben, wahrscheinlich sogar dramatisch, seit dieser Teil und seine Funktion ursprünglich entstand.)

Stelle dir mit möglichst vielen Sinnen vor, wie diese Veränderungen stattfinden.

Gib ihm Anerkennung. Danke diesem Teil für die harte Arbeit, die er für dich geleistet hat. Erkenne an, dass dieser Teil überzeugt war, dir zu dienen, auch wenn er eine Funktion erfüllt, mit der du *heute* nicht mehr einverstanden bist.

Erlaube diesem Teil von dir zu antworten. Frage ihn, ob er dir noch etwas mitteilen möchte.

Prüfe, ob andere Dinge aufgewühlt worden sind

Gibt es noch andere Teile in dir, die dir etwas sagen wollen? Die innere Veränderung könnte andere Aspekte deines Selbst berührt haben, die glücklich, traurig, verstört oder zufrieden damit sind. Gib ihnen Gelegenheit, mit dir zu kommunizieren.

Falls erforderlich, beginne den Dialog erneut mit dem neuen Teil, der mit dir in Verbindung treten will, und bringe ihn zum Abschluss.

Schluss

Wenn du bereit bist, die Meditation abzuschließen, bereite dich einige Minuten innerlich darauf vor, und danke deinen inneren Anteilen für ihre Bereitschaft, an deiner Heilung mitzuwirken. Vielleicht möchtest du eine Verabredung treffen, später an diesem Prozess weiterzuarbeiten oder erneut darüber zu meditieren. Ein Abschluss muss nicht bedeuten, dass der Prozess zu Ende ist.

Bringe es in dein Beta

Verankere deine Erfahrung in einigen Schlüsselworten, Bildern oder Sätzen. Bringe diese mit, wenn du aus der Meditation erwachst. Wenn du deine Erlebnisse in Worte fasst, sie auf Band sprichst, einem Freund erzählst oder sie aufschreibst, wird die Erfahrung fest in deinem Beta-Wachbewusstsein verankert, so dass sie gegenwärtig bleibt und nicht wieder in dein Unterbewusstes zurückgleitet.

Vergiss nicht, dich zu dehnen und zu strecken, tief durchzuatmen und wieder ganz wach zu werden, bevor du deinen Meditationsort verlässt.

Sie werden möglicherweise feststellen, dass Sie durch diese Meditation einen inneren Prozess angeschoben haben und dass es vorteilhaft ist, ihn weiter zu verfolgen und zu beobachten. Selbstheilung ist kein einmaliger Schnellschuss. Sie erfordert Ausdauer, Geduld und den Glauben an die Ihnen innewohnenden Heilungskräfte. Sie können z.B. diese Meditationen täglich für etwa zwei Wochen oder länger durchführen und von Tag zu Tag und Woche zu Woche die Veränderungen beobachten. Besonders, wenn Sie mit einem schwachen, neuen oder bisher verborgenen Teil Ihres Selbst Kontakt aufnehmen, wird regelmäßige Ermutigung und Aufmerksamkeit nötig sein, damit er sein ganzes Potential entwickeln oder einen Zustand des Wohlbefindens erreichen kann.

Die Vielfalt und Komplexität der Bilder, die ich auftauchen sehe, wenn ich mit einzelnen oder in Gruppen arbeite, fesseln mich immer wieder. Häufig kann ich die Lösungen, die zustandekommen, nicht erahnen, weil sie so sehr privat sind und so viele Faktoren aus Vergangenheit und Gegenwart eines Menschen umfassen. Häufig habe ich das Gefühl, als würde ich mit Alice im Wunderland in einen Kaninchenbau kriechen, wenn andere ihre Meditation mit mir teilen. Ich genieße diesen Aspekt meiner Arbeit sehr. Um möglichst hilfreich zu sein, muss ich während des Prozesses sehr gegenwärtig sein und darf keine Lösungsvorschläge einbringen, bevor die Klienten sie nicht selbst entwickeln. Nur wenn jemand steckenbleibt und nicht weiterkommt, gebe ich Anregungen. Meine Rolle in diesen Meditationen ist es hauptsächlich, immer wieder Fragen zu stellen, um den inneren Heilungsprozess zu fördern.

DIE LEBER HEILEN – E.G.

Es folgt ein Erfahrungsbericht eines meiner Schüler, der im Rahmen einer Gruppe im Esalen-Institut in Kalifornien an der eben beschriebenen Meditation teilnahm. Seine Bilder waren besonders lebhaft. Obwohl Heilung auch ohne solche Klarheit in den Details stattfinden kann, fördern deutliche Bilder doch die Effektivität des Heilungsvorganges, auch wenn die Inhalte eher allgemein oder einfach sind.

Das Thema, das ich ursprünglich für die Heilungsmeditation ausgewählt hatte, wollte sich einfach nicht in einer stabilen Form einstellen. Stattdessen wurden alle meine Bemühungen von einer undeutlichen Ansammlung innerer Organe überschattet. Am deutlichsten konnte ich die Leber erkennen. Soweit ich weiß, habe ich keine Probleme mit der Leber oder sonstigen inneren Organen; ich machte mir jedoch Sorgen um meine Ernährung – besonders über das viele ungesunde Essen und den Alkohol, den ich zu mir nehme.

Das Bild von der Leber, ein eher ungestalter dunkler Klumpen, wuchs und wurde deutlicher, während ich darüber nachsann, und schob alle anderen Körperteile aus dem Bild. Dies war offensichtlich mein Thema.

Ich näherte mich der Leber, und sie löste sich in ein Dickicht von großen Büschen auf, fast wie ein Wald. Bei genauerem Hinsehen waren die Blätter von Staub und Ruß bedeckt. Abfall und Schutt lagen auf den Ästen und auf dem Boden verstreut.

Meine erste Idee war, all dies mit einem großen Dampfstrahl zu säubern. Ich schuf einen riesigen Dampfschlauch und begann, ihn auf die dunkelsten Stellen zu richten. Dabei wurden Blätter und Rinde mit dem Schmutz abgerissen, übrig blieb ein bleiches, weißes Skelett von Ästen. Keine gute Idee!

Als Nächstes versuchte ich die Blätter mit Seife und chemischen Lösungsmitteln zu waschen, aber es stank, und die Blätter begannen zu schrumpeln. Unter dem Dreck schienen sie gesund zu sein. Dann schüttete ich eimerweise Wasser über die Blätter. Das half etwas, aber die Aufgabe erschien so riesig, dass ich mich erdrückt fühlte.

Dann hatte ich einen Einfall – ich brachte dunkle Wolken über den Wald und ließ es regnen. Beim Zuschauen wurde ich gewahr, dass ein Teil des Staubes weggespült wurde, aber zu meiner Frustration schien der meiste Dreck haften zu bleiben. Bald jedoch sah ich neue grüne Sprossen zwischen den dunklen Blättern ausschlagen. Farne und andere Pflanzen schossen aus dem frischgewässerten Boden.

Es schien jetzt das Richtige zu sein, den Wald sich regenerieren zu lassen, anstatt das, was falsch war, zu bekämpfen. Ich verbrachte den Rest der Meditation damit, im Regen herumzulaufen, das Grün zum Wachsen zu ermutigen, dafür zu sorgen, dass der Boden feucht und nährstoffreich war, und gelegentlich eine Bierdose oder anderen Unrat aufzuheben.

Nun kann ich jederzeit zurückkehren, um meinen Wald zu pflegen und dafür zu sorgen, dass alles schön wächst und dass es weiter regnet.

E.G. lernte aus der Arbeit mit seinem Unterbewussten, dass seine Leber Heilung brauchte, und er fand einen Weg, damit durch innere Vorstellung zu beginnen. Er benötigte ein paar Versuche, um Bilder zu finden, die für ihn funktionierten. Dieses Beispiel zeigt, wie wertvoll es ist, das Unterbewusste die heilsamen Bilder hervorbringen zu lassen, anstatt Beta einzusetzen – ihr eigenes oder das eines anderen – und sich etwas Ausgedachtes überzustülpen.

BEISPIELE VON SELBSTHEILUNG

Kaiserschnitt

Mitten während eines Kaiserschnittes geriet meine Kollegin und Schülerin Susan in Schwierigkeiten. Während die Operation voranging, fühlte sie sich verwirrt und ängstlich und fühlte sich in einen Schock abgleiten. Ihre Schmerzen wurden immer stärker, sie erlebte etwas, das die Ärzte als „Narkosefenster" bezeichneten. Weil die Anästhesie nicht wie vorgesehen wirkte, erhöhte der Narkosearzt immer wieder die Dosis der Medikamente, um ihre extremen Schmerzen zu lindern.

Das Taubheitsgefühl breitete sich nach oben in ihre Brust aus, und es war ihr, als ob sie nicht länger atmen könne. Sie erinnerte sich dunkel, dass die Ärzte darüber sprachen, sie an ein Beatmungsgerät anzuschließen, wenn die Lungen nicht mehr von selbst atmen würden. Verzweifelt wünschte sie sich, die Geburt ihres Kindes bewusst zu erleben, aber sie spürte, wie sie zunehmend die Kontrolle verlor.

An diesem Punkt wurde ihr klar, dass sie nicht Opfer der Situation sein musste. Sie erinnerte sich an ihre Ausbildung. Ihr fiel ein, wie ich davon gesprochen hatte, dass Yogis leicht mit einem Atemzug pro Minute überleben können. Heute erinnert sie sich, wie sie damals zu sich sagte: „Wenn ein Yogi nur einmal in der Minute zu atmen braucht, dann kann ich das auch." Sie hörte auf zu schreien und nach Luft zu ringen. Bewusst und gezielt verlangsamte sie ihren Atem, so dass sie trotz der geringen Sauerstoffmenge noch bei Bewusstsein bleiben konnte, und konzentrierte sich darauf, den Schmerz so gering wie möglich zu halten. Bildhaft sah sie, wie sie durch den Schmerz ging und ihn verteilte und verwässerte. Sie stellte sich vor, dass sie zwar von Schmerz umgeben war, aber dass sie so konzentriert war, dass sie sich zwischen den „Schmerzmolekülen" bewegen konnte, ohne sie zu berühren. Daraufhin wurde sie „gelöst und heiter und wartete, dass das Baby herauskam". Stolz berichtet sie, dass sie wach und bei Bewusstsein war, als ihr Sieben-Pfund-Baby seinen ersten Atemzug tat, das erste Mal schrie und an ihre Brust gelegt wurde. Heute ist sie überzeugt, dass sie diese Erfahrung ihrer Fähigkeit verdankt, sich an die Meditationstechniken zu erinnern und zu erkennen, dass *sie* die Kontrolle hatte und nicht die Medikamente.

Blindheit

Was wäre besser geeignet, die Wirkung von Meditationen zur Selbstheilung zu beschreiben, als ein Beispiel aus meinem eigenen Leben? Ich fühle mich dankbar, dass ich meine Erblindung überstanden und mich davon erholt habe. Mein persönlicher Weg hat entscheidend zum Verständnis dieser Arbeit und zu meinem Wunsch, höhere Bewusstseinszustände zu erleben, beigetragen.

Als ich 1975 in London lebte, bekam ich Sehstörungen oder sogenannte blinde Flecke in der Makula (dem Ort des schärfsten Sehens) meines linken Auges. Der Augenarzt nannte es nur einen „Pickel auf der Netzhaut". Ich machte mir keine Sorgen, da ich keine Hinweise hatte, dass dies eine ernste oder fortschreitende Erkrankung sein könnte. Die Sehstörungen kamen und gingen mehrmals bis zum Sommer 1976, als sie erneut auftraten und anhielten. Während eines Urlaubs in Griechenland wuchs der blinde Fleck, bis er mein zentrales Sehfeld verdunkelte. Dann kam es auf einem Heimflug in die Vereinigten Staaten zu einer Blutung, und ich wusste, dass ich in ernsten Schwierigkeiten war.

Was die Ärzte in England, wo die Erkrankung sehr selten ist, nicht hatten feststellen können, wurde in Colorado rasch als Oculare Histioplasmose diagnostiziert – eine Degeneration der Netzhaut, die auch in meinem rechten Auge auftreten konnte und vermutlich auch auftreten würde. Nach meiner Rückkehr nach England suchte ich den besten Netzhaut-Spezialisten auf, der die Diagnose bestätigte und mir nahelegte, Blindenschrift zu lernen. Während sich mein linkes Auge immer weiter verschlechterte, war ich in großem Aufruhr. Da es keine medizinische Behandlung gab {niemand würde eine Laserbehandlung so nahe am Ort des zentralen Sehens durchführen), war ich auf mich selbst gestellt, um einen Weg zu finden, wieder gesund zu werden. Obwohl ich von Max Cade von Meditationen zur Selbstheilung gehört hatte, hatte ich nie einen wirklichen Grund gehabt, sie zu praktizieren. Ich begann etwa drei Stunden täglich auf die oben beschriebene Weise zu meditieren. Gleichzeitig informierte ich mich über alternative Heilmethoden und stellte Nachforschungen an, wer mir vielleicht helfen könnte. Meine Suche führte mich zu Mary Simpkins, einer Augentherapeutin aus Eastbourne, England, die eine, wie sie es nennt, „Therapie durch sichtbares Licht" einsetzte. Sie hat ein Instrument entwickelt, das pulsierende Lichtstrahlen aussendet, die sie in Farbe und Pulsfrequenz je nach den Bedürfnissen ihrer Patienten verändert. Dieses Licht mit Wellenlängen im Bereich des sichtbaren Lichtes soll die molekulare Struktur der Retina verändern und helfen, das degenerierte Gewebe zu erneuern. Es fühlt sich an, als ob man lange in ein verlängertes Fernglas blickt mit sanft pulsierenden Farben am anderen Ende.

Ja, sie würde mir helfen können. Unglücklicherweise hatte sie eine Warteliste von sieben Monaten. Ich hatte entschieden, dass Blindheit nicht der Weg war, dem ich in diesem Leben folgen wollte, und versuchte, das mir verbliebene Augenlicht zu erhalten, bis ich meine Behandlung bei Mary beginnen konnte. Ich bediente mich vieler verschiedener Bilder, darunter weiße Lichtstrahlen, die den blutenden Bereich meiner Netzhaut versiegelten, kleine Schwämmchen, die das Blut aufwischten und entfernten, und feines Sandpapier, das die Narben beseitigte. Ich „imaginierte" etwa eine Stunde am Tag und verbrachte zwei weitere Stunden in tiefer psychophysiologischer Entspannung.

Der Heilungsprozess war langwierig und mühsam, aber er öffnete viele Türen für mich. Die Kundalini-Erfahrung, die ich im Anhang beschreibe, begann, wie ich glaube, als Folge der intensiven Meditation, obwohl dies keineswegs mein Ziel oder meine Absicht war. Mein Herz und mein Geist öffneten sich auf eine Weise, die ich nie gekannt hatte.

Nachdem Mary zur Verfügung stand, arbeitete ich viele Wochen mit ihr – oft bis zu einem Monat im Jahr. Mit der Zeit bemerkte ich, wie die Narben zurückgingen. Ich erinnere mich, wie der oberste Buchstabe auf der Sehtafel langsam wieder sichtbar wurde. Als 1981 in meinem rechten Auge eine Blutung auftrat, war ich vorbereitet. Nur einige Wochen war ich praktisch auf beiden Augen blind. Mein linkes Auge nahm seine Funktion wieder auf, und ich konnte sehen! Heute hat mein linkes Auge mit Kontaktlinsen die volle Sehfähigkeit (erinnern Sie sich, mir war mitgeteilt worden, ich würde mein Augenlicht *niemals* wiedererlangen), und ich arbeite noch immer an meinem rechten Auge. Es ist stabil, und ich habe seit Jahren keine Blutung mehr gehabt.

Wie definiert man Selbstheilung? Für mich war der Ausgangspunkt, dass ich die Diagnose nicht akzeptieren würde. Hinzu kam meine Entschlossenheit, die mir half, die nötige Ausdauer aufzubringen, um meine Erkrankung zurückzudrängen. Ich wusste, dass ich es nicht allein schaffen würde, und suchte bei Fachleuten Rat. Es bedeutete, meinen Glauben und meine Hartnäckigkeit zu bewahren und in meine Lebensweise zu integrieren.

ENTDECKUNG EINER KREBSERKRANKUNG DER FALL S.P.

S.P. war eine 29 Jahre alte Beschäftigungstherapeutin, als sie zusammen mit 15 anderen Menschen an einem Fünf-Tages-Seminar teilnahm. Sie hatte nur einmal vorher versucht zu meditieren und fand die Idee etwas lächerlich, sie nannte es „das Ding, wo man stillsitzt und nicht redet".

Ihre Gefühle während der ersten Theta-Meditation beschreibt sie folgendermaßen:

> Ich hatte keine Erwartungen, deshalb war ich sehr überrascht, als ich begann, an meine Mutter zu denken, wie sie mich als Baby auf dem Arm hielt. Bisher hatte ich gar nicht über meine Mutter nachgedacht – ich trug mich mit dem Gedanken, selbst ein Kind zu haben.

S.P. wusste, dass sich ihre Mutter von ihrem Vater verlassen gefühlt hatte. Die Mutter hatte Schwierigkeiten, mit S.P. Kontakt aufzunehmen, als sie drei Monate zu früh auf die Welt kam. S.P. hatte nur wenige Informationen über diese Zeit, außer der.Erinnerung an Fotografien von ihr in einem Brutkasten.
Sie fuhr fort:

> Während der Meditation wurde mir die Geschichte aus dem Blickwinkel meiner Mutter klar. Ich fühlte all ihre Emotionen. Dann nahm ich meine Perspektive ein. Meine Arme waren sehr lang. Ich reckte mich und versuchte meine Mutter festzuhalten, aber ich konnte weder sie noch sonst jemanden erreichen.
>
> Ich versuchte, mit etwas anderem als meiner Haut Kontakt aufzunehmen. Ich erinnere mich, wie ich es mit meinen Augen versuche, aber keine Klarheit bekomme – alles schien wie im Nebel. Während der Meditation fühlte ich, wie ich mich in Richtung der Leute um mich herum ausdehnte, mit etwas, das ich heute meinen „Energiekörper" nenne. Ich konnte aber weder mit meiner Haut noch mit meinen Augen oder mit meinen Armen Verbindung aufnehmen, weil mich der Brutkasten daran hinderte.

Die Traurigkeit kam, als ich das Baby berühren wollte. Ich wollte mich selbst halten. Da tauchte Grumbly auf.

Grumbly war ein kleines, schwarzes Etwas, wie aus Teer, das sich unterhalb ihres Nabels befand. Es hatte Hände und Füße, die sich ständig bewegten wie ein tasmanischer Teufel. Es hatte Krallen, war aber klebrig, so konnte es Dinge packen und verschlingen, sie an sich reißen und verzehren.

Wann immer S.P. in der Vergangenheit an Liebe oder Familie gedacht hatte oder daran, Kinder zu haben, entwickelte sie Ängste, die bis hin zu Panikattacken eskalierten. Während der Meditation, als sie Grumbly wahrnahm, sagte eine Stimme: „Nein, du wirst keine Kinder bekommen können. Solange du nicht etwas veränderst, wirst du das nicht können."

S.P. war sich nicht sicher, was sie verändern sollte. Nach der Meditation, in der Phase der Erdung und während sie ihre Erlebnisse mitteilte, sprach sie davon, dass sie möglicherweise erst mehr mit ihrem eigenen inneren Kind in Kontakt treten und lernen müsse, spielerisch zu sein, bevor sie eigene Kinder haben könne.

Ich erinnere mich, wie ich von meiner Sehnsucht nach einer Familie sprach. Ich schämte mich etwas wegen dieses Wunsches, aber es war befreiend, in einer Gruppe von Menschen darüber zu sprechen und das Gefühl zu haben, dass sie mich verstanden und akzeptierten.

In der späteren Meditation zur Selbstheilung wollte sie mit dem Teil ihres Selbst sprechen, der von dem Schmerz und den Gefühlen im Inneren von Grumbly wusste.

Ich glitt hinaus in dunklem, dichtem Schleim und verwandelte mich. Jetzt war ich etwa 8 Jahre alt. Ich war wie ein Kind, das in einer Höhle gelebt hatte. Ich war verdreckt und verängstigt, dunkel und still, und ich kroch aus einem Spalt hervor.

Als S.P. dieses Bild sah, wusste sie, dass sie einen Weg finden musste, dieses innere Kind zu heilen.

Ich blieb bei dem Gefühl, dass ich ein Kind haben wollte. Je mehr ich darüber nachdachte, während ich auf dem Gelände (des Seminarhauses) umherging, desto klarer wurde mir, dass ich mich untersuchen lassen musste. Irgendetwas hinderte mich daran, glücklich zu werden – ein Kind und eine Familie zu haben. Das Wort „Krebs" stand mir sehr klar vor Augen.

S.P. hatte vor dem Workshop einen Gebärmutterhalsabstrich machen lassen, und das Ergebnis war negativ gewesen.

> Aber durch die Einsichten, die sich aus den Meditationen entwickelten, war mein inneres Gefühl so stark, dass ich mehrere Abstriche an verschiedenen Kliniken machen ließ, da ich den ersten Ergebnissen nicht traute.
>
> Jedes Mal sagte der Arzt, dass mein Gebärmutterhals nicht normal aussah, aber die Tests negativ ausfielen und daher alles in Ordnung sein müsste.

S.P. traute den Ergebnissen der Abstriche immer noch nicht. Zu Hause fuhr sie fort zu meditieren, wie sie es im Workshop gelernt hatte.

> Mein Körper – ich weiß nicht, wie ich es nennen soll – die Stimme, mit der wir in der Meditation in Kontakt treten, welcher Teil von uns es auch sein mag, das innere Wissen – erlaubte mir nicht einzulenken.
>
> Ich ging zu einer Gynäkologin und erzählte ihr die Geschichte von meinen Meditationen und meinen Intuitionen. Sie nahm es eher humorvoll und machte einen wirklich gründlichen Abstrich.

Als die Testergebnisse zurückkamen, fand sich sowohl Krebs wie auch eine Vorstufe davon in S.P.'s Gebärmutterhals.

Drei Operationen waren erforderlich, um den Krebs zu entfernen und den Gebärmutterhals wieder gesunden zu lassen.

> Ich bin so froh, dass ich meiner Intuition gefolgt bin, sonst hätte sich der Krebs auf meine Gebärmutter ausgebreitet und sie hätte entfernt werden müssen. Durch die Meditationen und die Gespräche darüber konnte ich auf meine Körpersprache achtgeben und gut genug zuhören, um einen (letzten) Abstrich machen zu lassen. Hätte ich darauf nicht bestanden, hätte sich der Krebs vielleicht auf andere Organe ausgebreitet.

Jetzt, fast ein Jahr später, nutzt S.P. ihre Meditationen, um zu erforschen, wer sie wirklich ist und was sie vom Leben möchte – und um zu heilen.

HEILENDE ENERGIE FLIESSEN LASSEN

Schließe deine Augen, und erinnere dich an frühere Meditationen. (**)
Erinnere dich an die Tiefe deiner Meditation.
Beginne, diese Tiefe in dir zu spüren. (*)

Fühle, wie du verschiedene Bewusstseinszustände durchlebst, während du dich in dein Inneres versenkst. (**)
Immer tiefer hinab, (**) tiefer, (*)
immer ... tiefer.

(eine Minute Pause)

Während du dich tiefer in die Meditation gleiten lässt, kannst du fühlen, wie sich die verschiedenen Spannungen in deinem Körper lösen. (**)
Wellen der Entspannung und Gelöstheit gehen durch deinen ganzen Körper,(*)
du lässt los. (***)
Lass alle Gedanken, Bilder oder äußere Störungen bedeutungslos werden, (*)
während du dich in diesen tiefen Zustand begibst, der in dir ist. (**)
Vielleicht findest du dort ein Licht, (**)
oder Farben,(*)
Wegzeichen, die dir auf der Reise weiterhelfen, (*)
Führung, die dich leitet, (*)
und geh noch tiefer,(*)
an einen Ort, der sich in dir öffnet, (**)
einen Ort der Freiheit. (*)
Dieser Ort ist grenzenlos, (*)
außer solchen Grenzen, die du selbst setzen möchtest. (**)
Von hier aus kannst du nun beginnen, mit den heilenden Energien des Universums Kontakt aufzunehmen.

(30 Sekunden bis eine Minute Pause)

Du magst diese Energie als Schwingung wahrnehmen(*),
als Licht, (*)
als Klang (*)
oder als eine Stimme,(*)
als Vision, (**)
als Körperwahrnehmung (*)
oder als eine Art Gewissheit, dass sie da ist. (***)
Und du beginnst, diese heilende Energie in dich aufzunehmen, (**)
zu fühlen, wie sie durch deinen Körper strömt, (***)
durch deinen Geist, (**)
durch die innerste Mitte deines Seins.

(30 Sekunden bis eine Minute Pause)

Wenn es in dir irgendeinen Ort gibt, der geheilt werden möchte, (***)
konzentriere die heilende Energie in diesem Bereich. (***)
Sei ganz aufmerksam! (**)
Achte auf die Veränderungen, während die Energie in dir fließt. (**)
Erlaube der Energie, über dich hinweg und durch dich hindurchzuströmen, (**)
fast wie eine Dusche glitzernder Funken und Lichtblitze. (*)
Erlaube diesen feinen Empfindungen, (*)
deinen Geist einzuschließen (**)
und dein Wissen, (***)
und erlaube dir, wenn du möchtest, eine Vision zu haben.

(*Pause für ein bis zwei Minuten*)

Nimm jetzt wieder Kontakt zu deiner heilenden Energie auf. (***)
Nun, während du sie in deinen Körper hineinfließen lässt, (*)
nimmst du vielleicht die Quelle dieser Energie wahr, oder auch nicht. (*)
Es spielt keine Rolle. (*)
Nimm die Energie auf, und lasse sie von oben in deinen Kopf hineinströmen, (**)
durch dein Herz, (**)
ganz hinunter bis zum unteren Ende deiner Wirbelsäule, (**)
und lasse sie deine Lebenskräfte auffrischen und erneuern. (***)

Während du diese Energie in dich aufnimmst, (**)
und sie durch deinen Kopf hinunter durch dein Herz fließen lässt, (**)
leite sie auch durch deine Arme, (***)
hinab zu den Händen. (***)
Und nimm wahr, wie sich deine Hände mit Energie aufladen, (**)
fühle deine Arme, als seien sie Kanäle, (**)
lass die Energie durch den Kopf einströmen, die Arme hinunter, (*)
zu den Händen (**)
und aus den Handflächen wieder hinaus. (***)

Vielleicht spürst du ein leichtes Kribbeln. (***)
Oder du siehst die Energie vor deinem inneren Auge aus den Handflächen ausstrahlen. (***)
Halte dieses Gefühl, (**)
bewahre es in dir, (*)
so dass du in Zukunft die Kanäle noch leichter und wirkungsvoller öffnen kannst.

(*Pause bis zu einer Minute*)

Und in deinem eigenen Tempo (*) und auf deine eigene Weise (*)
gib deinen Dank und deine Anerkennung für das, was du empfangen hast, (***)

und erlaube dir, die Meditation zu beenden, (**)
ohne die Quelle der heilenden Energie zu blockieren.

(*Pause von 30 Sekunden bis einer Minute*)

Wenn du bereit bist, erlaube dir zurückzukehren. (***)
Tauche wieder auf und werde wach, (*)
kehre in die Gegenwart zurück, in den Raum, in dem du dich befindest, und öffne die Augen.

KREIS DER HEILUNG

Ich möchte dieses Kapitel mit einer letzten Heilmeditation beenden. Ihr sollte eine tiefgehende Einführung und Entspannung und eine Beruhigung des Bewusstseins vorangehen.

Spüre ein Gefühl, als würdest du dich rückwärts bewegen, (*)
rückwärts in Sanftheit hinein, (*)
rückwärts in Wärme hinein, (*) lass dich fallen, (**)
und du fällst schnell, immer schneller in eine tiefe Trance; und je schneller du fällst, desto entspannter wirst du. (***)

Während du fällst, wirst du gewahr, wie du verschiedene Bewusstseinszustände durchläufst. (**)
Vielleicht nimmst du sie als Bilder wahr, als Klänge, Stimmen, Körperempfindungen, Gefühle, als Geruch oder Geschmack.(**)
Und du fällst noch tiefer. (***)
Nun beginnst du langsamer zu werden. (*)
Noch fällst du, aber ganz sanft, langsamer, als würdest du abwärtsschweben, (**)
und unter dir, weit, weit unter dir, siehst du einen Kreis; und du fällst genau auf den Mittelpunkt dieses Kreises zu. (**)

Du näherst dich jetzt mehr und mehr, (*)
und je näher du kommst, desto langsamer fällst du, (**)
und du siehst, dass es ein Kreis der Heilung ist, auf dessen Mittelpunkt du dich zubewegst, (**)
bis du genau darüber schwebst. (***)

Und mit wunderbarer Zartheit und Sanftheit landest du genau im Zentrum dieses Kreises, (*)
so dass du symmetrisch in der Mitte des Heilkreises liegst, den du um dich herum klar sehen oder fühlen kannst. (*)
Und die Heilung beginnt. (***)
Sie kann auf verschiedene Weise stattfinden. (**)
Sie kann sich ungewohnt oder auch angenehm anfühlen. (**)
Und während die Heilung deinen Körper ganz durchdringt, erhältst du vielleicht eine Botschaft oder einen Hinweis, wohin dich der nächste Schritt auf deinem Weg führen mag. (***)

Und nun fühle ganz, ganz sanft, wie du dich aus deinem physischen Körper erhebst, hinein in den geistigen Körper, dein Höheres Selbst. (**)
Und die Heilung geht weiter und wird noch stärker, während sie sich auf den geistigen Körper richtet, (**)
und du fühlst dich gut.

(*Pause bis zu einer Minute*)

Und jetzt, während dein Höheres Selbst beginnt, sich heil und erfüllt zu fühlen, bewegst du dich wieder hinab,(**)
durch den emotionalen und den mentalen Körper hindurch, (**) die du reinigst, während du durch sie hindurchgehst, (***) wieder zurück in den physischen Körper, (**)
und nimm die Heilung, die du in deinem Höheren Selbst empfangen hast, mit hinein in deinen physischen Körper, (***)
verankere die Heilung in deinem physischen Körper. (***)
Du fühlst dich ausgeglichen, erfüllt und in Harmonie mit dir selbst. (***)
In Frieden.

SECHS

KREATIVITÄT, LERNEN UND DER AWAKENED MIND

Kreativität kann unterschiedlich aussehen. Meist hat sie damit zu tun, etwas durch eigene Erfindungsgabe zu schaffen, eine Idee, ein Konzept oder einen Gegenstand in die Welt zu bringen, den es vorher in dieser Form nicht gab. Kreativität kann auch etwas verschönern, verfeinern, veredeln oder verändern, was es schon gibt, und es dadurch verbessern. Kreativität finden wir in jedem Lebensbereich. Sie kann bedeuten, ein neues System für den Hausputz zu entwickeln, eine Beziehung befriedigender zu gestalten, ein neues Projekt im Beruf zu verwirklichen oder ein Bild zu malen. Kreativität kann sich darin ausdrücken, wie Sie Ihre Welt sehen und auf Ihre Umwelt reagieren, wie Sie mit Ihren Gedanken und Emotionen umgehen und sogar, wie Sie Ihre Spiritualität entwickeln.

Es gibt nur einen wesentlichen Unterschied zwischen den für Kreativität optimalen Hirnwellen und tiefer Meditation. Wenn Sie kreativ sein wollen, müssen Sie *denken.* Hirnwellenmuster bei Spitzenleistungen sind einfach die der Meditation, ergänzt durch Beta, den Hirnwellen des bewussten Denkens. In Abbildung 1 sehen Sie einige Beispiele. Die Muster unterscheiden sich je nach Art der Aktivität und dem Grundmuster des einzelnen Menschen.

Es ist nicht so einfach, wie es aussieht, die richtige Menge Beta-Wellen für den kreativen Zustand zu produzieren. Beta muss in der passenden Frequenz und im richtigen Umfang hinzugefügt werden. Starkes hochfrequentes Beta bringt uns nicht in den optimalen kreativen Zustand, während abgerundetes Beta aus dem mittleren Frequenzbereich dafür ideal ist. Kreative Zustände lassen sich trainieren. Dabei gehen wir am besten in drei Schritten vor:

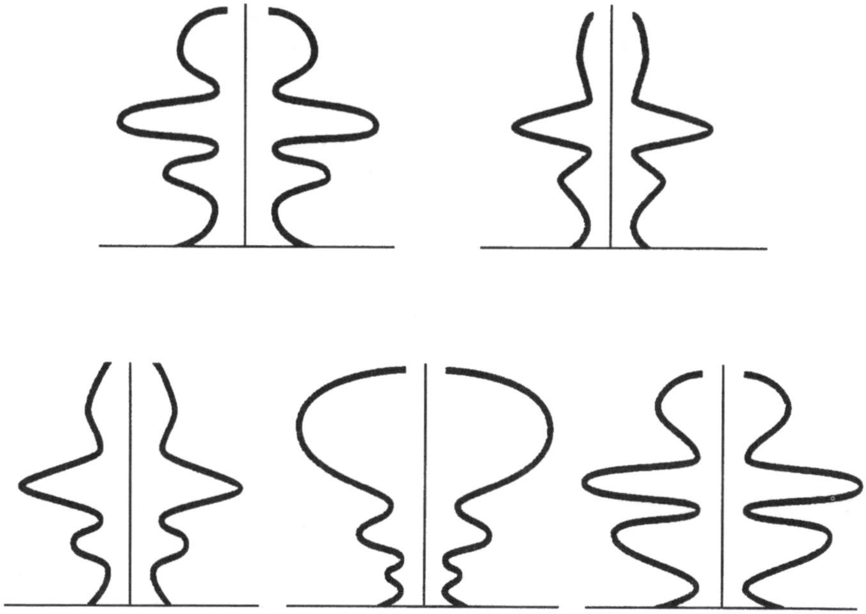

Abbildung 1: Kreativität

- ➤ Zunächst sollte man lernen, wie man das gesamte Beta reduziert, damit man die hohen Frequenzen beseitigt, die sich bei stressgeplagten Menschen so häufig finden.
- ➤ Der nächste Schritt ist, diejenigen Meditationen zu üben, mit denen Sie den Zugang zu den wichtigen Bausteinen Alpha und Theta erlernen.
- ➤ Zum Schluss können Sie Beta Ihrem Meditationsmuster hinzufügen und damit die bewussten Inhalte schaffen, die Sie für Ihre kreativen Vorhaben brauchen.

Wie wir bisher in diesem Buch gesehen haben, kann man auf diese Weise ein Awakened-Mind-Muster jeder Art entwickeln. Ein Awakened-Mind-Muster für Ihre Kreativität wird ähnlich oder identisch aussehen wie ein Awakened Mind, den Sie für Ihre Selbstheilung produzieren. Nur der Inhalt wird sich unterscheiden. Möglicherweise werden Sie mehr Beta produzieren, je nachdem, in welchem Stadium sich Ihr kreativer Prozess befindet. Der Zustand, in dem Sie überlegen, nachsinnen, sanft reflektieren und kreative Ideen aus dem Unterbewussten aufsteigen lassen, könnte wie in Abbildung 2 A aussehen. Hier sehen Sie, dass gerade genug Beta vorhanden ist, um das Wachbewusstsein einzubeziehen. Die

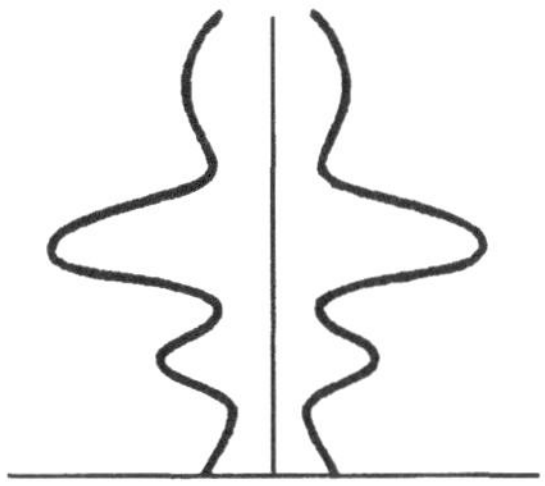

Abbildung 2 A

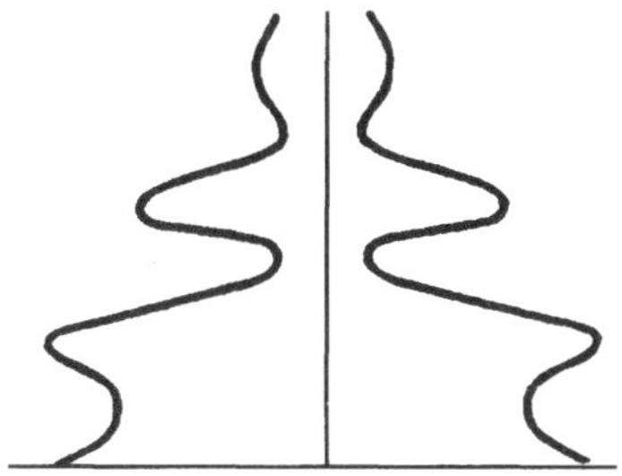

Abbildung 2 B

Alpha-Brücke zum Unterbewussten ist stark, und hochfrequentes Theta macht das Unterbewusste zugänglich.

Sie können auch von einem tieferen Zustand aus kreativ sein, ähnlich wie in Abbildung 2 B, wo das unterbewusste Theta tiefer und stärker ist. Auch hier ist Alpha stark genug, um die Lücke zwischen dem Unterbewussten und dem Wachbewusstsein zu überbrücken. Beta ist aktiv genug, um Ihnen die bewusste Wahrnehmung zu erlauben, nicht aber, um gezielt daran mitzuwirken, worüber Sie gerade nachsinnen. Einen Zustand dieser Art erleben Sie morgens, wenn Sie gerade aufgewacht sind und noch mit den Inhalten Ihres Unterbewussten in Verbindung stehen.

Wenn Sie über etwas nachdenken, tun Sie dies meist von einem bewussten Zustand aus. Von Beta aus fügen Sie Alpha, Theta und Delta hinzu und bewegen sich *hinab* in einen Zustand kreativer Reflexion. Abbildung 2 B zeigt das Gegenteil. Sie beginnen bei einem Meditationszustand und gehen *aufwärts,* indem Sie Beta hinzufügen. Diese tiefe Reflexion kann auch aus einem unbewussten Zustand hervorgehen (d.h. aus dem Schlaf). Vielleicht wachen Sie morgens langsam auf und denken über eine bestimmte Angelegenheit nach, ähnlich, als hätten Sie im Schlaf darüber nachgedacht. Ganz sanft und langsam schleicht sich das Bewusstsein ein. Es mag sich anfühlen, als wenn Sie ein Gespräch mithören, das schon länger andauert. Wenn Sie in diesem tiefen Zustand bleiben können, entwickelt sich manchmal ein langer und bedeutsamer Austausch mit Ihrem Unterbewussten.

FRÜHMORGENDLICHE KREATIVEZUSTÄNDE

Sie müssen das Thema nicht am Abend vorher festlegen, um die frühmorgendliche kreative Zeit zu nutzen – besonders wenn die Angelegenheit stark in Ihrem Unterbewusstsein verankert ist. Im Schlaf wird das Thema durchgearbeitet. Gleich nach dem Aufwachen sind die Hirnwellen weit offen – Theta, dann Alpha, dann Beta. Sie können einfach wahrnehmen, was Sie tief in sich finden und es in Ihr Wachbewusstsein bringen.

Weihnachtskarten

Jennifer, eine langjährige Freundin von mir, erzählte mir die Geschichte ihrer Weihnachtskarten. Wochenlang hatte sie es vor sich hergeschoben, überhaupt darüber nachzudenken, „die verdammten Dinger" zu schreiben. Tief innen wusste sie, dass sie sich mit einigen alten und lieben Freunden austauschen wollte und dass dies eine ausgezeichnete Gelegenheit war, ein paar beschädigte Brücken neu zu bauen. Aber sie fühlte sich überfordert und verwirrt bei dem Gedanken, wo sie anfangen sollte. Sie vermied es, überhaupt etwas zu tun, bis ihr die ganze Sache ein Dorn im Auge war und einen Schatten auf die Feiertage zu werfen begann. Halbherzig suchte sie in einigen Geschäften nach Weihnachtskarten, fand jedoch keine, die ihr gut genug gefielen.

Jennifer erzählte mir, dass sie sich eines Morgens in einem halbwachen Zustand befand, als ihr Geist vollkommen offen und entspannt war und sie sich selbst sah, wie sie die Karten schrieb. Augenblicklich wusste sie genau, wem sie schreiben und was sie mitteilen wollte. Als Nächstes fiel ihr ein, wo sie die unbenutzten Karten vom letzten Jahr aufbewahrt hatte. (Jennifer erzählte mir, dass sie dieses Leiden schon lange kannte – sie hatte seit vielen Jahren Karten gekauft, aber nie geschrieben).

An jenem Tag schrieb sie mit Leichtigkeit Karten an mehr als ein Dutzend Freunde aus der Vergangenheit. Was sie schrieb, kam von Herzen, und sie genoss das Gefühl, Kontakte wieder aufzunehmen. Als ich sie anrief, um mich für die Karte zu bedanken, berichtete sie von ihrer morgendlichen Träumerei und rief aus: „Ich fühle mich, als ob ich meinen Weihnachtskarten-Block für immer los bin."

Wie Sie den frühmorgendlichen Halbschlaf nutzen können

Wenn Sie Ihren frühmorgendlichen Halbschlaf nutzen, können Sie Einfälle aus Ihrem Unterbewussten zurückholen, die Ihnen bisher entgangen sind, oder unerwartete Inspirationen oder neue Ideen entwickeln. Wenn Sie sich ein Ziel gesetzt haben oder konzentriert an einem bestimmten Projekt arbeiten, können Sie Ihr Bewusstsein so programmieren, dass Sie im morgendlichen Halbschlaf Ihre maximale Kreativität nutzen können. Den größten Gewinn aus diesem Zustand ziehen Sie, wenn Sie versuchen, die niedrige Amplitude der Beta-Wellen, mit der Sie aufwachen, nicht zu erhöhen. Behalten Sie einfach den Gegenstand Ihres kreativen Vorhabens fest im Kopf, und denken Sie nicht. Mit anderen Worten, benutzen Sie Ihre Beta-Wellen nur so weit, dass Ihre Betrachtungen Ihnen gerade noch bewusst bleiben.

Wenn Sie ein Problem bearbeiten wollen oder sich fragen, wie Sie sich in einer Situation verhalten sollen, können Sie die Antworten oder Ideen häufig sofort finden. Denken Sie nur daran, dass Sie diesen Zustand nutzen müssen, bevor sich Ihre Kanäle ins Unterbewusste schließen.

Die nächste wichtige Voraussetzung für diese Form kreativen Nachforschens ist Zeit. Sie können nicht entspannt nachsinnen, wenn der Wecker jeden Augenblick klingeln kann. Sie brauchen einfach Zeit, um den aufkeimenden Inhalt Ihrer Theta-Wellen langsam an die Oberfläche steigen zu lassen. Beginnen Sie mit dieser Übung an einem Tag, an dem Sie nicht zu einem bestimmten Zeitpunkt aufstehen müssen, zum Beispiel am Wochenende. Wenn Sie sich daran gewöhnt haben, diesen frühmorgendlichen Zustand zu nutzen, können Sie sich abends vornehmen, täglich eine halbe Stunde vor dem Wecker aufzuwachen, um diese kostbare Zeit nutzen zu können.

Die letzte wichtige Voraussetzung für Ihre frühmorgendliche Kreativität ist es, einen Weg zu finden, die Ideen und Informationen zu behalten, ohne aufzuwachen oder die Beta-Wellen zu stark zu aktivieren. Dies würde sofort die Theta-Wellen unterdrücken. Geschieht dies, ist der Prozess zu Ende. Wie in einigen der früher beschriebenen Meditationen besteht der Trick darin, einen Schlüssel zu finden – ein Symbol, Wort, Konzept oder Bild –, etwas, das die Informationen repräsentiert, die Sie aus Ihrem Theta erhalten haben, ohne ins Detail zu gehen. Wie nach einer Meditation können Sie diesen Schlüssel mit in Ihr Beta-Bewusstsein bringen, wenn Sie aus dem Halbschlaf auftauchen. So werden Sie sich an Ihre Erfahrung erinnern, wenn Sie ganz erwacht sind.

Es braucht vielleicht ein bisschen Übung, um diese tiefen Zustände innerer Reflexion optimal zu nutzen, aber es ist die Mühe wert – oder die Mühelosigkeit wie in diesem Fall. Anstrengung würde nur das Ziel untergraben, die Erfahrung *geschehen zu lassen.* Diese frühmorgendlichen kreativen Bewusstseinszustände kann man nicht erzwingen.Je häufiger Sie morgens mit der *Absicht* aufwachen, mit Ihrer tiefen oder verborgenen Kreativität verbunden zu sein, desto normaler wird der Vorgang werden. Wenn Sie sich andererseits diese Zustände zwar wünschen, aber Ihr Leben von der Uhr bestimmt wird und Sie sich nie länger Zeit dafür nehmen, weil es immer etwas Wichtigeres zu tun gibt, werden Sie die Gelegenheit verpassen, auf diese Weise mit sich in kreativen Austausch zu treten und daraus Nutzen zu ziehen.

Noch eine letzte wichtige Anmerkung: Wenn Sie eine kreative Inspiration aus den Tiefen Ihres Unterbewussten erhalten, handeln Sie danach. Dies wird Ihren Nutzen mehren, was wiederum Ihre Psyche ermutigen wird, den kreativen Prozess zu wiederholen. Wenn Sie immer wieder Anregungen bekommen und sie unbeachtet lassen, schaffen Sie sich selbst ein negatives Feedback, indem Sie sich im Grunde sagen, dass diese Informationen unwichtig sind. Ihr Nichthandeln kann dazu führen, dass Sie immer seltener solche Inspirationen bekommen. Je mehr Sie die kreativen Botschaften aus Theta umsetzen, desto häufiger und selbstverständlicher werden sie Ihnen zufließen.

Ich habe diese frühmorgendliche kreative Zeit oft für die Arbeit an diesem Buch genutzt. Häufig bin ich ins Bett gegangen und hatte ohne bestimmte Absicht einen Abschnitt oder ein Kapitel im Kopf. Mehrmals bin ich nachts oder in den frühen Morgenstunden aufgewacht und „hörte", wie ein Abschnitt des Buches geschrieben wurde. Ich nahm einen Bleistift und schrieb mit.

Ich habe gelernt, schnell zu schreiben und dabei in Trance zu bleiben, um alle Details und Informationen aufzunehmen, die meinem Unterbewussten entströmen. Wenn ich mich aufsetze und das Licht anknipse, damit meine Schrift leserlicher wird, riskiere ich, die Erinnerung an das, was ich gehört habe, zu verlieren. Nachdem mir viele dieser Einsichten entgangen waren oder ich zumindest den Wortlaut nicht behalten konnte, legte ich für den Fall der Fälle Bleistift und Papier auf den Nachttisch. Das tue ich auch heute noch, ohne zu ahnen, was in meinen nächtlichen Träumen aufsteigen wird. Gelegentlich ist das einzig Schwierige, das Gekritzel zu entziffern, das ich am nächsten Morgen neben meinem Bett vorfinde.

Manchmal wache ich morgens mit der vagen Erinnerung auf, dass irgendetwas passiert ist, als ich noch im Halbschlaf war. Aber ich erinnere mich erst, wenn ich meine nächtlichen Notizen anschaue. Meistens kommt dann die ganze Traumfolge wie durch einen Zauber zurück. Solange Sie noch ungeübt sind, empfehle ich Ihnen, sich gleich nach dem Aufwachen hinzusetzen und alle Details in Ihren Aufzeichnungen nachzutragen. Je früher Sie dies tun, desto klarer wird Ihre Erinnerung zurückkehren.

BEWUSSTE KREATIVITÄT

Der kreative Zustand, wie ich ihn oben beschrieben habe, ist sehr passiv. Während Sie sich in diesem Zustand befinden, wird es Ihre wichtigste bewusste Aufgabe sein, den Informationen, Ideen und der Kreativität *zu erlauben,* aus Ihrem Inneren aufzusteigen, und einen Weg zu finden, sie im Wachbewusstsein zu verankern. Andere Formen kreativer Zustände sind aktiver. Je *bewusster* Sie dabei aktiv sind, desto mehr Beta-Wellen werden Sie produzieren. Wenn Sie Ihren kreativen Fluss aktiv steuern wollen, müssen Sie Ihrem Awakened-Mind-Muster mehr Beta hinzufügen. Die Abbildung 3 zeigt, wie das kreative Muster durch mehr und mehr Beta erweitert wird. Ähnlich wie die Selbstheilungsmeditationen in Kapitel V, jedoch mit der Betonung auf Kreativität und Problemlösung, helfen die folgenden aktiven Meditationen das zu entwickeln, was Max Cade den „mentalen Fluss" nannte. Damit meinte er die Fähigkeit, die Bewusstseinsinhalte aktiv zu beeinflussen. Diese treten in vielerlei Form auf: verbal, emotional, musisch, mathematisch, sinnlich (sehen, hören, bewegen, berühren, riechen und schmecken). Wenn wir mentalen Fluss entwickeln, führt dies zu einer „flexiblen Imagination, die die Kreativität fördert und uns aus dem festen Griff des sogenannten normalen Zustandes löst, von dem man uns glauben macht, er sei der wünschenswerteste, der unserer Selbstentwicklung aber enge Grenzen setzt."[1]

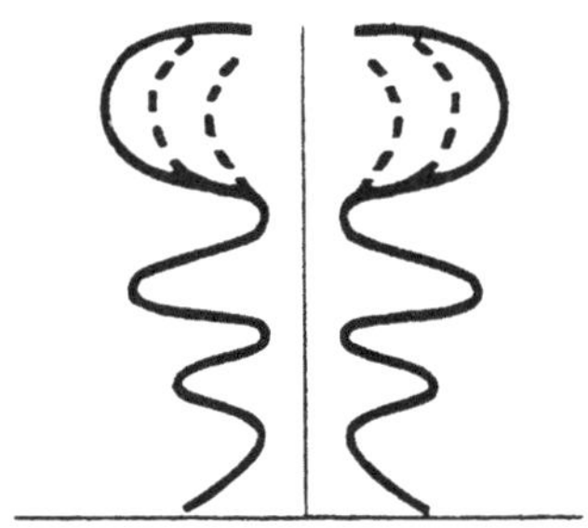

Abbildung 3
Aktive Kreativität
– mehr Beta hinzufügen

Wenn Sie Ihre Bewusstseinsinhalte verändern, lernen Sie nicht nur, wie Sie optimale Hirnwellenzustände entwickeln, sondern Sie erlauben Ihren kreativen Fähigkeiten und Potentialen, sich zu entfalten und zu erblühen. Dabei unterstützt der Bewusstseinszustand die Entfaltung der Inhalte und umgekehrt. Wir werden unsere Übungen in geistiger Flexibilität und unsere Meditationen zur Lösung von Problemen einzig und allein mit dem Ziel beginnen, unsere Kreativität zu stimulieren. Später werden wir uns darauf konzentrieren, bestimmte Probleme zu lösen.

Der Zweck der folgenden Meditation ist es nicht, ein Problem aus dem wirklichen Leben zu lösen, sondern Ihnen zu zeigen, wie Sie so ungehemmt wie möglich kreativ sein können. Lassen Sie nicht zu, dass Ihre Ideen oder Lösungen durch die normale Realität eingeschränkt werden. Finden Sie zwei oder drei imaginative Lösungen für jede Situation. Vielleicht möchten Sie sich auf diese Übung vorbereiten, indem Sie sich vorher einige Zeit entspannen, zur Ruhe kommen und sich in einen meditativen Zustand sinken lassen.

MEDITATION FÜR GEISTIGE FLEXIBILITÄT

Finden Sie kreative Lösungen für die folgenden Situationen:

1. Du befindest dich in einem langen, schmalen Gang mit Wänden an beiden Seiten. Der Eingang liegt weit hinter dir, der Ausgang in weiter Ferne. Plötzlich stehst du einem wilden Löwen gegenüber, der aus dem Nichts aufgetaucht ist …

2. Du stehst am Rand einer tiefen Schlucht und schaust über die zerklüfteten Felsen tief unter dir. Rechts und links wird der Weg durch unpassierbare Felsen verstellt. Hinter dir geht es senkrecht aufwärts …

3. Du hast dich in einem fremden Land verlaufen. Du beherrschst die Sprache nicht und hast kein Geld. Es wird dunkel, und du hast Hunger …

MÖGLICHE LÖSUNGEN

Es ist nicht nur möglich, Ihrer Phantasie freien Lauf zu lassen, sondern sogar ratsam!

1.

- Zaubere eine Tür in die Wand neben dir, und schlüpfe hindurch.
- Werde Dompteur der Bestie. Gib ihr zu fressen, und zähme sie.
- Zeige mit dem Finger auf den Löwen, und verkleinere ihn mit deinen magischen Kräften auf die Größe eines Kätzchens.
- Entdecke Gott in dem wilden Löwen, und sprich ihn auf der spirituellen Ebene an. Bitte ihn, dein Verbündeter und Beschützer zu sein.

2.

- Fülle die Schlucht mit Wasser, und schwimme zur anderen Seite.
- Schwebe die senkrechte Wand nach oben, und gehe dort deines Weges.
- Springe herunter, oder lasse dich langsam herabsegeln, und lande sanft wie eine Feder.
- Benutze deine geistigen Kräfte, und zaubere eine Brücke, über die du gehen kannst.

3.

- Du weißt ganz genau, wo du eine 100-Dollar-Note finden kannst.
- Hinter der nächsten Ecke triffst du einen alten Freund, der gerade in diese Stadt gezogen ist.
- Finde eine Kirche, Synagoge, einen Tempel oder heiligen Ort Deiner Wahl, gehe hinein, und überlasse deine Probleme einer höheren Macht, wissend, dass alles gut sein wird.
- Werde ein Straßenkünstler, und singe für dein Geld. Jemand gibt dir sofort ein kleines Vermögen.

Ihre Lösungen können vollkommen phantastisch sein, wie in den meisten dieser Beispiele, bis hin zu realistischeren Möglichkeiten. Je mehr verschiedene Lösungswege Sie finden können, desto stärker werden Sie Ihre Kreativität aufbauen und mentalen Fluss entwickeln. Sie können sich auch eigene Probleme ausdenken und Lösungen dafür finden. Dabei können Sie allmählich die erfundenen Probleme durch tatsächliche ersetzen, und statt vollkommen unmöglicher Lösungen realistische Auswege suchen. Lassen Sie sich überraschen, auf welche Möglichkeiten Sie stoßen werden.

PEAK PERFORMANCE UND GIPFELERFAHRUNG

»Aha! Ich hab's! Aber was habe ich?«

Obwohl manche Leute noch nie den Ausdruck „Aha-Erlebnis" gehört haben, hat nahezu jeder in seinem oder ihrem Leben diese Erfahrung kurzer Erleuchtung schon gemacht. Während Sie in diesem Zustand sind, ist er unverwechselbar, aber leider ist er häufig allzu schnell vorbei, als wäre er nie dagewesen. Beim nächsten Mal denken wir: „Oh ja! Da ist es wieder!" und vergessen die Erfahrung erneut.

Obwohl das „Aha-Phänomen" ein Aspekt dessen ist, was allgemein als *Gipfelerfahrung* (peak experience) bezeichnet wird, unterscheidet es sich dadurch, dass es kürzer ist. Es ist das momentane Aufblitzen eines intensiven Gewahrseins. Es ist das augenblickliche Verstehen, das mitten in einem langwierigen Forschungsprojekt auftreten kann, oder der Augenblick von Glück und Einssein, den Sie während eines schönen Tages auf der Skipiste erleben. Gipfelerfahrung ist das „Aha", nur dass sie länger anhält, von einigen Minuten bis hin zu Stunden.

Wenn Sie eine „Aha"-Erfahrung spüren, ist es wichtig, dass Sie sie nicht unbeachtet vorübergehen lassen. Wenn Sie diese Erfahrung bewusst wahrnehmen, wird es wahrscheinlicher, dass Sie sie erneut erleben werden. Manchmal führt das Erkennen eines „Aha"-Erlebnisses sogleich zu einem weiteren, und dieses wieder zu einem neuen und so weiter. Ich nenne dies die *„Aha"-Schleife.*

Ich habe diese Ereignisse oft über EEG-Biofeedback identifizieren und verstärken können. Dabei versucht man, den Awakened Mind bewusst und mit offenen Augen aufrechtzuerhalten. Dazu ist es nicht nötig, eine Tiefenentspannung herbeizuführen oder einzelne Komponenten des Hirnwellenmusters gezielt zu beeinflussen. Ich schließe die Person an den Mind Mirror an und verwickele sie in ein Gespräch über etwas, das sie interessant und spannend findet. Die „Aha"-Erfahrung kann man dann auf zwei Arten fördern.

Bei der ersten kommt das Erlebnis direkt vom Klienten. Ich rege ihn zum Beispiel an, mir etwas über sein Lebensziel, seine Spiritualität oder seine religiösen Anschauungen zu erzählen oder über seine neuesten kreativen Projekte oder Pläne. Möglicherweise erreicht er dadurch einen kreativen Gipfel, auf den ich ihn aufmerksam machen kann. Ein solch kurzer Ausschlag von Beta, Alpha, Theta und Delta, der einem sich entwickelnden Awakened Mind entspricht, geht häufig unerkannt und unbemerkt vorüber. Einmal darauf aufmerksam gemacht, *erkennt die Person, um was es sich dabei handelt.* Dieses Erkennen fördert die Wiederholung des Musters. Je länger die „Aha"-Schleife aufrechterhalten werden kann, desto erfahrener wird der Proband darin, diesen Zustand zu erkennen und zu identifizieren, und um so leichter wird er ihn zukünftig hervorrufen können.

Häufig habe ich Klienten gesehen, die wiederholt kurze Awakened-Mind-Muster produzierten und sich über ihre Bedeutung nicht im Klaren waren. Wenn ich jemanden an dieser Stelle während der Sitzung unterbreche und frage: „Was war das?", kommt häufig als Antwort: „Ach, ich hatte da gerade eine Idee, aber es war nichts Besonderes." Ich werde dann der Idee nachgehen, die „nichts Besonderes" war, weil ich weiß, dass sie einem kreativen Zustand entsprang.

Das folgende Beispiel stammt aus einer Therapiesitzung mit einem Klienten. R.N. wollte die Wurzeln eines emotionalen Problems erforschen, das er seit Jahren mit sich trug. Er bestand darauf, dass es mit seiner Mutter zu tun hatte und dass es zwischen ihm und seinem Vater keine Probleme gab. Er produzierte dabei das typische hochfrequente Beta, wenig Alpha und kein Theta. Während des Gespräches über seine Mutter entwickelte er ganz unerwartet für den Bruchteil einer Sekunde ein schönes, vollständiges Awakened-Mind-Muster. Ich unterbrach ihn sofort und fragte ihn, was gerade passiert war. Er war verblüfft, woher ich wissen konnte, dass gerade etwas geschehen war, und erwiderte: „Ich hatte gerade ein Bild von meinem Vater, wie er mich schlug." Es leuchtet ein, dass wir von nun an unsere Nachforschungen auf seinen Vater konzentrierten.

Seine Erinnerung blitzte nur kurz auf und war gleich darauf wieder verschwunden. Hätte ich ihn nicht darauf angesprochen, hätte er wahrscheinlich das Bild ignoriert und es noch tiefer in seinem Unterbewussten vergraben. Das Erkennen dieses „Aha" öffnete für R.N. neue Wege in seiner Entwicklung.

Viele Leute ignorieren ihre plötzlichen Geistesblitze in ähnlicher Weise. Sie nehmen einfach an, sie seien nicht kreativ, also könnten auch ihre Einsichten nicht besonders wertvoll sein. Oder sie denken, es gäbe darin bestimmt einen Fehler, oder sie seien sowieso nicht gut genug, ihre Pläne auch auszuführen, oder ..., oder ... Eine Einsicht kann blitzartig bewusst werden. Da viele Menschen nie ermutigt wurden, an diese Inspirationen zu glauben, erkennen sie sie nicht, oder sie erkennen sie vielleicht, aber handeln nicht danach.

Eine Klientin, G.D., fühlte sich unter Druck gesetzt, da sie eine Osteraufführung für ihre Kirche inszenieren sollte. Sie hatte zu viel versprochen und zu wenig delegiert, dadurch wurde sie sehr ängstlich, fühlte sich überfordert und wurde krank. Als sie zu mir kam, wusste sie nicht mehr aus noch ein und hatte das Gefühl, etwas Unmögliches schaffen zu müssen. Ich hörte ihr einige Zeit zu und bat sie, über mögliche Lösungen nachzudenken. Während sie sich beklagte und darauf bestand, dass die Situation unlösbar war, flackerte kurz ein Awakened-Mind-Muster auf. Ich hielt sie mitten im Satz an und fragte sie, was sie gerade gedacht hatte. Sie sagte: „Ach, das könnte ich niemals tun!" Ich fragte sie, was sie niemals tun könnte. Anfangs wollte sie nicht einmal darüber sprechen, aber als ich ihr das Awakened-Mind-Muster erklärte, gab sie nach. G.D. erklärte, dass ein großer Teil des Bühnenbildes, das sie selbst herstellen musste, vielleicht nicht unbedingt nötig war, und dass sie dadurch ihre Arbeitsbelastung halbieren könne. In der verbliebenen Zeit überarbeitete G.D. ihren Plan, so dass sie ihre Belastung verringern konnte, trotzdem ihre Zusagen einhielt und mit den gefundenen Lösungen zufrieden war. In der folgenden Woche kam G.D. entspannt und zufrieden zu mir und berichtete stolz über eine sehr erfolgreiche Osteraufführung.

Was kann ich tun, wenn jemand keinen Awakened Mind produziert, während er über seine Ziele, seine Bestimmung, Ideale oder Inspiration spricht? Eine zweite Möglichkeit, ein „Aha"-Erlebnis hervorzurufen, besteht darin, die Person auf einen Aspekt ihres Bewusstseinszustandes aufmerksam zu machen und ihn in der Sprache der Hirnwellen zu beschreiben. Dies wird oft einen Augenblick des Erkennens und der Einsicht auslösen, der dann zu einer „Aha"-Schleife weiterentwickelt werden kann.

Aber wie kommt es, dass dadurch ein Awakened Mind stimuliert wird? *Jeder kennt sein eigenes Bewusstsein besser als irgendjemand sonst.* Die meisten Menschen haben niemals versucht, mit Worten zu beschreiben, wie ihr Bewusstsein funktioniert. Trotzdem suchen sie vielleicht gerade deshalb meine Hilfe. Ich lehre sie eine neue Sprache. Ich gebe ihnen ein Vokabular, mit dem sie ihre Bewusstseinszustände beschreiben können. Dann schaue ich mir ihren individuellen Bewusstseinszustand auf dem EEG an und beschreibe ihn mit diesem Vokabular, das ich ihrer persönlichen Erfahrung angepasst habe.

Wenn Sie über Ihren eigenen Bewusstseinszustand direktes Feedback bekommen, während es vor Ihrem inneren Auge „passiert", ruft dies ein „Aha"-Erlebnis hervor. Ich nutze dieses „Aha", um weitere „Aha"-Erfahrungen zu stimulieren und so weiter. Viele Menschen können so bis zu einem Dutzend Awakened-Mind-Muster aufblitzen lassen, bis das Bewusstsein dessen müde wird. Dann setzt sich das normale Wachbewusstsein wieder durch und beginnt, die Erfahrung zu verarbeiten.

Was ist also gerade passiert? Wenn die Hirnwellen auf diese Weise einen vorübergehenden, flüchtigen Awakened Mind ausbilden, werden das Wachbewusstsein, das Unterbewusste und das Unbewusste füreinander offen und sind ohne Hindernisse und Barrieren miteinander verbunden. Die Informationen können gleichzeitig in alle Richtungen fließen. Durch Beta-Wellen verkörperte Lernerfahrungen werden augenblicklich auf das Unterbewusste übertragen, wo sie auf eine tiefere Weise verstanden werden. Dieses Erkennen einer tieferen inneren Wahrheit wird sogleich dem Wachbewusstsein übermittelt. Das Bewusste, das Unterbewusstsein und das Unbewusste begegnen sich und verschmelzen in einem Augenblick umfassenden Verständnisses – Aha!

Ich traf mich einmal mit dem Vorstandsvorsitzenden eines großen englischen Unternehmens in seinem Büro und besprach mit ihm seine Hirnwellen. Wir begannen darüber zu sprechen, wie seine spirituelle Entwicklung seine Arbeitsethik beeinflusste, als er ein starkes Awakened-Mind-Muster produzierte. Ich hielt das Bild auf der Anzeige an und zeigte es ihm. Er sagte: „Sie meinen, das ist es?!" Als ich bejahte, produzierte er augenblicklich einen weiteren Awakened Mind. Dies gelang zwölfmal, bevor er zur Ruhe kam. Dann begannen wir daran zu arbeiten, wie er das gleiche Muster bewusst herbeiführen konnte.

Es gibt jedoch einen kleinen Unterschied zwischen den Hirnwellen eines „Aha" und denen eines normalen Awakened-Mind-Musters.Die „Aha"-Erfahrung zeigt sich als kurzes Aufflackern eines *sehr starken* Awakened-Mind-Musters von *hoher Amplitude.* Wenn Sie dieses Muster kontinuierlich aufrechterhalten könnten,

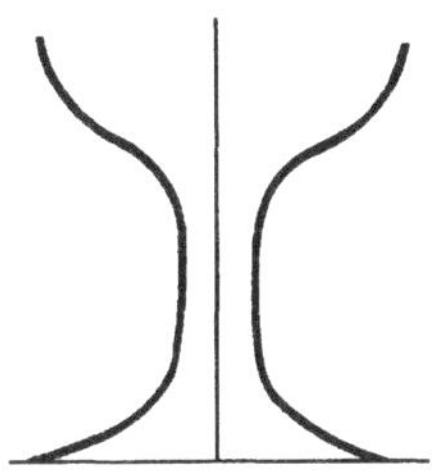

Abbildung 4 A: Vor dem „Aha"

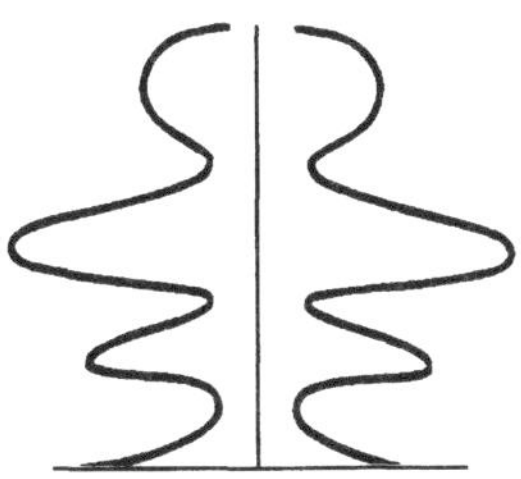

Abbildung 4 B: „Aha"

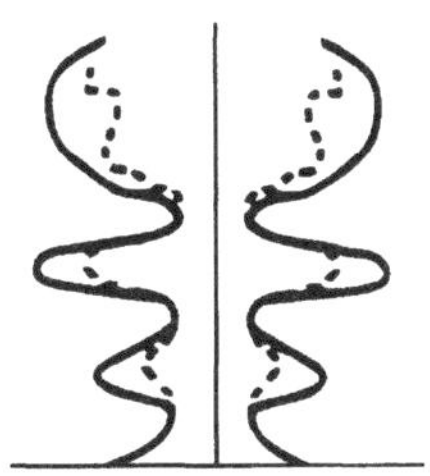

Abbildung 4 C: Peak Performance

würde das heißen, andauernd in einer Gipfelerfahrung zu leben. In Abbildung 4 A sehen Sie ein Muster, wie es vor einem „Aha" aussehen könnte. Abbildung 4 B zeigt ein Aufflackern, das von einer Sekunde bis zu einer Minute dauern kann, bevor sich das Bild wieder dem vorigen Muster annähert. Kennzeichnend für dieses Awakened-Mind-Muster ist die extrem hohe Amplitude der Alpha- und besonders der *Theta-Wellen.* Diese hohe Amplitude lässt sich kaum über längere Zeit aufrechterhalten. Wahrscheinlich ist es das kurze heftige Aufflackern selbst, das die Erfahrung der Erkenntnis vermittelt.

PEAK PERFORMANCE

Wie oben erwähnt, unterscheidet sich Peak Performance vom Aha durch die Dauer, die Art, wie sie sich entwickelt, und die Intensität bestimmter Frequenzen im EEG. Sie beginnt nicht als plötzliches Aufflackern, sondern vielmehr als entwickeltes stabiles Muster. Alpha und Theta sind von niedrigerer Amplitude, die Theta-Amplitude ist in Relation zu Alpha niedriger. In anderen Worten, das Unterbewusste ist nicht so offen wie im Aha, der Kanal für den Informationsfluss ist nicht so weit geöffnet wie in dem kurzen Augenblick extremer Erkenntnis (siehe Abbildung 4 C). Es gibt noch einen weiteren Unterschied. Im Zustand der Peak Performance fluktuiert Beta in Frequenz und Amplitude je nach Art der gerade ausgeübten Tätigkeit.

Da der Peak Performance ein Awakened Mind zugrunde liegt, ist dieser Zustand ebenso lernbar wie die Selbstheilung. Ich hatte Gelegenheit, das EEG eines Musikers beim Komponieren, das einer Choreographin beim Einstudieren ihres neuesten Tanzes und das eines Tänzers bei der Arbeit zu beobachten. Alle zeigten verschiedene Kombinationen von Beta, Alpha, Theta und Delta in einem Awakened-Mind-Muster. Kreativität ist jedoch nicht auf die Künste beschränkt. Mathematiker bei der Arbeit an einem schwierigen Problem, Buchhalter beim Ausrechnen von Steuern, Wissenschaftler, die eine neue Theorie entwickeln, Athleten im Wettkampf oder im Ringen um die persönliche Bestleistung, Skifahrer in den Winterferien, das Ehepaar beim Saubermachen und Dekorieren des Hauses, Manager während einer Vorstandssitzung, Floristen beim Zusammenstellen eines Blumenstraußes, sie alle können das EEG-Muster Peak Performance produzieren.

Wie können wir also unsere Fähigkeit verbessern, Zustände von Peak Performance zu erreichen?

1. Trainieren Sie Ihre Gehirnwellen, und entwickeln Sie einen Awakened Mind.
2. Meditieren Sie regelmäßig.
3. Lernen Sie, sich bei jeder Art von Aktivität zu konzentrieren.
4. Setzen Sie sich ein Ziel, bevor Sie mit Ihrer Tätigkeit anfangen.
5. Praktizieren Sie Awakened-Mind-Techniken, Übungen und Meditationen, unmittelbar bevor Sie Ihre Aktivität beginnen.
6. Geben Sie sich jedesmal positives Feedback, wenn Sie eine Peak Performance erleben, egal, wie schwach oder flüchtig sie sein mag.

Erwarten Sie nicht unbedingt, dass Ihre Peak Performance auf dem Gebiet eintritt, auf dem Sie es sich am meisten wünschen. Seien Sie offen für Peak Performance in *allen* Lebensbereichen. Natürlich wollen Sie auf Ihrem Gebiet gute Leistungen erbringen, aber das wird mit der Zeit kommen. Jedesmal, wenn Sie *tatsächlich* Peak Performance erleben, sei es bei Hobby, Sport oder bei einer eher unwichtigen Tätigkeit, schätzen und respektieren Sie Ihre Erfahrung, geben Sie sich positives Feedback, als sei sie in Ihrem Spezialgebiet eingetreten. Trennen Sie den *Zustand* von seinem *Inhalt.*

INNERE ASPEKTE VON PEAK PERFORMANCE

Versuchen Sie wahrzunehmen, wie sich der Zustand anfühlt, unabhängig von seinem Inhalt. Spüren Sie, wie sich Ihr Körper anfühlt, was in Ihren Gefühlen vor sich geht, wie Ihr Verstand arbeitet. Achten Sie darauf, wie Sie atmen, worauf Sie sich konzentrieren, wie Sie sitzen, stehen oder sich bewegen.

Finden Sie Wege, die Erfahrung zu verankern, ähnlich wie nach einer Meditation. Finden Sie Symbole, Bilder oder Worte, die beschreiben, was Sie innerlich fühlen. Bündeln Sie Ihre Erfahrungen in ein paar Schlüsselbegriffen oder Symbolen. Versuchen Sie, Ihre Erfahrung zu wiederholen, indem Sie sich Ihre Schlüssel vergegenwärtigen. Kehren Sie in diesen Bewusstseinszustand zurück, als wenn Sie einen inneren Schalter betätigen würden. Manche Menschen vergleichen es eher mit dem Auf- oder Zudrehen eines Reglers. Was für ein Bild Sie auch wählen, das Wichtigste ist, dass Sie Ihren eigenen inneren Schlüssel finden und ihn benutzen, um das Tor zu Ihren persönlichen höheren Bewusstseinszuständen zu öffnen.

ÄUSSERE BEDINGUNGEN VON PEAK PERFORMANCE

Merken Sie sich den Wochentag, die Tageszeit, den Ort, die Temperatur, wann Sie das letzte Mal gegessen haben, wie viel Sie letzte Nacht geschlafen haben, und jedes Ereignis, das Ihre Episode von Peak Performance begünstigt haben könnte. Seien Sie Ihr eigener Forscher. Achten Sie jedesmal auf die Umstände, wenn Sie eine Peak Performance erleben. Nach einigen Malen werden Ihnen die Ähnlichkeiten und Unterschiede auffallen. Dies sind unschätzbare Informationen. Damit können Sie geeignete Bedingungen schaffen, damit Ihre Perioden von Peak Performance häufiger und länger werden und sich mehr auf die von Ihnen gewünschten Inhalte konzentrieren.

Wenn Sie feststellen, dass Ihre Peak Performance immer mit nüchternem Magen eintritt, was halten Sie dann von einem ausgedehnten Mittagessen direkt vor einer wichtigen kreativen Tätigkeit? Wenn Ihre Peak Performance immer zu einer bestimmten Tageszeit auftritt, möchten Sie vielleicht Ihre wichtigste Arbeit in diese Zeit legen. Die Kenntnis Ihrer inneren Schlüssel und der äußeren Bedingungen kann Ihnen helfen, Peak Performance zu erreichen, wann immer Sie es wünschen.

Meditation über ein bestimmtes Vorhaben oder eine Aktivität kann sowohl die richtigen Hirnwellen für die Peak Performance stimulieren helfen als auch den gewünschten Inhalt. Vielleicht möchten Sie die folgende Meditation durchführen, nachdem Sie sich entspannt haben und Ihr Geist sich beruhigt hat. Bedenken Sie, dass dies eine *aktive Meditation* ist. Sie sollten sich also nicht so tief entspannen, dass Sie die bewusste Wahrnehmung verlieren. Diese Meditation kann einige Minuten dauern oder auch eine Stunde, je nach dem, wie sehr Sie in die Details gehen möchten und wie viel Zeit Sie in jeder Phase verbringen möchten.

Die nun folgende Meditation ist sehr allgemein gehalten. Ich stelle an einigen Stellen verschiedene Möglichkeiten zur Wahl. Passen Sie sie bitte Ihren eigenen Bedürfnissen an. Je genauer und detaillierter Sie in Ihren Bildern und Inhalten werden können, desto effektiver wird die Meditation sein.

KREATIVITÄT

- Erlaube zu Anfang deinem Bewusstsein, alle Gedanken loszulassen.
- Lege alle Gedanken an Kreativität, dein augenblickliches Projekt oder etwaige frühere Blockierungen beiseite.

➤ Erlaube dir, ganz im Hier und Jetzt zu sein, und nimm einfach deinen Atem wahr.

➤ Erinnere dich, wie sich deineEntspannung anfühlt ..., wie es sich anfühlt, tief innen mit dir im Frieden zu sein ..., und ziehe dich dorthin zurück.
➤ Erinnere dich an das Gefühl, deine Beta-Wellen loszulassen ..., und lasse allen Stress in deinem Körper los.
➤ Erforsche deinen Körper, und finde heraus, ob du noch irgendwo Spannungen festhältst.
➤ Erlaube deinem Kopf und deinen Gesichtsmuskeln, sich zu entspannen ..., deinem Nacken und deinen Schultern ... Armen und Händen, Brustkorb und Bauch ... Rücken und Wirbelsäule ... Hüften und Becken ... Beinen und Füßen.
➤ Wenn du bestimmte Bereiche nur schwer entspannen kannst, atme einfach dorthin, und lass die Spannung mit dem Ausatmen los.

➤ Nimm nun wahr, wie dein ganzer Körper entspannt ist ...
➤ Dein Bewusstsein ist friedlich und still ...
➤ Deine Gefühle sind ruhig und klar ...
➤ Dein Geist ist in Frieden ...

➤ Von diesem Ort innerer Stille, Harmonie und Entspannung kannst du langsam beginnen, Bilder in deinem Bewusstsein auftauchen zu lassen.
➤ Stell dir eine passende Umgebung für das vor, was du erschaffen möchtest. Es kann ein Büro oder ein Arbeitszimmer sein, eine Werkstatt oder ein Laden, ein Studio oder eine Galerie, eine Küche oder ein Salon, ein Stadion oder ein Sportplatz, ein Klassenzimmer oder ein Auditorium, ein Theater, eine Halle, ein Schwimmbad, eine Skipiste ...
➤ Gestalte die bestmögliche Umgebung für dein kreatives Unterfangen.
➤ Mache dein Umfeld sicher, bequem, attraktiv, entspannend und anregend.
➤ Gebrauche alle deine Sinne...
➤ Gehe darin umher ..., achte auf die Farben und Formen ... die Beschaffenheit und Strukturen...die Geräusche, Gerüche und auch auf den Geschmack.
➤ Wenn es ein Raum ist, welche Ausstattung oder Möblierung hat er? ... Welche Beleuchtung? ... Hat er Fenster? Wenn ja, wie ist die Aussicht, und können die Fenster abgedunkelt werden, wenn du es wünschst?
➤ Wenn es im Freien ist, wie sieht die Landschaft aus? ... wie ist die Atmosphäre? ... wie die Temperatur und das Wetter? ... die Tageszeit?
➤ Sind andere Leute an deinem Projekt beteiligt? Wenn ja, welche Rolle spielen sie? Wo befinden sie sich in deinem Bild? Wie stehen sie zu dir in Beziehung?

➤ Welchen Ort du für dein kreatives Vorhaben auch wählst, erlaube dir, den bestmöglichen Raum für deine Zwecke zu schaffen.

➤ Nun begib dich selbst an diesen Ort ...
➤ Wie bist du für deine optimale kreative Leistung gekleidet? Hast du Spezialkleidung an (einen Kittel oder eine Schürze, eine Uniform, ein Kostüm, formelle Kleidung oder einfach bequeme Sachen)? Stell dir vor, wie du genau richtig angezogen bist.

➤ Gehe in deiner Umgebung umher. Genieße es. Verändere, was immer du möchtest. Gebrauche alle Sinne, und mache dich mit deinem kreativen Ort noch vertrauter.

In diesem Teil der Meditation haben Sie durch Imagination Ihre Alpha-Wellen entwickelt und gestärkt, die ein essentieller Bestandteil des Hirnwellenmusters Ihrer höchstmöglichen Kreativität sind. Gleichzeitig haben Sie vielleicht einige wichtige Informationen über Ihre Arbeitsumgebung und über Ihre Bedürfnisse erhalten. Es ist jetzt Zeit, die Meditation zu vertiefen und sich zu erlauben, die Theta-Wellen der kreativen Schatzkammern Ihres Unterbewussten zu entwickeln. Zu diesem Zweck treten wir jetzt in einen tiefen inneren Zustand ein.

➤ Lasse deinen Ort ganz still werden. Wenn sich dort noch andere Leute befinden, halte die Szene langsam an, bis sie zu einem Standbild in deiner inneren Vorstellung wird.
➤ Finde einen bequemen Platz, an dem du dich setzen kannst, und erlaube dir zu meditieren.

➤ Fühle, wie Du in der Meditation ganz tief nach innen gehst ..., als würdest du in einen tiefen Brunnen hinabsteigen...
➤ immer tiefer ... hinab

➤ Vielleicht kannst du dich an eine Zeit der Peak Performance in der Vergangenheit erinnern, als deine Kreativität frei fließen konnte und du genau *wusstest*, was du tun musstest ... und wie du es tun musstest.
➤ Erinnere dich, wie sich dies in deinem Bewusstsein anfühlte ...
➤ Erinnere dich, wie sich dies in deinem Körper anfühlte ...
➤ Erinnere dich an deine Emotionen...
➤ Erinnere dich, wie sich dies in deinem Geist anfühlte ... die Aufregung und innere Schaffensfreude ... das Vergnügen, etwas zu erreichen ... das Gefühl von Einsicht.

- ➤ Wenn du dieses Gefühl in deinen Erinnerungen findest, hole es jetzt hervor.
- ➤ Tauche wieder in diesen Zustand ein.
- ➤ Und gehe noch tiefer in dein Inneres…
- ➤ tiefer und tiefer …

- ➤ Es gibt einen inneren Ort des Wissens um alle Dinge …
- ➤ einen Ort der Klarheit …
- ➤ einen Ort des Lichts …
- ➤ einen Ort des Verstehens …
- ➤ einen Ort der Weisheit …
- ➤ einen Ort des Scharfsinns …
- ➤ einen Ort der Leichtigkeit.

- ➤ Und während du beginnst, dich an diesem Ort niederzulassen, fühlst du, wie sich etwas in dir öffnet … ,
- ➤ und du wirst aufnahmebereit für das, was du erschaffen möchtest. Du wirst offen für die Möglichkeiten … die Einfachheit … die Eleganz … die Tiefe und die Kraft …
- ➤ Du beginnst auf einer tiefen Ebene zu verstehen…
  … was du tun musst,
  … was du sagen musst,
  … was du fühlen musst,
  … was du wissen musst,
  … was du erfahren musst,
  … was du ausdrücken musst,
  damit du das erschaffen kannst, was du erschaffen möchtest.
- ➤ Und erlaube dir, das, was du erschaffen möchtest, zu visualisieren …, dir mit allen Sinnen vorzustellen …, zu imaginieren … und in deinem Bewusstsein zu erschaffen.

- ➤ Stell dir vor, wie es geschieht.. .
- ➤ Du erlebst es, als sei es real … tatsächlich *ist* es real, während du deiner Kreativität freien Lauf lässt.

- ➤ Das Projekt entfaltet sich vor deinen Augen.
- ➤ Da ist keine Anstrengung, nur Leichtigkeit, während du dich beobachtest, wie du dein Vorhaben verwirklichst.
- ➤ Es wird alles ganz klar…
- ➤ Vielleicht hat bisher noch etwas gefehlt. Dieses fehlende Teil kommt nun an seinen Platz.

➤ Vielleicht war dort eine Blockierung, eine Stelle, wo du in deinem Vorhaben hängengeblieben bist. Die Lösung oder Lösungen erscheinen … wie aus heiterem Himmel.
➤ Du kannst die Veränderung in dir spüren … und es fühlt sich gut an.

➤ Vielleicht möchtest du noch etwas Zeit mit deinem kreativen Projekt verbringen, es weiter verfolgen, es sich entfalten lassen, es zu dir sprechen lassen, ihm zuhören und es weiterentwickeln.

Erlaube dir, kreativ zu sein…

(Nimm dir so viel Zeit, wie du brauchst, um deine Kreativität fließen und sich entwickeln zu lassen.}

➤ Bald wird es Zeit sein, in die äußere Welt zurückzukehren und die Meditation in die Praxis umzusetzen.
➤ Finde nun langsam einen Schluss für deine Meditation.
➤ Es ist sehr wichtig, dass du dich an die Erfahrungen dieser Meditation *erinnerst* und sie ins Bewusstsein bringst.

➤ Nimm dir einen Augenblick Zeit, Dinge, an denen du noch arbeitest, zu Ende zu bringen …
➤ Dann erlaube dir, deine Entdeckungen oder neuen Ideen herauszukristallisieren und zu bündeln.
➤ Finde Bilder, die die kreativen Möglichkeiten verkörpern, die du erkundet hast, und behalte diese Bilder im Bewusstsein.

➤ Nimm wahr, wie sich dein Körper und dein Bewusstsein anfühlen, damit du das nächste Mal, wenn du in diesen Zustand zurückkehren möchtest, nur dieses Gefühl wachzurufen brauchst.

➤ Wenn du so weit bist, werde dir noch einmal der kreativen Umgebung bewusst, die du um dich herum geschaffen hast.
➤ Erlaube dir, an diesen Ort zurückzukehren, den du dir so deutlich vorgestellt hast …
➤ und bring deineErinnerungen aus der Meditation mit dorthin.
➤ Nimm dir etwas Zeit, über deine kreativen Erfahrungen in der Meditation nachzudenken.

➤ Möchtest du noch Veränderungen vornehmen, damit die Fülle und die Realität der inneren Vision und Erfahrung sich für dich in der äußeren Welt manifestieren können?
➤ Wenn ja, stell dir vor, wie du diese Veränderungen vornimmst ... leicht, klar und bewusst.
➤ Was muss in deinem äußeren Leben geschehen, damit deine innere Kreativität zur äußeren Realität werden kann?

➤ Stell dir vor, wie dies geschieht, und gebrauche dabei so viele Sinne wie möglich.

➤ Wenn du so weit bist, erlaube dir, deine kreativen Erfahrungen in Worte zu fassen und sie dadurch in deinem Wachbewusstsein zu verankern. Schreibe sie auf, solange sie noch frisch sind, oder sprich sie auf Band, zeichne sie oder erzähle sie einem anderen Menschen.
➤ *Verwirkliche deine Kreativität in der äußeren Welt.*

➤ Denke daran, dass du immer an diesen inneren Ort zurückkehren kannst, um dich auszuruhen, zu entspannen, klar zu werden, in deiner Mitte zu ruhen und kreativ zu sein ...

Setzen Sie Ihre kreativen Ideen sobald wie möglich um. Nehmen Sie sich die Zeit und Energie, um die Ergebnisse dieser Meditation zu verwirklichen.

WAS SIE TUN KÖNNEN, WENN SIE FESTHÄNGEN...

Viele von uns werden gelegentlich erleben, dass uns nichts aus unserer Sackgasse herauszubringen scheint. Wir sind im Stillstand, vielleicht verwirrt oder verblüfft, dass wir so festgefahren sind, vielleicht gelangweilt oder ärgerlich oder einfach zerstreut.

Sie können Ihren toten Punkt wie jede andere Situation überwinden oder heilen.

Finde ein Bild für diese Blockierung,und beginne einen Dialog mit ihr.
Finde die positive Funktion des Hindernisses und die notwendigen Schritte, um die Sperre zu überwinden.
Du kannst den Block auch ansprechen, indem du dir das Problem, das er repräsentiert, mit allen Sinnen vorstellst. Nähere dich ihm von allen Seiten, offen, ohne

Erwartung oder Beurteilung. Gehe um ihn herum, erkunde ihn. Fließe mit ihm, unter ihm, über ihn, durch ihn hindurch. Erlebe ihn in seinen verschiedenen Aspekten oder Perspektiven, bis du eine winzige Öffnung findest, einen Ort, durch den du nach innen gelangen kannst, um dort Veränderungen vorzunehmen.
Lass dein Bewusstsein mit diesen Bildern frei und spielerisch umgehen, und warte ab, was passiert. Dabei können Energien frei werden, von denen du nie geahnt hast, dass du sie besitzt. Neue Perspektiven können sich eröffnen. Entscheidungen können getroffen werden, die den Ablauf der Ereignisse dramatisch und unerwartet verändern. Entwickle geistige Flexibilität, die Fähigkeit, deine Bewusstseinsinhalte zu beeinflussen.

Die folgenden Beispiele aus meiner Arbeit veranschaulichen, wie man den Zugang zu seiner Kreativität verbessern kann.

Die Prüfung zum Immobilienmakler

Einer meiner Langzeitklienten fiel bei seiner Prüfung zum Immobilienmakler zweimal hintereinander durch. Er war überragend in der Kommunikation und beim Verkauf, aber schwach in dem für den Abschluss erforderlichen mathematischen Verständnis. M.C. beherrschte die Methodik und konnte seinen Kunden die richtigen Zahlen ausrechnen, aber er war im Examen wie blockiert und konnte die Berechnungen nicht in der vorgesehenen Zeit durchführen. In unseren Sitzungen vor seiner dritten und letzten Prüfung stellten wir fest, dass ihn die Angst vor dem Versagen so unter Druck setzte, dass er nicht mehr klar denken konnte.

Wir brauchten einen Schlüssel, der ihm helfen würde, sich zu entspannen. In tiefer Meditation fragte er sein Unterbewusstsein nach einem solchen Schlüssel. Er fand eine professionell aussehende Aktentasche, eine zusammengerollte Zeitung und einen Schirm. Er übte, während des Lernens entspannt zu bleiben, indem er das Bild in sich wachrief. Am Tag der Prüfung fühlte sich M.C. nervös und unsicher. Er berichtete später, dass er glaubte, es würde nicht funktionieren. Aber als der mathematische Teil an die Reihe kam und sich seine Nervosität steigerte, hielt er inne, schloss die Augen und imaginierte seine inzwischen vertraute Aktentasche, die Zeitung und den Schirm. Mit einer Vision von all den Erfolgen, die er in seinem Beruf als Immobilienmakler haben würde, beendete er den mathematischen Abschnitt des Tests und bestand mit gutem Erfolg. Und ein einfaches Bild half ihm dabei.

Eine Präsentation planen

Dr. T.H. war eingeladen, seine Forschungsarbeiten während einer renommierten wissenschaftlichen Tagung auf Hawaii zu präsentieren. Da er das erste Mal einer Gruppe sehr berühmter Wissenschaftler gegenübertrat, war er verständlicherweise nervös, was seine Präsentation anging. Obwohl er sich auf seinem Gebiet sicher fühlte, wusste er nicht, wie viel er von seiner Arbeit vorstellen und wie weit er ins Detail gehen sollte . Auch über den Stil und die Art der visuellen Darbietung war er sich im unklaren. Seine Angst und sein Perfektionismus hinderten ihn, diese grundlegenden Fragen zu lösen. Als der Kongress näher und näher rückte, rief er mich voller Verzweiflung an.

Ich riet ihm, die Tagung zu vergessen, sich in tiefe Meditation zu versenken, sein Bewusstsein ganz klar werden zu lassen und in einen Zustand tiefen Friedens einzutreten. Als Nächstes bat ich ihn, sich seinen Vortrag von Anfang bis Ende detailliert vorzustellen. Da er so tief entspannt war und weder Druck noch Lampenfieber fühlte, konnte Dr. H. klar erkennen, was genau er sagen wollte und wie er seine neuen Ideen am besten vermitteln konnte. Gegen Ende der Meditation schlug ich ihm vor, sofort eine Zusammenfassung seines Vortrages niederzuschreiben und ihn auf diese Weise vorzubereiten.

Als er von der Tagung zurückkehrte, berichtete Dr. H. stolz, dass ihm nicht nur sein Vortrag leicht und reibungslos von der Hand gegangen war, sondern dass die Aufnahme durch die wissenschaftliche Gemeinschaft, der er angstvoll entgegengesehen hatte, seine kühnsten Träume übertraf.

Unmittelbarer Zugang zur Kreativität – eine persönliche Erfahrung

Manchmal werden Sie *sofort* eine kreative Lösung für ein Problem benötigen. Sie haben keine Zeit, eine Nacht darüber zu schlafen oder sich wenigstens zu entspannen und ein paar Minuten zu meditieren. Sie müssen sofort zu einer kreativen Lösung kommen.

Dies trifft besonders auf meine mehr therapeutische Arbeit zu. Gelegentlich arbeite ich mit Klienten, die zerstörerische, traumatische Erfahrungen verarbeiten müssen. Unter diesen Umständen ist manchmal das richtige Wort oder der richtige Satz von mir entscheidend für den Erfolg der Sitzung.

Einmal arbeitete ich in Deutschland mit einem Klienten, der sich in tiefer Regression befand und den Holocaust wiedererlebte. Da es bei dieser Art Arbeit oft auf den richtigen Zeitpunkt ankommt, weiß ich normalerweise, was ich wann sagen muss. Der Haken an dieser Situation war, dass mein Klient kein Englisch und ich kein Deutsch sprach. Ich arbeitete mit einem Übersetzer, der meine Worte auf Deutsch wiederholte und dann auf Englisch erwiderte, was mein Klient gesagt hatte – selbst im besten Fall ein recht mühsamer Vorgang. Meistens klappte es recht gut, weil der Übersetzer sehr geschickt war und schon häufiger mit mir gearbeitet hatte.

In dieser Situation erwachte mein Klient jedoch aus einer sehr schmerzhaften tiefen Trance. Ich wusste, dass meine nächsten Worte genau richtig sein mussten. Ich traute der Genauigkeit der Übersetzung nicht, ich war nicht einmal sicher, was ich sagen sollte. Auch war ich besorgt, dass es ihn stören könnte, mein Englisch zu hören. Ohne nachzudenken, atmete ich tief durch, erweckte mein tiefstes Unterbewusstes und hörte wie ich auf Deutsch zu ihm sprach. Er öffnete die Augen, lächelte, vergoß ein paar Freudentränen und umarmte mich. Bis heute weiß ich nicht genau, was ich sagte; ich weiß nur, dass es das Richtige war.

Kreativität unter der Dusche

Viele Leute haben mir berichtet, dass sie am liebsten unter der morgendlichen Dusche meditieren. Ich kann das gut verstehen, denn ich habe diese Zeit garantierten Ungestörtseins und Friedens seit Jahren kreativ genutzt. Wenn ich unter dem warmen Regen heilenden Wassers stehe, kann ich meine Gedanken leicht loslassen, und mein Bewusstsein wird still. Ich nutze die Gelegenheit, mich mit meiner spirituellen Quelle zu verbinden, und widme den Tag seiner höheren Bestimmung. Dann lasse ich eine Vision auftauchen, wie sich der Tag am besten entfalten kann. Manchmal sehe ich Bilder, höre Unterhaltungen, habe Körperwahrnehmungen oder gebrauche andere Sinne, um mir den bestmöglichen Tagesablauf vorzustellen.

Wenn ich vor einer besonders schwierigen Situation stehe, nutze ich diese Zeit, um die Umstände in Licht und Frieden zu sehen, und bitte um innere Führung. Die morgendliche Dusche wird so eine Zeit der Heilung und Regeneration wie auch der Kreativität und des Plänemachens.

KREATIVITÄT MIT OFFENEN AUGEN – DER KÜNSTLER IN UNS

Menschen, die bei ihrer kreativen Tätigkeit auf den Gebrauch ihrer Augen angewiesen sind, können häufig Alpha- und Theta-Wellen mit offenen Augen produzieren. Dies habe ich bei bildenden Künstlern beobachtet, die ich gemessen habe. Sie können Alpha mit offenen Augen oft besser produzieren, während sie künstlerisch arbeiten, z.B. malen.
Um ihre Kreativität zu erhöhen, haben Künstler zwei Möglichkeiten: Sie können mit der oben beschriebenen Meditation vor ihrer künstlerischen Aktivität meditieren, oder sie können lernen, während ihres Schaffens mit offenen Augen ein Awakened-Mind-Muster zu produzieren.

Alpha mit offenen Augen

Wenn du mit offenen Augen kreativ sein willst, beginne damit, kurz innezuhalten und während der Vorbereitung deine Augen zu schließen. Richte deine Aufmerksamkeit nach innen und sammle Dich. Sende dein Gewahrsein nach innen, wie in den Konzentrationsübungen in Kapitel 4 beschrieben. Lass deine Gedanken los, konzentriere Dich auf deine Atmung, werde still.

Wenn du bereit bist, öffne deine Augen ganz langsam einen Spalt, und lasse Licht in dein Gesichtsfeld. Fühle, wie du die Wahrnehmung der Außenwelt *hereinholst,* anstatt *aus dir herauszugehen,* um ihr dort zu begegnen. Erlaube deinen Augen jetzt, sich weiter zu öffnen und mehr Formen, Gestalt und Farbe einzulassen, ohne die entstehenden Bilder bewusst zu identifizieren oder zu benennen.

Als Nächstes erlaube deinem Blick, auf dem Gegenstand deines Schaffens zu ruhen. *Erlaube dem Bild, zu dir zu kommen.* Gehe nicht aus dir heraus, um es zu holen, sondern bringe es in dich hinein, während du dir deiner Innenwelt bewusst bleibst.

Erlaube dir, noch tiefer in dein Inneres einzutauchen – in die geheimen Winkel und Quellen deiner Kreativität. Auf diesem Wege wirst du beginnen können, mit offenen Augen Zugang zu deinem *Theta* zu bekommen. Begib dich in deine Tiefen, während du den Gegenstand deines Schaffens nach innen holst.

Und nun beginne deine kreative Tätigkeit. Fühle die Verbindung zwischen deiner inneren Tiefe und deinem äußeren Ausdruck. Lasse deinen Verstand, deine bewussten Gedanken und dein höherfrequentes Beta beiseite. Analysiere nicht, urteile nicht, erwarte nichts. *Sei* einfach *mit* deiner Kreativität. Lasse dem Zusammenspiel zwischen deinem Inneren und seinem Ausdruck freien Lauf. Fühle den Fluss, und halte ihn aufrecht. Aber vor allem genieße den Zustand, in dem du dich befindest und das Erlebnis des Schaffens.

Wenn du irgendwann das Gefühl hast, deinen Fluss zu verlieren, halte inne, und sammle dich wieder in deinem Inneren – du kannst auch die Augen schließen, wenn es dir hilft. Dann verschmilz wieder mit dem Gegenstand deines Schaffens, und lasse deinem kreativen Tun erneut freien Lauf.

Sie können dies mit einem Gemälde oder einer Skulptur versuchen, einer Designaufgabe oder einem Plan, an einem Computerbildschirm oder einem Konzeptentwurf oder in jeder anderen Situation, die Ihre visuelle Aufmerksamkeit während Ihrer Tätigkeit erfordert.

HIRNWELLENTRAINING IM BÜRO

Meditation im Büro wird in den USA mehr und mehr akzeptiert. Ich kenne jedoch eine Menge Leute, die sich nicht wohlfühlen, wenn sie am Schreibtisch oder in der Cafeteria meditieren. Häufig machen sie in der Mittagspause einen Spaziergang und meditieren im Park oder setzen sich für ein paar Minuten in ihr Auto. Eine Schülerin von mir stellte die Rückenlehne ihres Autositzes zurück und meditierte *jeden Tag* eine halbe Stunde zur Mittagszeit.

Da dies eine hilfreiche, gesunde und ausgesprochen kreative Übung ist, freue ich mich, dass immer mehr Unternehmen Meditationsräume einrichten. Manchmal werden sie auch als Ruheraum, Antistressraum, Refugium oder als Kreativitätszentrum bezeichnet. Das Licht sollte gedämpft sein, mit sanfter Musik im Hintergrund, und es sollte eine Übereinkunft geben, dort nicht zu sprechen. Verschiedene bequeme Möbel von Liegesesseln bis hin zu Meditationskissen auf dem Boden oder auf einer Plattform können das Bild vervollständigen. Dazu kommen frische Blumen und ein passendes Kunstwerk als I-Tüpfelchen. Anstatt peinlich berührt zu sein, wenn sie die Augen schließen und meditieren, können die Angestellten ermutigt werden, sich im Meditationsraum Zeit zu nehmen, um über ein bestimmtes Problem nachzudenken oder sich nach einer schwierigen Sitzung zu erfrischen. Idealerweise würde man auch Gehirnwellentraining und Biofeedback-Geräte auf Wunsch zur Verfügung stellen.

Was können diejenigen tun, denen kein Meditationsraum zur Verfügung steht, die aber im Büro ihr inneres Gleichgewicht halten wollen, sich entspannen möchten oder während eines hektischen Arbeitstages so kreativ und wach wie möglich sein wollen?

1. Machen Sie reichlich von den Einminuten-Meditationen Gebrauch, die in Kapitel IV beschrieben sind. Natürlich wird dies leichter sein, wenn Sie etwas Privatsphäre haben, als wenn Sie Ihr Büro mit anderen teilen.

2. Üben Sie, Alpha mit offenen Augen zu produzieren. Sie müssen kein bildender Künstler sein, um mit geöffneten Augen kreative Zustände zu nutzen.

3. Atmen Sie! Das Beruhigendste, was Sie tun können, wenn Sie gestresst sind, ist die bewusste Verlangsamung Ihrer Atemfrequenz. Während Sie beispielsweise den Problemen oder Beschwerden Ihres Vorgesetzten zuhören, können Sie gleichzeitig Ihres rhythmischen und langsamen Atems und Ihrer entspannten Herzfrequenz gewahr sein. Das hilft nicht nur, ruhig zu bleiben, sondern schafft Gelöstheit und die richtige Perspektive, wenn man Krisen bewältigen muss.

4. Außerdem können Sie einen Energiekreis in Ihrem Körper schaffen, wenn Sie Situationen voller Stress gegenüberstehen. Sitzen Sie mit sich berührenden Handflächen oder – ebenso effektiv – formen Sie einen Kreis mit Daumen und Mittelfinger. Das hilft, den Energiefluss in Ihrem Körper zu unterstützen und Konzentration und Gleichgewicht aufrechtzuerhalten.

5. Sitzen Sie mit gerader und entspannter Wirbelsäule, ohne die Beine übereinanderzuschlagen. Auch dies setzt Energien frei, die Sie nutzen können.

6. *Nutzen Sie Ihre Vorstellungskraft!* Wenn Sie sich einer schwierigen Begegnung oder Situation gegenübersehen, nehmen Sie sich vorher einige Minuten Zeit, mit sich alleine zu sein. Gebrauchen Sie alle Ihre Sinne, und stellen Sie sich vor, wie die Situation auf die gesündeste und erfolgreichste Art und Weise abläuft. Imaginieren Sie Ihre eigenen Handlungen und Reaktionen als ruhig, stark, kreativ und angemessen.

7. Nutzen Sie gewöhnliche Tätigkeiten als Meditationsübung. Wenn Sie sich etwas zu trinken holen gehen, nutzen Sie die Gelegenheit, ganz wach und achtsam zu sein. Seien Sie sich jeder Bewegung bewusst, und seien Sie dabei ganz gegenwärtig – nicht mit den Gedanken in der Vergangenheit oder in der Zukunft. Nehmen Sie Gerüche, Geschmack, visuelle Eindrücke, Geräusche, Berührung und Ihr Körperempfinden wahr, kosten Sie jede Sekunde aus, und bleibenSie in der Gegenwart.

8. Suchen Sie sich Verbündete unter Ihren Kollegen. Sie werden vielleicht überrascht sein, wie viele von ihnen ebenfalls meditieren. Dies bringt Unterstützung – wenn Meditation ein akzeptables oder sogar geschätztes Gesprächsthema wird, wird man Ihre Meditationspraxis unterstützen, und Sie werden sich freier fühlen, häufiger und offener zu meditieren.

9. Unterstützen Sie andere in ihrem Bedürfnis nach Zeit zur Entspannung und Reflexion.

HIRNWELLENMESSUNG UND TRAINING IN DER GESCHÄFTSWELT

Die Messung von Gehirnwellen wurde bereits erfolgreich bei der Besetzung von Managementpositionen und von Headhuntern der Industrie eingesetzt. Managementberater verfügen oft über eine Vielzahl von Methoden, um die Eignung von Bewerbern zu prüfen. Dazu gehören schriftliche psychologische Tests, Eignungsprüfungen, Intelligenztests und persönliche Interviews. Ein zusätzliches EEG-Profil könnte ausschlaggebend sein für die Entscheidung, welcher Kandidat für eine Position am besten geeignet ist. Dies könnte besonders dann der Fall sein, wenn eine Sprachbarriere die schriftlichen Tests unzuverlässiger macht, insbesondere, wenn es sich um eine Position handelt, die weniger sprachliche Fertigkeiten erfordert.

HIRNWELLENTRAINING IN EIN UNTERNEHMEN BRINGEN

Wirtschaftsunternehmen arbeiten auf vielen Ebenen. Wenn Zeit und Ressourcen begrenzt sind, ist es am effektivsten, Hirnwellentraining auf der Ebene des oberen Managements durchzuführen. Wenn die Schlüsselpositionen mit Mitarbeitern besetzt sind, die einen Awakened Mind erreichen können, wird dies unmittelbare positive Auswirkungen auf die darunterliegende Ebene haben, auch wenn das eigentliche Training dort nicht durchgeführt werden kann.

Wenn Zeit und finanzielle Mittel begrenzt waren, habe ich in Unternehmen nach dem folgenden Modell gearbeitet: Ich habe individuelles Hirnwellentraining für das obere Management durchgeführt und Workshops und Gruppentraining auf der Ebene des mittleren Managements abgehalten. Diese Vorgehensweise ist sicher nicht ganz optimal, aber die Resultate waren für das Unternehmen als Ganzes positiv.

Viele führende Manager, die ich gemessen habe, kommen einem Awakened-Mind-Muster sehr nahe. Alpha, Theta und Delta sind gut zugänglich, aber häufig ist Training zur Verminderung hochfrequenten Betas erforderlich. Sobald der Awakened Mind entwickelt ist, muss das Muster stabilisiert werden, damit es beständiger wird.

Ich habe in verschiedenen Situationen im Bereich von Organisationsentwicklung gearbeitet und bin unterschiedlichen Anforderungen begegnet. Ein Unternehmen hat mich zum Beispiel engagiert, um individuelles Hirnwellentraining durchzuführen. Es war das Ziel dieses Trainings, den Mitgliedern des Managementteams einen verbesserten Zugang zu ihrer ganzen Bandbreite intuitiver und intellektueller Fähigkeiten zu ermöglichen und damit ihre Entscheidungsfähigkeit zu stärken. Daneben profitierten sie von Übungen zur Tiefenentspannung, zum Umgang mit Stress und zu konzentrierter Problemlösung.

Der Vorstandsvorsitzende dieses Unternehmens schrieb: „Die Mitarbeiter, die an dem Programm teilgenommen haben, sind rundum zufrieden mit dem Training und den Ergebnissen. Diese Beurteilung ist besonders bedeutsam, da sie von einigen Teilnehmern stammt, die sich zu Beginn skeptisch über das Programm geäußert hatten.... Das Awakened-Mind-Programm kann ein wertvoller Beitrag zur Personalentwicklung sein und die Leistungsfähigkeit von Teams erhöhen."

Diejenigen, die ursprünglich nur an dieser Arbeit teilnahmen, um ihre Leistungsfähigkeit in der Geschäftswelt zu verbessern, sind oft äußerst überrascht und angetan von dem, was ein stellvertretender Vorsitzender als „den Wert und den unvermeidbaren Fokus auf die Spiritualität, der aus dieser Arbeit erwuchs", bezeichnete. Ich beobachte häufig, dass Menschen, die ein EEG-Training mit klar umrissenen objektiven Zielen beginnen, bald auch an höheren Ebenen spirituellen Bewusstseins interessiert sind.

HIRNWELLEN, KINDER UND LERNEN

»Was ist mit meinem Kind passiert?«

Kinder können ein Awakened-Mind-Muster ganz leicht und natürlich entwickeln; sie tun dies weit vor dem Schulalter. Ich glaube fest daran, dass dieser Zustand angeboren ist, uns jedoch in frühem Alter *abtrainiert* wird. Die üblichen Lehrmethoden an unseren Schulen und die überfüllten Klassenzimmer tragen zu diesem Verlust bei. Ich habe schon früher meine Überzeugung dargelegt, dass es sich bei dem Awakened Mind um eine Form von Evolution handelt. Er ist früh im Leben eines Kindes verfügbar, verschwindet dann aber ganz allmählich, wenn der junge Mensch versucht, sich in die akzeptierten Normen und Muster der Gesellschaft einzufügen. Häufig habe ich beobachtet, dass das Awakened-Mind-Muster ab der zweiten oder dritten Klasse seltener wird.

„Träume nicht!" (Komm heraus aus Alpha). „Pass auf!" (Benutze deine Beta-Wellen). „Hör auf mit deinen Phantasien!" (Hör auf mit Theta). Die meisten Botschaften an das zarte Bewusstsein eines Kindes, das seine Erfahrungen zu verstehen versucht, zielen darauf ab, Beta-Wellen zu verstärken und Alpha-, Theta- und Delta-Wellen zu reduzieren. Um in der modernen westlichen Gesellschaft zurechtzukommen, werden Kinder gezwungen, diese Bewusstseinszustände zu unterdrücken, die sie später so verzweifelt wiederzuerlangen versuchen. Wenn wir diese Bewusstseinszustände verstehen und schätzen würden, sowohl in der Schule als auch zu Hause, könnten wir vielleicht verhindern, dass die Verbindungen zwischen unserem Wachbewusstsein und unserem Unbewussten unterbrochen werden.

Es ist faszinierend, die Entwicklung der Hirnwellen eines Kindes in Bezug auf sein Bewusstsein zu beobachten. Ich sah die Hirnwellen meines Sohnes John zum ersten Mal, als er zwei Wochen alt war. Er produzierte hauptsächlich Delta- und Theta-Wellen. Während der nächsten Monate sah ich Alpha hinzukommen und verfolgte sein Bemühen, den stark ausgeprägten Anteilen seines Unter- und Unbewussten ein Beta-Bewusstsein hinzuzufügen. Wenn ich ihm ein Spielzeug vorhielt oder mit glänzenden Schlüsseln klimperte, stimulierte das ein starkes Aufflackern von Beta-Wellen, aber er konnte diese hohen Frequenzen nicht für längere Zeit halten. Schließlich stabilisierten sich seine Hirnwellen, und als er etwa fünf Jahre alt war, produzierte er ein sehr starkes Awakened-Mind-Muster. Mit elf Jahren zeigt er dieses Muster immer noch, aber nicht mehr so kontinuierlich. Er neigt mehr zu hochfrequentem Beta, das bei den meisten Erwachsenen so verbreitet ist. Er ist jedoch in der Lage, das hochfrequente Beta zu unterdrücken und in seinen Awakened-Mind-Zustand zurückzukehren, wenn er will.

Ich habe John schon früh eine Form von Meditation und geführter Phantasie gezeigt, häufig anstelle von Geschichtenerzählen. Eine seiner Lieblingsmeditationen war der lila Planet.

DER LILA PLANET

Kinder brauchen eher kürzere Pausen. Experimentieren Sie mit Ihrem Kind, um ein geeignetes Tempo herauszufinden.

Setz dich oder leg dich ruhig hin, und schließe die Augen.
Mach es dir bequem.
Mache einen tiefen Seufzer, und atme alle Luft aus deinem Körper aus.
Ah …
Nun atme langsam und tief weiter.
Gehe jetzt in jeden Teil deines Körpers und spüre, wie entspannt er sein kann:
dein Kopf,
dein Hals,
deine Schultern,
deine Arme … und Hände,
deine Brust,
dein Bauch,
dein ganzer Rücken,
deine Beine und Füße.
Spüre, wie dein ganzer Körper sich entspannt.
Versuche an nichts anderes zu denken, als dass dein Körper sich gut anfühlt.

Nun geh nach oben zu deinem Kopf,
und stell dir vor, du bist innen in deinem Kopf.
Nun gehst du nach oben aus deinem Kopf heraus …
geradewegs nach oben …
immer höher …und höher …und höher.
Du steigst ganz hoch über den Planeten Erde…
am Mond vorbei … an den anderen Planeten vorbei … weit hinauf zu den Sternen.

Ganz in der Ferne siehst du einen winzigen lila Planeten.
Du kommst näher …und näher …und näher.
Und der Planet wird größer … und größer … und größer.

Du weißt, dass du auf dem Planeten landen wirst und dort wunderbare Erlebnisse haben wirst …

Während du auf dem lila Planeten landest, siehst du den lila Himmel und den lila Boden und lila Gebäude … alles lila.

Eine Gruppe von freundlichen Leuten vom lila Planeten wartet auf dich, während du landest.

Du verbringst ein bisschen Zeit mit ihnen, und ihr habt viel Spaß miteinander. Und sie können dich etwas lehren – etwas ganz Wichtiges.

Verbringe nun ein bisschen Zeit mit diesen weisen Leuten und lerne, was sie dir beibringen möchten.

(*Pause bis zu einer Minute*)

Und wenn du so weit bist, wirst du den lila Planeten verlassen und nach Hause kommen.

Erinnere dich, was dir die Leute dort beigebracht haben, so dass du später darüber nachdenken kannst.

Beginne nun, dich zu verabschieden. Und du fliegst den ganzen Weg zurück vorbei an den Planeten,

am Mond vorbei,

zurück zur Erde,

zurück in dieses Zimmer,

und zurück in deinen Kopf.

Wenn du so weit bist, kannst du dich jetzt wieder bewegen und strecken, tief durchatmen und aufwachen.

Immer wenn ich meinen Sohn durch diese Meditation geführt hatte, bat ich ihn, mir zu erzählen, was auf dem lila Planeten passiert war und was er dort gelernt hatte.John hatte ganz verschiedene Erlebnisse, aber fast immer lernte er etwas von moralischer Bedeutung. Er berichtete etwa: „Sie haben mir beigebracht, nett zu allen Leuten zu sein" oder „Sei nicht böse zu anderen" oder „Teile deine Sachen" oder „Erzähl keine Lügengeschichten". Manchmal zeigten sie ihm einfach „nette Sachen". Die Leute auf seinem lila Planeten waren grün mit gelben Pünktchen, und alle sahen gleich aus. John freute sich, dorthin zurückzukehren, und bat oft vor dem Schlafengehen um diese Meditation.

WAS EIN KIND MIT MEDITATION MACHT

Für ein Kind gibt es ebenso wie für Erwachsene viele verschiedene Wege in den Meditationszustand. Wenn wir dort sind, kann die Erfahrung von innerem Frieden, Stille und Heiterkeit für viele Menschen die gleiche sein. Aber der Zugangsweg zu dieser inneren Ruhe kann sich von Mensch zu Mensch unterscheiden.

Mein Sohn nennt Meditation „tieferes inneres Nichtdenken". Nach einem Besuch im Disneyland fuhren John und ich einmal in einem vollkommen überfüllten Bus. Wir waren auf dem Weg nach Hause, und alle waren erschöpft nach einem langen und anstrengenden Tag voller Erlebnisse. Die Stimmen wurden immer lauter, und plötzlich herrschte ein unglaublicher Tumult im Bus. John beschwerte sich gereizt über den Lärm.

Er wurde dann eine Weile ganz still, und ich dachte, er sei eingeschlafen. Nach etwa einer halben Stunde rührte er sich wieder und sagte: „Das war toll!" Er hatte sich vorgestellt, dass alle Leute aus dem Bus mit ihm draußen im Freien waren. Er rief ihnen zu, sie sollten „die Klappe halten!" Sie wurden sofort ganz still, und er sagte: „Du konntest eine Stecknadel fallen hören." Er saß dann in dieser Stille und genoß seinen inneren Frieden. Währendessen hatte sich der tatsächliche Geräuschpegel im Bus nicht verändert.

AUFMERKSAMKEITSSTÖRUNGEN UND LERNBEHINDERUNGEN

Hirnwellentraining wird auch bei Aufmerksamkeitsstörungen bei Kindern (Attention Deficit Disorder, ADD) sowie bei verwandten Störungen wie dem hyperkinetischen Syndrom, Lernbehinderungen, Verhaltensauffälligkeiten, Ängsten und Depressionen erfolgreich eingesetzt. Viele Kinder und Erwachsene, die unter diesen Störungen leiden, zeigen ein Übermaß an Theta und zu schwache Beta-Hirnwellen. Generell wird man in diesen Fällen versuchen, durch Hirnwellentraining Theta zu unterdrücken und Beta zu verstärken. Verschiedene Therapeuten haben auf diesem Gebiet seit vielen Jahren erfolgreich gearbeitet.

Manchmal werden unsere Hirnwellen und unsere Kreativität durch Dinge stimuliert, von denen wir es am wenigsten erwarten. Die folgende Geschichte illustriert dies.

Deadhead

Eine meiner Klientinnen, die als Teenager zu mir kam, war als lernbehindert eingestuft worden. Sie war ein *Deadhead.* Sie gehörte zu einer Gruppe eingefleischter Fans der Band *Grateful Dead,* die der Band durch das ganze Land folgte und ihre Konzerte besuchte. Sie ging noch auf die High School, daher konnte sie nur in den Ferien mitreisen.

A.D. hasste die Schule und hatte Probleme mit den Noten und besonders mit ihren Hausaufgaben. Sie wollte beim Lernen Musik von Grateful Dead hören und behauptete steif und fest, dass dies ihre Lernfähigkeit fördere. Ihre Eltern weigerten sich jedoch standhaft, sie während der Schularbeiten ihre Musik hören zu lassen.

Als ich das erste Mal ihre Geschichte hörte, neigte ich dazu, ihren Eltern zuzustimmen. A.D. zeigte ein Awakened-Mind-Muster mit relativ niedrigem Beta und überdurchschnittlich viel Theta. Ich arbeitete mit ihr daran, ihr Beta zu stärken und ihr bewusster zu machen, wie sie es „anschalten" konnte. Sie brachte Hausarbeiten mit in die Sitzung, und wir erforschten Wege, wie sie ihre Merkfähigkeit bei der Arbeit verbessern konnte. Ganz langsam besserten sich ihre Noten, und aus ihren Vieren wurden langsam Dreien.

Eines Tages brachte A.D. eine ihrer Lieblingscassetten von Grateful Dead mit in die Sitzung und bat mich, sie anzuhören. Ich stimmte zu, aber erst nachdem ich sie an den Mind Mirror angeschlossen hatte, denn ich wollte, dass sie trotzdem eine komplette Sitzung erhielt.

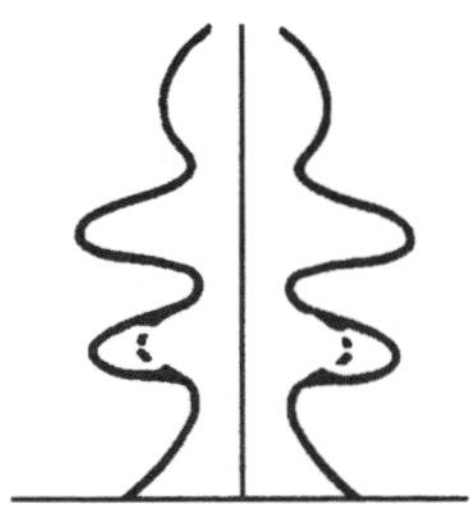

„Normales Muster"

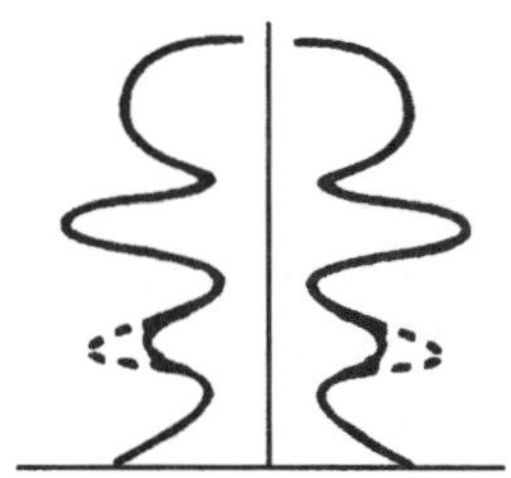

Muster zur Musik der Grateful Dead

Abbildung 5: Deadhead

Der Bildschirm zeigte ihr übliches Muster, bis wir begannen, die Musik zu hören. Was ich jetzt sah, erstaunte mich. Ihr Beta verstärkte sich dramatisch, während sie den Grateful Dead zuhörte (Abbildung 5). Ich gab ihr ihre Hausaufgaben, und sie hielt ihr Beta aufrecht, während sie arbeitete *und* die Musik hörte. Ich experimentierte weiter, bis mir klar war, dass ihr EEG-Muster beim Lernen mit ihrer Lieblingsmusik tatsächlich vorteilhafter war. Viel schwieriger war es, ihre Eltern davon zu überzeugen.

Wie im Fall von A.D. habe ich oft festgestellt, dass Kinder mit Lernschwierigkeiten einem Awakened-Mind-Hirnwellenmuster nahekommen können. Meist wäre es jedoch besser, wenn sie mehr Beta produzieren würden. Ich halte es für das Beste, mit ihnen daran zu arbeiten, wie sie ihr Beta verstärken können, ohne dabei ihre spirituellen und kreativen Theta-Wellen zu unterdrücken. Ich fürchte, dass ich sonst ihrem inneren Genie und ihrer Entwicklungsfähigkeit zu enge Grenzen setzen würde.

Ich meine, dass „Normalität" für diese Kinder nicht unbedingt das Ziel sein sollte, weil ich nicht sicher bin, dass unsere medizinischen und gesellschaftlichen Standards notwendigerweise optimal sind. Kinder mit Lernschwierigkeiten sind vielleicht begabter, als wir meist vermuten. Wir müssen dafür sorgen, dass ihnen diese Begabungen nicht im Namen der Normalität abtrainiert werden. Letztendlich kann es keine Evolution geben, wenn es das einzige Ziel ist, normal zu sein.

Ich würde es stattdessen vorziehen, ihnen den Wert ihrer Talente zu verdeutlichen und ihnen zu zeigen, wie sie sie nutzen können. Mit der richtigen Einstellung und entsprechendem Training ist es ihnen möglich, ihre Behinderung in einen Vorteil zu verwandeln. Dazu gehört das Verständnis, dass die Stärken in den Hirnwellen jedes Menschen gesucht und entwickelt werden müssen, damit er oder sie ihr Potential optimal ausschöpfen kann.

Der Teenager A.D. war ungewöhnlich kreativ, gescheit, eine unterhaltsame Gesprächspartnerin, feinfühlig im Umgang mit Menschen und sehr intuitiv und empathisch. Ihr Vater drückte es so aus: „Sie fällt immer wieder auf die Füße." Ich sah ihr hochentwickeltes Theta und ihre Fähigkeit, dieses durch ihr starkes Alpha zugänglich zu machen, als die wichtigste Grundlage dieser Qualitäten. Als ich sie ermutigte, ihr Theta zu unterdrücken und ihr schwaches Beta zu aktivieren, reagierte sie entweder teilnahmslos oder agitiert. Als ich ihr half, Beta ihren Alpha- und Theta-Wellen hinzuzufügen, statt diese zu unterdrücken, schien sie zum Leben zu erwachen. Würde ich ihr das Theta nehmen, ginge auch ihre angeborene Fähigkeit verloren, immer wieder auf die Füße zu fallen.

Nicht nur in unserer Kultur versucht das Schulsystem, Kinder nach einem bestimmten Modell zu formen, wie das nächste Beispiel zeigt.

Der Baseballspieler

Als ich in Taiwan war, wurde ich einmal gebeten, mit dem zwölf Jahre alten Kind eines Bekleidungsfabrikanten zu arbeiten. Seine Familie lebte in einem Dorf in der Nähe von Taipeh. Sie waren wohlgebildet und wollten das Beste für ihren Sohn. L. war der einzige Junge in einer Schar von Mädchen. Da er viele Schwestern und keine Brüder hatte, fühlte er sich sehr unter Erfolgsdruck. Seine Familie hatte das Gefühl, dass er Probleme in der Schule hatte, und bei seiner Herkunft war das eine sehr ernste Angelegenheit. Vor seiner Schule gab es ein großes Schild, das die Namen der drei Besten *und* die der drei schlechtesten Schüler zeigte. Die Angst, zu versagen und seinen Vater zu enttäuschen, war seine hauptsächliche Motivation.

Als ich sein Haus erreichte, wurde ich von acht oder neun Mitgliedern seiner Familie begrüßt. Eine ältere Tante und ein Onkel waren ebenfalls eingeladen worden, um mich kennenzulernen. Die Tante war sehr krank, und die Familie bat mich, ob ich zuerst mit ihr sprechen könnte. Da ich erkannte, dass sie in Nöten war und eine weite Anreise hinter sich hatte, stimmte ich zu. Während ich mit der Tante arbeitete, bereitete die Familie ein Festmahl für mich vor. Ich begann mir Gedanken zu machen, wie die Sitzung mit dem Kind ablaufen würde.

Nach dem Abendessen versammelten wir uns im Wohnzimmer. Ich bat darum, den Jungen alleine sehen zu können, und sagte, dass er dann wahrscheinlich besser lernen würde. Dies rief große Aufregung und allgemeine Ablehnung hervor, denn *alle* wollten anwesend sein. Alle fanden, dass es ihr gutes Recht sei, und alle glaubten, dabei helfen zu können. Dies war vielleicht die merkwürdigste Einzelsitzung, die ich je gehalten habe.

L. sprach einen anderen Dialekt als der Übersetzer, mit dem ich üblicherweise arbeitete, so dass ich auf die Dienste eines zweiten Übersetzers zurückgreifen musste. Auch er sprach den Dialekt nicht fließend. Im weiteren Verlauf boten verschiedene Familienmitglieder ihre Übersetzungskünste an und diskutierten zuweilen ausführlichüber die Bedeutung eines meiner Worte.

Schließlich wurde mir klar, dass sich die Schwierigkeiten des Jungen auf sein Selbstwertgefühl, auf seine Kreativität und den Sport konzentrierten. Das Kind wollte unbedingt gut in der Schule und im Sport sein, aber jedesmal, wenn er dies zum Ausdruck brachte, sagte eine seiner älteren Schwestern oder seine Mutter:

„Ach, das würdest du nie schaffen!" Dies fiel mir bei verschiedenen Gelegenheiten immer wieder auf.

Seine Hirnwellen waren bemerkenswert. Er hatte abgerundetes, jedoch starkes Beta, stabiles und kontinuierliches Alpha, sehr starkes, beständiges Theta mit aufflackerndem Delta von hoher Amplitude (siehe Abbildung 6). Ich hatte das Gefühl, dass die riesige Menge Theta auf seine unerfüllte Kreativität hinwies, die im-

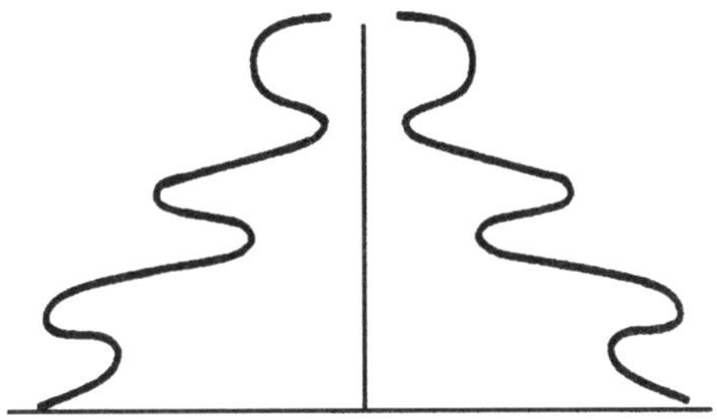

Abbildung 6

mer wieder unterdrückt wurde. Ich führte ihn in eine Meditation und sagte ihm, dass er mir eine Geschichte erzählen solle. Darauf rief seine Familie aus: „Ach, das kann er nicht!" Sie waren sich einig, dass er niemals eine Geschichte erzählen könne. Nachdem ich sie ernsthaft um Ruhe gebeten hatte, ermutigte ich ihn, sich eine Umgebung zu schaffen, in der er sich gerne aufhalten würde. Er sagte, dass er sich auf einem Baseballfeld sehe und bereit war, den Ball zu schlagen. Darauf erhob sich ein weiterer lauter Proteststurm in der Familie, denn er könne *niemals* Baseball spielen.

An diesem Punkt bestand ich darauf, dass sie ruhig waren und ihn gewähren ließen. Es entwickelte sich eine schöne Erzählung, in der er mit einem Horne Run den entscheidenden Punkt gewann und so sein Team zum Sieg führte. Er erzählte kunstvoll und geschickt, und er baute Spannung und Erwartungen auf. Während wir zuhörten, wussten wir wirklich nicht, ob er gewinnen oder verlieren würde. Als er schließlich gewann, riss er seine Arme zum Sieg hoch, sprang von der Couch und jubelte. Seine Familie applaudierte heftig und umarmte ihn.

Später erzählten sie mir, dass dies der erste „Sieg" war, den L. je erlebt hatte. Sie sagten auch, dass sie nicht geglaubt hatten, dass er eine Geschichte erzählen könne, da er so etwas noch nie getan hatte. L. begeisterte sich für mein Hautwiderstandsmessgerät, sah magische Kräfte in ihm und drückte es an seine Brust. Ich fragte seinen Vater, ob er ihn Baseball spielen lassen würde. Sein Vater war voller Zweifel, also schlug ich ihm einen Handel vor. Ich sagte, ich würde L. das Messgerät schenken, wenn der Vater ihn Baseball spielen lassen würde. Er stimmte zu. Nachdem er mir die verabredete Summe für meine Arbeit gegeben hatte, nahm mich L.s Vater dankbar mit in sein benachbartes Bekleidungsgeschäft. Im Beisein der ganzen Familie lud er mich ein, drei meiner Lieblingskleidungsstücke auszusuchen, an denen ich heute noch sehr hänge.

Das Reye-Syndrom

Die Begabungen von Kindern mit Lernbehinderungen und selbst mit leichteren Hirnschäden sind häufig verborgen und werden von ihren Schwierigkeiten überschattet. Eine 14 Jahre alte Klientin, die ich hier T. J. nennen möchte, war kurz vor dem Teenageralter am Reye-Syndrom erkrankt, einer seltenen Erkrankung des Zentralnervensystems. Im Verlauf der Krankheit schwoll ihr Gehirn an, und sie schwebte längere Zeit in Lebensgefahr. Sie war sich mit ihrer Mutter einig, dass nur die Wachsamkeit und die psychische Beharrlichkeit ihrer Mutter sie am Leben gehalten hatte. Seit dieser Zeit war sie mit ihrer Mutter so eng verbunden, dass beide ständig und ganz automatisch wussten, was die andere dachte und fühlte.

Als T. J. zu mir kam, hatte sie eine lange Liste von Beschwerden, darunter Probleme in der Schule und im Freundeskreis, Angst, Traurigkeit, Ärger und das Gefühl, dass sie sich hinter einer Mauer verschanzte. Außerdem hatte sie eine gestörte Wahrnehmung von Zeit und Realität. T. J. hatte viele seltsame und unerklärliche Erlebnisse. Während sie einmal in einem Haus war, das sie nie zuvor gesehen hatte, zeigte sie auf eine Wand und rief aus: „Hier gehört ein Kamin hin." Es gab dort tatsächlich einen Kamin, der seit Jahrzehnten zugemauert war. Als sie einmal auf einem Fußweg spazieren ging, wich sie einem Baum aus, der gar nicht da war, nur um später herauszufinden, dass er vor vielen Jahren gefällt worden war. Manchmal fiel sie in Trance und sah nach der Mode des 18. und 19. Jahrhunderts gekleidete Menschen in Häusern, die ebenfalls aus dieser Zeit stammten. Sie las Gedanken, empfand die Gefühle anderer Menschen und fühlte sich geradezu bombardiert von den Gedanken und Emotionen ihrer Umgebung. Sie hatte das

Gefühl, von Geistern besucht zu werden, manche davon waren freundlich und unterstützend, andere weniger. Ihre Mutter, eine Schülerin von mir in dem College, in dem ich unterrichtete, scheute jede herkömmliche medizinische Behandlung und Medikation und brachte sie zu mir, um ihre Hirnwellen prüfen zu lassen und um vielleicht Hilfe zu bekommen.

Als ich T. J. traf, fehlte nur noch ein Stein in der imaginären Mauer, die sie um sich herum gebaut hatte. Ihre Hirnwellen bestanden hauptsächlich aus Theta und Delta (siehe Abbildung 7):

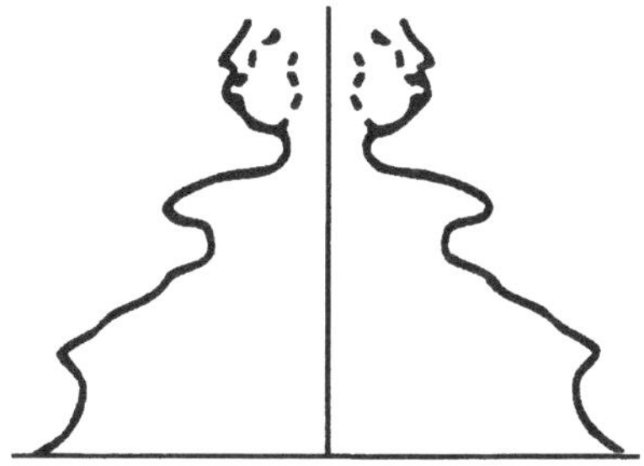

Abbildung 7

Anfangs wollte T. J. nicht bleiben. Ich stellte ihr frei, zu gehen oder zu bleiben, und versprach, dass ich ihrer Mutter ihre Entscheidung erklären würde, damit sie keinen Ärger bekäme. Dann lud ich sie ein, mir von sich zu erzählen. Mit den Wochen begann sie die Sitzungen zu mögen. Sie fühlte sich unterstützt, gehört und verstanden. Ich zeigte ihr den gewaltigen Umfang ihrer Theta- und Delta-Wellen und erklärte ihr, wie ihr Unterbewusstes funktionierte. Sie wollte ihre Fähigkeiten nicht verlieren, sie wollte nur lernen, sie handhaben zu können, um in Schule und Gesellschaft zurechtzukommen.

Stein für Stein trugen wir die Mauer ab. Ich erinnere mich noch an den Tag, an dem sie schließlich dem letzten Geist Lebewohl sagte. Ihr Theta war noch stark, aber sie lernte, es zu kontrollieren. Sie lernte auch, mit den Inhalten ihres Unterbewusstseins, mit ihrer Sensibilität und den Intuitionen umzugehen, die weiter auf sie einstürmten. Ihre Noten verbesserten sich, und sie nahm wieder mehr am Unterricht teil. Die Ängste ihrer Mutter ließen nach und verschwanden schließlich ganz. Die unangemessen starke Bindung zwischen beiden lockerte sich. Ich zeigte ihr, wie sie ihre Intuition und Empathie nutzen konnte, ohne davon beherrscht oder erdrückt zu werden.

Inzwischen, nach fast 10 Jahren, ist sie 25 Jahre alt, glücklich verheiratet und hat ein einjähriges Kind. Sie erinnert sich an die zurückliegende Zeit, aber hält sich mit ihr nicht weiter auf, da sie nun ein Leben führt, das sie nicht im Traum für möglich gehalten hätte.

Ein Genie in einem behinderten Körper

Ich hielt einmal ein Seminar mit einer Gruppe von etwa 80 Therapeuten in einem Zentrum für behinderte Kinder im Süden der Vereinigten Staaten. Sie hatten zugestimmt, ein paar Kinder vorzustellen, die ich vor meinem Vortrag noch nie getroffen oder gemessen hatte. Ich hatte meine übliche Einführung über Hirnwellen gegeben, verschiedene Muster auf eine Tafel gezeichnet und unterschiedliche Hirnwellenmuster von Kindern gezeigt. Der letzte Junge, den ich an den Mind Mirror anschloss, war etwas älter. Im Alter von 17 Jahren hatte eine spastische Lähmung seinen Körper versteift und verdreht. Er war nicht in der Lage, verständlich zu sprechen, und war nur eingeschränkt bewegungsfähig. Trotzdem hatte er meinem Vortrag aufmerksam zugehört.

Als ich ihn an den Mind Mirror anschloss, zeigte sich ein perfektes Awakened-Mind-Muster. Ein erstauntes Raunen ging durch die Gruppe der Therapeuten, und ich sagte zu ihm: „Ist dir klar, dass du das Hirnwellenmuster hast, das sich viele Leute wünschen?" Er nickte heftig mit dem Kopf und bedeutete uns bewegt die Worte: „Ich weiß, ich weiß!" Sein erleichterter Gesichtsausdruck war kaum zu beschreiben. Es gab niemanden, der nicht Tränen in den Augen hatte. Erst später erfuhr ich von seiner Mutter, dass dieses Kind auf bestimmten Gebieten brillant war. Wenn man ihn mit einem kaputten Fernseher allein ließ, konnte er ihn reparieren. Sein Wissen und sein Verständnis elektrischer Schaltkreise waren das eines Genies, dennoch waren seine Begabungen übersehen worden. Seine Mutter sagte, er sei irgendwie immer durch die Maschen gefallen. Sie war glücklich, ihren Glauben an ihren Sohn durch den Mind Mirror bestätigt zu sehen. Mit diesen Informationen, die sein und ihr Leben verändern konnten, fühlte sie sich rehabilitiert. Sie glaubte nun, dass seine Klugheit, um die sie immer gewusst hatte, tatsächlich erkannt und entwickelt werden konnte.

Wie wir gesehen haben, kann Kreativität ganz unterschiedliche Formen annehmen. Kreativität ist in jedem Lebensbereich hilfreich, sei es, dass Sie etwas erfinden, verbessern, entwickeln oder dass Sie den Anforderungen des Lebens besser gewachsen sein wollen. Es ist egal, ob Sie Ihre Kreativität im frühmorgendlichen Halbschlaf, unter der Dusche oder während einer Meditation nutzen wollen, ob Sie Ihre „Aha"-Erlebnisse erkennen und verstärken möchten oder ob Sie im Büro mit Ihrer geistigen Flexibilität experimentieren. Sie werden immer mit den gleichen Hirnwellen arbeiten, die Sie mit den tieferen Schichten Ihres Bewusstseins verbinden. Mit etwas Übung kann Kreativität bald ein natürlicher Teil Ihres Lebens werden.

SIEBEN

HIRNWELLEN IN BEZIEHUNGEN
Empathie, Intuition und Verbundensein

Unsere Hirnwellenmuster haben viel damit zu tun, wie wir die Außenwelt erleben und wie wir mit ihr umgehen. Wir treten mit anderen Menschen über unsere Hirnwellen in Verbindung; daher beeinflusst unser Hirnwellenmuster, wie wir die Kommunikation mit anderen Menschen erleben. Bevor wir darüber sprechen, wie unsere Hirnwellen auf andere Menschen reagieren, möchte ich Sie zunächst mit den *Delta-Wellen* vertraut machen. Delta-Hirnwellen stehen für das Unbewusste.

Obwohl sie normalerweise als die Hirnwellen des Tiefschlafs bekannt sind, werden die Delta-Wellen im Wachzustand oft als *Orientierungsreaktion* bezeichnet. Delta-Wellen helfen uns dabei, uns in Zeit und Raum zurechtzufinden. Auf der tiefsten Ebene sind sie unser Frühwarnsystem, das Gefahr und Sicherheit erspürt. Sie dienen als unser automatisches Navigationssystem, verschaffen uns einen Überblick und verstärken unsere Instinkte, unsere Intuition und die Fähigkeit zu unterscheiden. Diese frühesten, fast animalistischen Reaktionen können wir so verfeinern, dass wir Gefühle, Bedürfnisse und Einstellungen in anderen Menschen erspüren. Sie sind häufig auch beteiligt, wenn eine unbewusste oder intuitive Verbindung zwischen Menschen besteht.

Ich nenne Delta gern eine Art *Radar.* Als solches sind diese Hirnwellen eine wichtige Komponente unserer Intuition und Empathie. Delta-Wellen findet man oft bei Menschen, die besonders befähigt sind, andere zu verstehen oder ihnen zu helfen. Die Psychotherapie und die Heilberufe ziehen oft Menschen an, die im Wachzustand eine große Menge Delta produzieren. Diese sehr langsamen, niederfrequenten Hirnwellen werden auch bei den meisten telepathischen Phänomenen und außersinnlichen Wahrnehmungen beobachtet.

PERSÖNLICHE ERFAHRUNGEN IN DELTA

Wann ist es wahrscheinlich, dass Sie im Wachzustand größere Mengen Delta produzieren? Sie haben vielleicht häufiger erlebt, dass Sie im Alltag eine Art unerklärliche innere Gewissheit hatten:

- Sie *wissen,* dass gleich das Telefon klingeln wird, kurz bevor es tatsächlich klingelt.
- Sie denken an einen lieben Menschen, kurz bevor Sie ihn oder sie zufällig treffen.
- Sie spüren einen unerklärlichen Schmerz, nur um später herauszufinden, dass Ihr Kind sich genau zur gleichen Zeit verletzt hat.
- Sie wissen, was jemand sagen wird, noch bevor er den Mund öffnet.
- Sie wissen *genau,* was jemand fühlt, obwohl er oder sie sich bemüht, es zu verbergen, und andere Menschen sich täuschen lassen.

Manche Menschen können mit Hilfe dieser Hirnwellen miteinander sprechen, ohne den Mund zu öffnen oder einen Laut von sich zu geben. Ein Schüler eines bekannten spirituellen Lehrers schreibt: „Wir saßen länger als eine Stunde beieinander. Wir hatten ein langes und komplexes Gespräch, in dem ich ihm viele persönliche Fragen stellte, die er mir beantwortete. Erst als wir zum Ende kamen und ich sagte: »Vielen Dank«, wurde mir bewusst, dass während der ganzen Zeit keiner von uns beiden auch nur ein Wort gesprochen hatte!"

ABER ICH MAG GAR KEINE MARMELADE

Ich lebte eine Zeit lang mit einer sehr guten Freundin in London, die Fähigkeiten besaß und noch besitzt, die man als telepathische Begabung beschreiben könnte. Wir verstanden uns häufig intuitiv und hatten viele „stille Gespräche", aber ich werde nie den Tag vergessen, an dem mich ihr Radar dazu brachte, Marmelade zu kaufen. Ich war einkaufen und hatte nur eine kurze Liste, keine große Sache. Im Laden hielt ich vor dem Marmeladenregal inne und suchte eine teure Orangenmarmelade aus. Dies war an und für sich nichts Ungewöhnliches, außer der Tatsache, dass ich keine Marmelade mochte und niemals bewusst ein Glas gekauft hätte. Als ich zu Hause die Einkaufstasche auspackte, kam Elizabeth vergnügt herein, nahm die Marmelade in die Hand und sagte: „Wie gut, du hast mich gehört. Danke!" Ich erwiderte nur: „Und ich habe mich gewundert, wieso ich das gekauft habe."

Das war vor 18 Jahren. Elizabeth St.John wurde später eine der fähigsten Heilkundigen Englands. Sie fühlt die Schmerzen, Probleme und traumatischen Erfahrungen anderer in ihrem eigenen Körper. So kann sie ihren Klienten Einsichten in die Natur und die Ursachen ihrer Schwierigkeiten geben, treffende Diagnosen stellen und ihnen helfen, auf der energetischen Ebene Veränderungen vorzunehmen, die letztendlich zur Heilung des physischen Körpers führen können.

DELTA-HIRNWELLEN ENTWICKELN

Ich habe beobachtet, dass man Delta-Wellen durch direktes Biofeedback nicht besonders wirkungsvoll entwickeln kann. Wenn ich Klienten Feedback gebe, die nur schwer Delta-Wellen produzieren können, so verschwindet ihr Delta fast jedesmal, selbst wenn es vorher recht stark war. Ich habe oft gesehen, dass sich ihr Delta verringert, sobald sie darauf aufmerksam gemacht werden. Delta-Wellen entwickelt man besser dadurch, dass man einen bestimmten Seins-Zustand erlernt, als dass man versucht, sie aktiv hervorzurufen. Nach dieser Vorbemerkung folgt jetzt eine Übung, die Ihnen helfen soll, Ihren Radar und Ihre intuitiven Fähigkeiten zu entwickeln. Diese Meditation geht auf eine Übung zurück, die aus der Arbeit mit Max Cade entstand.

DIE BLASE

Diese Meditation unternimmt man am besten in einer Gruppe, die vorzugsweise in einem Kreis sitzen sollte. Bevor Sie Ihre Augen schließen, schauen Sie sich im Kreis um, und nehmen Sie wahr, wo die einzelnen Personen sitzen. Machen Sie im Geist ein Foto von dem, was Sie sehen.

Schließe deine Augen, und nimm dir etwas Zeit, dich in einen Meditationszustand zu versenken.

Nun beginne dir vorzustellen, wie du allein in der Mitte einer großen Blase sitzt wie in einer Seifenblase. Sie steht für dein Bewusstsein, für alles, was du in diesem Augenblick in dir und außerhalb von dir wahrnimmst.

Nun sieh dich in der Mitte einer viel größeren Blase – so groß wie ein großer Raum. Diese Blase repräsentiert dein Vorbewusstsein, all die Dinge, an die du gerade nicht denkst, aber an die du dich sofort erinnern könntest.

Und nun sieh dich in einer noch viel größeren Blase – so groß wie ein Fußballfeld. Dies steht für dein Unbewusstes und enthält alles, dessen du dir je bewusst gewesen bist. Du hast die Fähigkeit, dich an diese Inhalte vollständig zu erinnern.

Nun kehre zur ersten Blase zurück …
Sie ist dein ganz persönlicher Raum …
Fühle, wie sie dich umgibt…
Nimm einfach wahr, wie diese Blase dein Bewusstsein einschließt …
Vielleicht siehst du sie sogar glänzen, wie sie dich vom Kopf bis zu den Fußsohlen einhüllt …
Dein ganz persönlicher Raum …

Nun beginne ganz vorsichtig und langsam, deine Blase größer werden zu lassen … und gib deinen persönlichen Raum auf, um eine Person zu dir, in deine Blase, einzulassen …
Wie fühlt es sich an, wenn sie deinen Raum betritt? Versuche, nicht zu urteilen, erlebe einfach ihre Energie, wenn sie in deinen Raum gelangt, und achte auf deine innere Reaktion.
Nun lass deine Blase noch etwas größer werden, bis sie eine weitere Person aufnehmen kann. Wie fühlt es sich diesmal an? Was erlebst du?

Erlaube der Blase deines Bewusstseins, sich immer weiter auszudehnen und weitere Personen einzuschließen. du kannst fühlen, wie eine Person nach der anderen in deine Blase eintritt – in deinen persönlichen Raum. Wie fühlt sich das für dich an?

Versuche, nicht zu analysieren, zu deuten oder zu urteilen. Gib dich einfach der Erfahrung hin.

Erlaube deiner Blase, größer und größer zu werden, bis sie den ganzen Raum umfasst, bis wir alle von einer großen Blase umhüllt werden – dem Gruppenbewusstsein.

Nimm einfach dieses Gefühl wahr …

Und bald wirst du deiner Blase erlauben, sich wieder zusammenzuziehen, sich zu verkleinern, so dass sie zunächst eine Person ausschließt ... dann noch eine ... und noch eine ...
Nimm deine Gefühle wahr, während jede einzelne Person deine Blase verlässt. Was erlebst Du, wenn einer nach dem anderen aus deinem persönlichen Raum verschwindet ..., während die Blase immer kleiner wird ...

Versuche auch hier, nicht zu analysieren, zu interpretieren oder zu urteilen. Gib dich der Erfahrung hin ...

... bis du dich schließlich in deiner eigenen kleinen Blase wiederfindest, der Blase deines Bewusstseins, die dich von Kopf bis Fuß umhüllt.

Wie fühlt sich das an?
Erfahre dein eigenes Bewusstsein, das dich umgibt ...
Nimm dir nun ein paar Minuten Zeit, über deine Erfahrung zu meditieren und was sie für dich bedeutet hat. Was war angenehmer – die große, ausgedehnte Blase, die die ganze Gruppe umschloss? Die kleine Blase deines eigenen persönlichen Raumes? Irgendwo dazwischen? Was sagt dir dies über deine Grenzen? Was hast du über deine Bedürfnisse, Wünsche und Gefühle gelernt?

Fasse deine Erfahrungen in zwei oder drei Worten oder Sätzen zusammen. Und wenn du so weit bist, erlaube dir, langsam zurückzukehren und diese Informationen mit dir zurückzubringen.

Wenn du bereit bist, atme ein paar Mal schnell und tief durch, erlaube deinen Augen, sich zu öffnen, und kehre wach und erfrischt in die äußere Welt zurück.

REAKTIONEN AUF DIE BLASE

Die Reaktionen auf diese Meditation sind sehr unterschiedlich. Manche Menschen erleben am Ende der Übung ein Glücksgefühl, andere fühlen sich unbehaglich oder ängstlich. Hier ist eine kleine Auswahl individueller Erlebnisse:

> Es fühlte sich gut an, sich auszudehnen und mit anderen Menschen verbunden zu sein – ich habe es genossen. Aber es fühlte sich auch gut an, in die Sicherheit und Privatsphäre meines eigenen Raums zurückzukehren.

Ich konnte es kaum ertragen, jemanden in meinen Raum zu lassen. Ich hatte Platzangst und fühlte mich bedrängt!

Als ich in meinen eigenen Raum zurückkehrte, hatte ich ein tiefes Gefühl von Verlust und Verlassenheit.

Anfangs dachte ich nicht, dass es mir gefallen würde, mich anderen Menschen so zu öffnen. Ich fühlte mich entblößt und verletzlich. Aber als wir dann unsere Blasen wieder verkleinern sollten, wollte ich das nicht. Als ich wieder in meiner eigenen Blase war, fühlte ich mich einsam.

Ich konnte nur drei Menschen gleichzeitig in meine Blase lassen, mich und zwei andere. Es war egal, wer von euch dort drinnen war, aber wenn jemand Neues hereinkam, musste einer die Blase verlassen. Mit Einladungen in mein Haus verhalte ich mich genauso. Ich lade nie mehr als zwei Leute gleichzeitig zu Besuch ein.

Ich fand es wunderbar. Ich wollte gar nicht zurückkommen. Ich bin an diesen Zustand sehr gewöhnt und fühle mich darin sehr wohl.

Ich wollte manche Leute nicht in meine Blase lassen. Andere platzten ganz einfach herein. Ich merkte, wie ich andere beurteilte, als sie in meine Blase kamen. Ich habe etwas gelernt über meine Neigung, über andere zu urteilen, und auch darüber, dass ich unterscheiden kann, wen ich in meinen persönlichen Raum lassen möchte.

Jede dieser Erfahrungen könnte man weiterverfolgen, um zu erforschen, welche Bedeutung der persönliche Raum für den einzelnen hat. Themen wie Sicherheit, Missbrauch, Verlassenheit und Einsamkeit sind ebenso häufig wie Gefühle von Wärme, Öffnung, Mitgefühl und Liebe.

Wie Sie sehen, sind die Reaktionen sehr vielfältig. Es gibt keine richtigen oder falschen Antworten. Dies ist eine Lernerfahrung, in der Sie Ihre Beziehung zu Ihren Grenzen erforschen können. Das Ziel ist es, angemessene Grenzen setzen zu lernen, und die Fähigkeit zu entwickeln, bewusst zu bestimmen, wie und mit wem Sie Kontakt haben möchten. Sie können Ihre eigene Entwicklung beschleunigen, wenn Sie lernen, einfühlsam und offen zu sein und urteilsfrei zu akzeptieren, was immer *ist.* Aber ebenso wichtig ist es, zu unterscheiden, wen Sie in Ihren inneren Raum lassen wollen, für wie lange und zu welchem Zweck. Außerdem können Sie herausfinden, wann es angemessen ist, den persönlichen Raum eines anderen Menschen zu betreten.

Ich schlage häufig vor, diese Übung außerhalb einer Gruppe durchzuführen – mit einem Menschen, der sich dessen nicht bewusst ist. Diese Übung ist besonders hilfreich, wenn Sie mit jemandem Kommunikationsschwierigkeiten haben. Das kann Ihr Lebenspartner sein, Ihr Chef, Kollegen, ein Kellner im Restaurant oder eine Kassiererin in einem Laden. Achten Sie darauf, ob und wie sich Ihre Kommunikation verändert, nachdem Sie die andere Person in Ihre Bewusstseinsblase eingelassen haben.

PROBLEME MIT ZUVIEL DELTA

»Ich weiß immer, was alle anderen fühlen – und damit fühle ich mich schrecklich!«

Im übertragenen Sinn ist Delta sowohl ein Radiosender als auch ein Empfänger. Manche Menschen senden besser, manche empfangen besser, manche tun beides gleich gut. Sie können lernen, Ihre Sende- und Empfangsfunktion zu regulieren – sie zu verstärken oder abzuschwächen. Stellen Sie sich vor, Sie hätten eine Art Lautstärkeregler, der Ihnen erlaubt, den Informationsfluss zu kontrollieren, den Sie auf einer unbewussten oder telepathischen Ebene aussenden und empfangen. Wenn Sie Informationen empfangen, lernen Sie, sich von ihnen zu lösen.

Eines der häufigsten Probleme feinfühliger Menschen ist ein Übermaß an Delta-Hirnwellen. Wenn Sie einer dieser Menschen sind, scheinen Sie vielleicht überempfindlich auf die Gedanken, Gefühle und Bedürfnisse anderer Menschen zu reagieren. Ihr Unbewusstes nimmt zu viele Reize aus der Außenwelt auf und absorbiert sie unangemessen stark. Was machen Sie mit diesen Reizen? Viele Menschen nehmen an, dass die schmerzlichen Emotionen anderer Menschen ihre eigenen sind, ohne genau zu unterscheiden, was zu *ihnen* gehört und was nicht. Oder, da sie das Unbehagen anderer Menschen besser *wahrnehmen,* fühlen sie sich gedrängt, für sie Verantwortung zu übernehmen – d.h. *ihre Probleme zu lösen.* Manchmal ist der Wunsch, die Probleme anderer Menschen zu lösen, einfach ein Impuls, den eigenen Schmerz zu lindern, wenn sie mit den Gefühlen anderer zu eng verbunden sind. Manchmal ist es auch ein komplizierteres psychologisches Spiel: Da sie die Emotionen so deutlich fühlen, glauben sie, dass sie sie irgendwie hervorgerufen haben. Daher fühlen sie sich *schuldig,* solange sie nichts dagegen tun.

In diesen Zusammenhang gehört auch die Co-Abhängigkeit. Die Kinder aus dysfunktionalen Familien, Kinder von Alkoholikern und die Opfer von Kindes-

missbrauch haben alle etwas gemeinsam – *eine übermäßige Wachsamkeit.* Ängstlichkeit und verstärkte Wachsamkeit stammen aus ihrer Kindheit. Im Angesicht sich ständig ändernder und möglicherweise gefährlicher Erfahrungen in einer instabilen Familie war es wichtig, immer wachsam und auf der Hut zu sein.
Ausgeprägte Delta-Wellen können verschiedene Auswirkungen auf Ihre Beziehung zur äußeren Welt haben. Sie können dazu führen, dass Sie

- sich durch die Emotionen und Bedürfnisse anderer bombardiert fühlen,
- die körperlichen Schmerzen anderer fühlen,
- ein unbestimmtes Gefühl haben, erdrückt zu werden,
- sich in Ihren Beziehungen nach außen empfindsam, verletzlich und unsicher fühlen,
- sich für das Wohlergehen anderer übertrieben verantwortlich fühlen,
- sich schuldig und belastet fühlen durch eine Verantwortung für den Zustand der Menschheit ganz allgemein.

Dic Lösung muss nicht unbedingt darin bestehen, den Umfang Ihrer Delta-Wellen zu verringern. Sie könnten auch die gesunde Fähigkeit entwickeln, Wichtiges von Unwichtigem zu unterscheiden und sich besser distanzieren zu können. Manche Menschen mit diesen Reaktionen haben das Bedürfnis, sich von den Reizen der Außenwelt abzuschirmen. Es ist für sie oft verwirrend und schmerzhaft, wenn sie diesen Stimuli ausgesetzt sind. Wenn Sie lernen, sich trotz dieser Reize zu entfalten, werden Sie sie nicht ablehnen oder sich vor ihnen schützen müssen; ebenso wenig müssen Sie sie annehmen oder in ihr Selbst integrieren. Stattdessen können Sie Außenreize erleben, anerkennen, respektieren und *durch sich hindurchgehen lassen,* ohne sie festzuhalten oder sich für sie verantwortlich zu fühlen.

Das heißt nicht, dass Sie keine gesunde, angemessene Verantwortung für Ihren Anteil an Ihren Beziehungen oder für die Gesundheit und das Wohlergehen unseres Planeten übernehmen sollten. Es bedeutet einfach, dass *Sie nicht leiden müssen,* während Sie sich entscheiden, welches Verhalten sie richtig und verantwortlich finden.

CO-ABHÄNGIGKEIT

Melody Beattie definiert Co-Abhängigkeit in *Codependent No More* wie folgt: „Eine ego-abhängige Person lässt sich durch das Verhalten eines anderen Menschen beeinflussen und ist davon besessen, das Verhalten dieses Menschen zu kontrollieren."[1] Unter den vielen Kennzeichen von Co-Abhängigkeit, die sie beschreibt, finden sich:

- das Gefühl, für Wünsche, Bedürfnisse und Gefühle anderer Menschen verantwortlich zu sein,
- das Streben, die Bedürfnisse anderer Menschen vorherzusehen, um sie dann zu erfüllen,
- das Gefühl, verpflichtet zu sein, die Probleme anderer zu lösen,
- Ja sagen, wenn sie in Wirklichkeit Nein sagen wollen,
- die Erwartung, dass andere all dies auch für sie tun.

LOSLASSEN

Beattie betrachtet Loslassen als einen Grundpfeiler der Selbstfürsorge:

> Idealerweise ist Loslassen das Freigeben oder Ablösen von einer Person oder einem Problem *in Liebe.* Loslassen setzt die Annahme voraus, dass jeder Mensch für sich selbst verantwortlich ist, dass wir keine Probleme lösen können, die nicht die unsrigen sind, und dass es nicht weiterhilft, sich Sorgen zu machen. Wir erlauben den anderen zu sein, wer sie sein wollen. Wir geben ihnen die Freiheit, verantwortlich zu sein und zu wachsen. Und wir geben uns selbst die gleiche Freiheit. Wir leben unser eigenes Leben so gut wir können. Wir bemühen uns herauszufinden, was wir verändern können und was nicht. Dann hören wir auf, Dinge zu verändern, die wir nicht verändern können. Wir lernen die magische Lektion, dass wir immer mehr bekommen, wenn wir einfach das Beste aus dem machen, was wir haben.[2]

Das Gelassenheitsgebet der Anonymen Alkoholiker drückt Loslassen auf eine Weise aus, die Millionen Menschen auf der ganzen Welt verstehen können: „Gott, gib mir die Gelassenheit, Dinge zu akzeptieren, die ich nicht ändern kann, den Mut, die Dinge zu ändern, die ich ändern kann, und die Weisheit, den Unterschied zu erkennen."

Diese Sätze sind für Menschen mit starken Delta-Wellen ganz besonders wichtig. Delta kann Sie übermäßig sensibel machen für die Energien anderer Menschen. Die Übung des Loslassens zeigt Ihnen eine gesunde Alternative, wie Sie mit diesen Wahrnehmungen umgehen können.

Swami Rama erklärt, dass wir mit Hilfe des *Losgelöstseins* (nonattachment) die Hindernisse auf dem Weg zur Selbstfindung überwinden können. Er beschreibt vier Wege, diese Hindernisse aus dem Weg zu räumen:

1. indem wir das Objekt unserer Wünsche aufgeben oder ihm entsagen – was für die meisten Menschen oft recht schwierig ist.
2. indem wir lernen, das Objekt unserer Begierden eher als ein Mittel als ein Ziel zu betrachten -wir verändern auf diese Weise unsere Einstellungen und können unglückliche in günstige Umstände verwandeln.
3. zu lernen, geschickt und selbstlos zu handeln, und dabei „die Früchte unseres ... Tuns zum Nutzen anderer aufzugeben". [3]
4. durch Lernen von Selbsthingabe: „Man übergibt sich selbst und alles, was man besitzt, an Gott und führt ein Leben in Freiheit ohne jegliches Verhaftetsein."[4]

HIRNWELLEN IN ZWISCHENMENSCHLICHEN BEZIEHUNGEN

Hirnwellen in zwischenmenschlichen Beziehungen sind ein faszinierendes Forschungsgebiet, das uns das Tor zu einem tieferen Verständnis menschlicher Kommunikation öffnet. Die *Erfahrung des Sich-Einstimmens* (entraining) kann auch im Alltagsleben auftreten. Sicheinstimmen zwischen zwei Individuen bedeutet die gegenseitige Verbindung ihrer Hirnwellen. Diese Verbindung entsteht, wenn Menschen miteinander „im Fluss" sind. Dagegen können die Hirnwellen ein gegensätzliches Muster zeigen, wenn zwei Menschen miteinander streiten. Beide Muster können sich dann vollständig voneinander unterscheiden.

Viele Paare, die ich gemessen habe, ähneln sich in ihren Hirnwellenmustern, ohne sich jedoch zu gleichen, besonders wenn sie schon lange Zeit zusammengelebt haben. Manchmal produzieren beide Partner beispielsweise starkes Alpha, obwohl die Amplitude des einen meist die des anderen übertrifft. Es ist auch möglich, dass keiner von beiden besonders viel Alpha produziert und Beta statt dessen bei beiden die dominante Frequenz ist. Wenn die Verbindung zueinander besonders intensiv ist, können beide auch Delta-Wellen von hoher Amplitude aufweisen. Diese Ähnlichkeiten bilden jedoch keine Regel. Manchmal beruhen die besten Beziehungen auf Gegensätzen, und dies schließt unterschiedliche Hirnwellen mit ein. Wenn beide nicht aufeinander eingestimmt sind, ist dies *nicht* unbedingt ein Hinweis auf eine Unverträglichkeit. Paare können sehr gut zusammenpassen, wenn ein Partner beta-dominant und der andere alpha-dominant ist

Andererseits können extrem gegensätzliche Muster unvereinbare Differenzen widerspiegeln. Ein Paar, das sich in ständigem Streit festgefahren hat, kommt vielleicht nicht auf die Idee, dass ein Teil ihres Problems in ihren unterschiedlichen Bewusstseinszuständen liegt. Es kann sehr nützlich sein, ein EEG in der Paarberatung einzusetzen, da es mich in die Lage versetzt, den Partnern zu verdeutlichen, was mit ihren Hirnwellen bei ihrer Kommunikation geschieht.

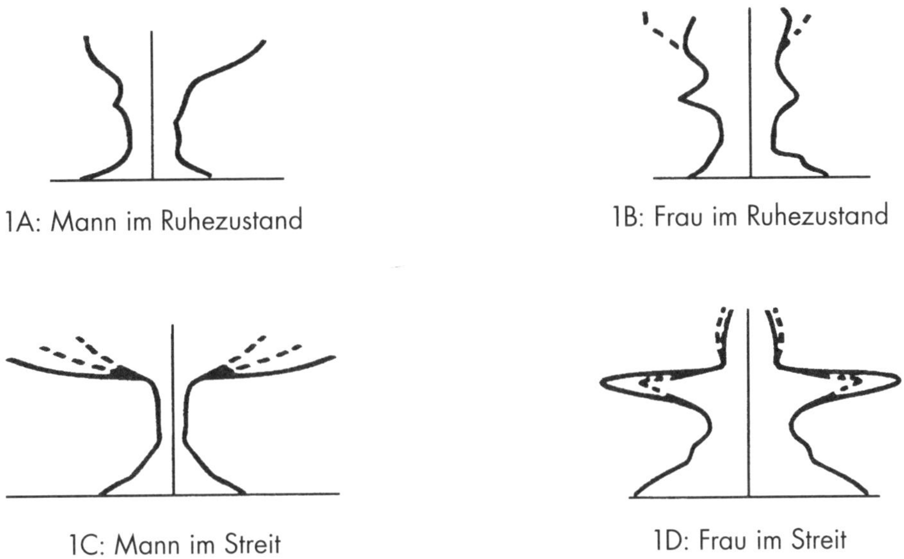

Abbildung 1

Abbildung 2

Abbildung 1 zeigt das Beispiel eines Paares in heftigem Streit. Man kann auf viele Arten miteinander streiten. Ich habe dieses Beispiel ausgewählt, weil es die Wechselbeziehungen der Hirnwellen so gut verdeutlicht. Im Ruhezustand unterscheiden sich ihre Muster nicht besonders stark. Im Streit jedoch „zielt" er aus seinen Beta-Wellen auf sie, sie zieht ihr Beta zusammen und „schießt" aus ihrem Alpha zurück. *Er* brüllt: „Ich denke …", und sie schluchzt: „Ich fühle …". Die Wirkung auf dem Mind Mirror ist beeindruckend. Man kann tatsächlich die Hirnwellen miteinander kämpfen sehen! In einem ähnlichen Fall konnte ich den Partnern Feedback über ihre Hirnwellen geben und sie ermutigen, durch Arbeit an ihren eigenen inneren Bewusstseinszuständen ihre leidenschaftliche Streitkultur zu verändern.

Abbildung 2 zeigt die Hirnwellenmuster einer jungen Mutter und ihres zwei Wochen alten Säuglings. Obwohl die Mutter vollkommen wach und bewusst ist und ihre Augen geöffnet hält, zeigt ihr Hirnwellenmuster fast ausschließlich Theta

3A: Ehemann

3B: Ehefrau

Abbildung 3 – langjährig verheiratetes Ehepaar, beide in Meditation

4A: Mutter

4B: erwachsene Tochter

Abbildung 4 – Mutter und ihre erwachsene Tochter in gemeinsamer Meditation

und Delta, ein Spiegelbild des Musters ihres Babys. Dabei erlebte sie eine tiefe Befriedigung, Gelassenheit, überwältigende Liebe und Verbundenheit mit ihrem Kind.

Abbildung 3 zeigt ein langjähriges Ehepaar. Dieses Paar war seit über 40 Jahren verheiratet, für beide war es die erste Ehe. Sie hatten in drei verschiedenen Ländern gelebt, zwei Kinder großgezogen und führten ein erfülltes Leben in Verbundenheit und Liebe. Obwohl die Hirnwellen nicht vollständig übereinstimmen, ähneln sie sich sehr in ihrem starken gefestigten Alpha und dem hohen Delta über der rechten Hemisphäre. Als sie zu mir zur Paarberatung kamen, fand ich, dass für jeden eher die Arbeit an sich selbst als an der gemeinsamen Beziehung im Vordergrund stand. Als beide daran gingen, ihre eigenen Themen zu bearbeiten, begann ihre Beziehung wieder zu erblühen.

Abbildung 4 zeigt die Hirnwellenmuster einer Mutter und ihrer erwachsenen Tochter in gemeinsamer Meditation. Obwohl sie nicht vollständig miteinander im Gleichklang sind (und dies auch gar nicht versuchen), so kann man doch die Ähnlichkeit der beiden Muster erkennen.

KANN MAN SICH BEWUSST AUFEINANDER EINSTIMMEN?

Bisher haben wir gesehen, wie sich Verheiratete, Liebende und Familien aufeinander einstimmen. Dies scheint ganz natürlich und unbeabsichtigt zu geschehen. Wenn Sie versuchen möchten, sich bewusst mit einem Freund einzustimmen (oder mit jemandem, mit dem Sie Schwierigkeiten haben) und Ihnen kein Biofeedbacksystem zur Verfügung steht, das Ihnen rückmeldet, ob es funktioniert oder nicht, könnten Sie gemeinsam meditieren. Wählen Sie ein Thema oder eine Meditationsweise aus, die Sie beide beherrschen. Versuchen Sie, Ihren Atem zu synchronisieren. Tauschen Sie sich über Ihre Erfahrung hinterher aus. Probieren Sie die Meditation der Bewusstseinsblase, und teilen Sie sich mit, was Sie erlebt haben. Je mehr Sie gemeinsam meditieren und die niedrigeren Frequenzen und unbewussten Zustände miteinander teilen, um so eher werden Sie auch die gleichen Hirnwellen produzieren.

Was bedeutet es auf der anderen Seite, wenn Sie spüren, wie Sie sich auf jemanden einstimmen, obwohl Sie es *nicht möchten*? Möglicherweise möchte eine andere Person mit Ihnen auf der Ebene der Hirnwellen Verbindung aufnehmen, während das für Sie unangebracht oder unangenehm ist. Obwohl Sie wahrscheinlich kein Biofeedback-Gerät haben werden, das Ihnen *genau* zeigen kann, was vor sich geht, so fühlen Sie sich vielleicht durch eine unangemessene Intimität bedrängt. In dieser Situation kann es Ihnen helfen, wenn Sie zu Ihrer Bewusstseinsblase zurückkehren und *jegliches Bewusstsein außer Ihr eigenes ausschließen.* Mit anderen Worten, lassen Sie die Haut Ihrer Blase einfach dicker werden. Sie können auch gezielt Verbindung zu Ihrem eigenen Höheren Selbst oder zu einer höheren Macht aufnehmen – was immer das konkret für Sie bedeutet. Diese Verbundenheit kann Ihnen Stärke verleihen, um sich gegen unerwünschte Annäherungen zu wappnen. Schließlich können Sie versuchen, Ihre Bewusstseinszustände abrupt zu wechseln, um Ihren Verfolger abzuschütteln. Gehen Sie in hochfrequentes Beta, verringern Sie es, und lassen Sie es los; produzieren Sie starkes Alpha, gehen Sie von Alpha wieder zurück zu Beta usw. Bleiben Sie in Bewegung, verweilen Sie in keinem Bewusstseinszustand, der von anderen erspürt werden könnte.

WIE SIE DURCH BEWUSSTES VERÄNDERN IHRER HIRNWELLEN IHRE KOMMUNIKATION MIT ANDEREN POSITIV BEEINFLUSSEN KÖNNEN

Manchmal werden Sie erleben, dass Ihr Hirnwellenmuster nicht zu der Situation passt, in der Sie sich befinden. Wenn Sie Ihren Bewusstseinszustand verändern, können Sie schwierige Situationen oft anders erleben und angemessener auf sie reagieren.

Ärger

Sie sind mitten in einer hitzigen Auseinandersetzung. Sie haben das Gefühl, bald die Kontrolle zu verlieren.

Stop! Nehmen Sie sich einen Augenblick Zeit, und dämpfen Sie Ihre Erregung durch einige tiefe, entspannende Atemzüge. Entspannen Sie Ihre Zunge, um Ihre Beta-Wellen zu reduzieren. Gehen Sie nach innen, und konzentrieren Sie sich auf Ihre innere Mitte. Wenn Sie sich sicher genug fühlen, bringen Sie Ihren Gegenüber in Ihre Bewusstseinsblase. Setzen Sie dann Ihre Kommunikation fort.

Angst

Sie fühlen sich wie gelähmt. Ihr Herz rast vor Angst, und Sie wissen nicht, was Sie tun oder sagen sollen.

Entspannen Sie sich auch hier. Schließen Sie die Augen, wenigstens ganz kurz, um Alpha-Wellen zu stimulieren. Imaginieren Sie für einen Moment, welche Art von Kommunikation Sie sich wünschen. Atmen Sie mehrmals tief durch, öffnen Sie die Augen, und beginnen Sie erneut.

Langeweile

Sie tun Ihr Bestes, um zuzuhören und wach zu bleiben, aber Sie drohen einzuschlafen oder zu erschöpfen. Sie wissen, dass Delta so ziemlich alles ist, was Sie noch zur Verfügung haben.

Erhöhen Sie Ihren Erregungszustand. Hyperventilieren Sie, d.h., atmen Sie mehrmals tief und schnell durch, um Ihren Hautwiderstand zu verringern. Manchmal reicht das aus. Wenn Sie eine stärkere Stimulation brauchen, denken Sie an etwas völlig anderes, und halten Sie dabei die Augen geöffnet. Wählen Sie etwas, das Sie aufregend und stimulierend finden. Fühlen Sie, wie sich Ihr Bewusstseinszustand verändert, und richten Sie dann Ihre Konzentration sofort wieder auf Ihr eigentliches Ziel. Hören Sie gespannt, interessiert und aufmerksam bis ins Detail zu.

KOMMUNIKATION MIT TIEREN

Es mag einleuchtend sein, dass die Hirnwellen von Menschen miteinander in Beziehung stehen. Weniger erforscht, jedoch sehr interessant ist die Tatsache, dass sich auch die Hirnwellen von Menschen und Tieren gegenseitig beeinflussen können.

Meine Arbeit mit Hirnwellen und Kommunikation zwischen verschiedenen Spezies bezieht sich auf Pferde und ihre Reiter oder Trainer. Ich kam zufällig damit in Kontakt, als ich Linda Tellington-Jones kennenlernte, eine international bekannte Tierexpertin, die den *Tellington TTouch* entwickelt hat und *TTeam* begründete, die *„Tellington-Jones Equine Awareness“-Methode.* Linda befasst sich ebenfalls mit Kommunikation zwischen verschiedenen Spezies. Als sie mich das erste Mal für ein Hirnwellenprofil aufsuchte, schloss ich sie an den EEG-Monitor an, während sie mit Menschen arbeitete. In diesem Zustand produzierte sie eine Art Awakened-Mind-Hirnwellenmuster mit sehr stark ausgeprägten Theta-Wellen.

Um herauszufinden, ob ihre Schüler ein ähnliches Muster hatten, führte ich auf einem ihrer Workshops auf einer Ranch in Colorado einen Versuch durch. Ich hatte beobachtet, dass alle ihre Schüler, die den TT auch über längere Zeit erlernt hatten, in normalem wachen Ruhezustand starke Theta- und Delta-Wellen produzierten. Sechs von elf Teilnehmern zeigten ein fast komplettes Awakened-Mind-Muster in der linken Hemisphäre, eine Person produzierte einen ebenso stabilen Awakened Mind wie Linda Tellington-Jones.

Der Tellington TT beinhaltet auch eine spezielle Methode, die Haut eines Pferdes, eines anderen Tieres oder eines Menschen im Uhrzeigersinn zu massieren. Linda Tellington-Jones erklärte mir, dass es sehr schwierig sei, eine umfassende Definition ihrer Arbeit zu geben. Hier ihre eigene Beschreibung:

> Der Tellington TT auch ist ein spezielles System aus Berührungen mit den Fingern und der Hand. Es werden Stellen am Körper eines Tieres ausfindig gemacht, die auf Spannung, Angst, Schmerzen oder Beschwerden hinweisen, die seine Fähigkeit zur Leistung oder Kooperation herabsetzen. Spezielle Berührungen und Bewegungen werden unterrichtet, um Spannungen zu reduzieren und Beschwerden, Schmerz oder die Angst vor Schmerz zu vermindern. Die Berührung wird auch eingesetzt, um Heilungsprozesse und die Erholung nach Verletzung oder Krankheit bei Tieren und Menschen zu beschleunigen. Einstellung und Verhalten kann ebenfalls durch die Berührung beeinflusst werden. Die Denk- und Leistungsfähigkeit von Tieren wird verbessert, bei Menschen erhöht sich die Konzentrationsfähigkeit.

Unser nächster Schritt war der Versuch, die Hirnwellen der Pferde abzuleiten und dann zu beobachten, ob sie durch den IT auch beeinflusst würden. Wir fanden im Ruhezustand der Pferde hauptsächlich Theta- und Delta-Wellen mit gelegentlich aufblitzendem Alpha. Als der TT auch angewendet wurde, erreichten wir eine Aktivierung aller vier Hirnwellen-Kategorien bei den Pferden. Wir beobachteten eine besonders stabile Aktivierung von Alpha während des TTouches, darüber hinaus beobachten wir etwas Beta.

Später benutzten wir ein Funksystem, um die Hirnwellen der Pferde während der Bewegung zu übertragen. Bei bestimmten Bewegungsmustern wurden höhere Frequenzen aktiviert, bei anderen nicht. Ich beobachtete dann gleichzeitig die Hirnwellen von Linda Tellington-Jones und die ihres Pferdes und fand ein hohes Maß an Übereinstimmung zwischen der Trainerin und ihrem Pferd!

DAS TELEPATHISCH BEGABTE PFERD

Das vielleicht überraschendste Erlebnis hatten wir während der Arbeit mit einer zwei Jahre alten Vollblutstute, die ihr Besitzer für verrückt hielt. Ursprünglich zeigte dieses Pferd vollkommen unzusammenhängende Hirnwellen mit unkontrollierten Ausschlägen hoher Amplitude. Es hatte außerordentlich starkes Theta und Delta und weniger Alpha und Beta, als wir erwartet hatten, nachdem wir die Hirnwellen der anderen Pferde gesehen hatten. Linda Tellington-Jones nahm sich etwas Zeit, den TTouch anzuwenden.

Später stand ich vor einer Gruppe von Leuten, sprach über unsere Entdeckungen und erörterte die Schwierigkeiten dieses besonderen Pferdes. Ich erklärte, dass dieses Pferd nur Theta und Delta produzieren konnte, jedoch kein Alpha – woraufhin das Pferd sofort starkes Alpha produzierte. Als alle lachten, sagte ich: „O.k., aber es kann noch lange kein Beta produzieren!" Als es daraufhin Beta produzierte, lachte niemand mehr, denn wir schauten mit offenem Mund zu! Die Zeit war zu knapp, um mit diesem Pferd weiter zu experimentieren. Ich frage mich noch heute, was geschehen wäre, wenn ich gesagt hätte: „O.k., aber es kann keinen Awakened Mind produzieren!"

Am Ende unserer Untersuchung gab Linda Tellington-Jones ihrem Wunsch Ausdruck, unsere Forschung zu den Hirnwellen und der Kommunikation zwischen verschiedenen Spezies fortzuführen. Sie sagte: „Für mich ist das erst der Anfang. Ich glaube, dass wir herausfinden werden: Wenn wir ein Tier auf diese Weise berühren, sei es ein Pferd, eine Katze oder ein Hund, beeinflussen wir nicht nur die Gesundheit des Tieres, sondern auch unsere eigene. Das Tier wird zu unserem Lehrer, und die nonverbale Kommunikation zwischen verschiedenen Spezies wird unseren Planeten verändern, wenn wir lernen, miteinander auf diese Weise umzugehen."

REITTHERAPIE

Einige Zeit danach hatte ich erneut Gelegenheit, die Hirnwellen von Pferden zu messen, diesmal in einem Zentrum für Reittherapie für Kinder. Ich sah die gleichen charakteristischen Hirnwellenmuster wie vorher, aber bei genauem Hinsehen bemerkte ich die Unterschiede in der Organisation der Hirnwellen. Ausgelassene, junge, lebhafte Pferde zeigten ein stabiles, gut organisiertes Muster, das der alten Pferde war eher unzusammenhängend und desorganisiert.

Die Kinder waren durch verschiedene Krankheiten behindert, einschließlich spastischer Lähmungen und Autismus. Das am stärksten behinderte Kind sollte einen alten Klepper reiten, da man annahm, dass sein Alter und seine Langsamkeit es zu einem verlässlicheren Partner machen würden. Wir fanden jedoch, dass wenn das Kind das alte Pferd mit den desorganisierten Hirnwellen ritt, seine eigenen Hirnwellen ebenfalls desorganisiert wurden. Als das gleiche Kind das Pferd mit dem stabilsten Muster ritt, veränderten sich auch seine Hirnwellen und wurden besser organisiert! Wir beobachteten, dass die Hirnwellen des Pferdes einen eindeutigen Einfluss auf die des reitenden Kindes hatten. Mit diesem Wissen ausgestattet konnten wir das passendste Pferd für jedes Kind auswählen. Es gibt sicher noch viele interessante Dinge darüber zu lernen, wie Tiere mit Menschen kommunizieren und sie beeinflussen.

Wir alle sind soziale Wesen, deren Kontakte ein breites Spektrum umfassen, von unserer Beziehung zu Tieren über Kommunikation mit unseren Partnern, Kindern, Kollegen oder Freunden bis hin zu Gemüsehändlern, Postboten, Bankangestellten und Fremden in einer Menschenmenge. Wir stehen unablässig in irgendeiner Verbindung zu anderen. Wie wir diese Verbindungen prägen und erleben, wird durch unsere Hirnwellenmuster bestimmt und ist ihr Spiegelbild.

Wenn wir uns bemühen, unsere Bewusstseinszustände im Kontakt miteinander wahrzunehmen, wenn wir lernen, unser Radar angemessen zu benutzen und unsere Kommunikation bewusster zu gestalten, können wir unsere Beziehungen intensivieren. Wenn wir verstehen, wie andere Menschen unsere Hirnwellen beeinflussen und wie wir die ihrigen beeinflussen können, verbessern wir unsere Empathie, unsere Kommunikationsfähigkeiten und unsere Zufriedenheit in Beziehungen.

ACHT

DER KREIS SCHLIESST SICH – SCHLUSS UND ANFANG

In 50 Jahren mag ein Buch wie dieses Allgemeingut sein. Aber heute ist es wichtig, in die Zukunft zu schauen und zu sehen, wohin unser Weg führt. Die Reise zur Entwicklung des eigenen Bewusstseins ist aufregend und bereichernd. Wenn sie in der richtigen Weise unternommen wird, kann sie Spaß machen, sicher, erdverbunden und ausgesprochen nützlich sein.

Das Bewusstsein zu erwecken und höhere Bewusstseinszustände zu erleben, ist zweifellos ein weiterer Schritt in unserer Evolution. Es ist jedoch kein glatter, unkomplizierter, linearer Entwicklungsprozess. Es gibt Hügel und Täler, Wellen und Ruhezeiten, vorhersehbare und unerwartete Ereignisse.

In diesem Prozess sind nur Sie wichtig. Ihre Erfahrungen, Bedürfnisse, Einstellungen und Lebensanschauungen machen aus, wer Sie sind. Wenn Sie lernen, Ihre inneren Bewusstseinszustände zu beeinflussen, können Sie Ihr eigenes Schicksal besser in die Hand nehmen. Die Entwicklung Ihres eigenen Bewusstseins gleicht einer persönlichen Reise, bei der Sie Schmerz in Freude verwandeln können.

IHRE PERSÖNLICHE REISE

Wenn Sie erst einmal den ersten Schritt auf dem Weg Ihrer persönlichen Entwicklung gegangen sind, werden Sie sich den Weg zu eigen machen. Er mag einige Zeit lang parallel zu anderen verlaufen, aber niemand sonst geht genau Ihren Weg. Das kann manchmal aufregend und verunsichernd sein, so als würden Sie mit einem kleinen Floß gewaltige und scheinbar endlose Stromschnellen überwinden müssen. Zu anderen Zeiten wundern Sie sich vielleicht, wo Ihr Schwung geblieben ist, und haben das Gefühl, stehenzubleiben und zu stagnieren.

VERÄNDERUNG

Wenn Sie sich entwickeln und lange vernachlässigte Anteile Ihres Selbst zum Leben erwecken, können sich Ihre Wahrnehmung und Ihr Selbstverständnis verändern. Ihre persönlichen Bedürfnisse und Wünsche, Ihre Einstellungen und Interessen, Ihr Energieniveau und Ihre Gesundheit, Ihr Verhältnis zur Umwelt, die Art Ihrer Kommunikation und Ihrer Beziehungen und Ihre langfristigen Ziele und Wünsche können sich auf interessante und überraschende Weise verändern. Es mag Zeiten geben, in denen Sie glauben, dass mit Ihnen etwas nicht in Ordnung ist, dass Sie wie früher sein sollten oder mehr wie andere Menschen. Wenn Sie die Sprache der höheren Bewusstseinszustände erlernen, mag es so aussehen, als ob Sie sich mit immer weniger Menschen über Ihre Erfahrungen austauschen können.

Diese persönliche Transformation wird mit ziemlicher Sicherheit Ihre Umwelt, Ihre Beziehungen und Ihre inneren Erfahrungen verändern. Sie können leugnen, dass Sie sich verändern, oder diese Tatsache vor Ihren Lieben aus Angst vor negativen Reaktionen verheimlichen. Dann ist es Zeit, die Gesellschaft und den Rat anderer zu suchen, die sich ebenfalls auf dem Weg persönlicher oder spiritueller Entwicklung befinden. Wenn Sie danach Ausschau halten, werden Sie auf ein großes Netzwerk von Menschen stoßen, die Ihnen Unterstützung geben können. Dies könnte auch die Zeit sein, in der ein spiritueller Lehrer auftaucht.

WAS KANN ICH TUN, WENN ICH MICH VERÄNDERE, MEIN/E (EHE)-PARTNER / FREUND / FREUNDIN JEDOCH NICHT?

Dies ist ein häufiges Dilemma, für das es wegen der individuellen Lebensumstände jedes Menschen keine allgemeingültigen Antworten gibt. Es gibt jedoch einige gemeinsame Erfahrungen, die wir alle miteinander teilen. Es ist am besten, die Veränderungen nicht zu verstecken oder vor denen, die Ihnen nahestehen, zu verheimlichen. Teilen Sie sich in der Erwartung mit, dass Ihre Nächsten und Liebsten interessiert sein werden entweder wegen seines oder ihres eigenen Interesses an persönlicher Entwicklung oder aus aufrichtiger Liebe zu Ihnen, oder weil sie sich das Beste für Sie wünschen.

Aber zwingen Sie Ihren Weg niemandem auf. Vielleicht möchten selbst die Menschen, die Sie lieben, nichts darüber hören, was sie erleben. Oder sie können es nicht ertragen, weil es sie selbst verunsichert. Dies hat nichts mit Ihnen zu tun! Es ist ihr eigenes Problem, mit dem sie selbst fertig werden müssen. Sie werden es nicht für Ihre Mitmenschen lösen können. Sie können ihnen nur den Raum geben, sich auf *ihre* Weise und in *ihrem* Tempo zu entwickeln, nicht auf lhre Weise und in Ihrem Tempo. Im Kern geht es um eine entspannte und gewährende Grundhaltung.

Vielleicht wird Ihre Umgebung auch neidisch reagieren, wenn Sie positive, kraftvolle, kreative, anregende oder angenehme Bewusstseinszustände erleben und diese Erfahrungen mit den falschen Menschen oder auf die verkehrte Weise teilen wollen. Sie haben nichts zu verbergen, und es gibt nichts, was Ihnen peinlich sein sollte. Nicht jeder wird Sie verstehen und Ihren Weg würdigen können. Persönliches Wachstum und eine individuelle Entwicklung führen manchmal dazu, dass sich Wege trennen. Wenn Ihre Beziehung gefestigt ist und Sie beide wirklich zusammenbleiben wollen, sollten Ihre Veränderung und Ihr Wachstum kein Problem sein, solange Sie sich mit Respekt, Selbstachtung und in Unabhängigkeit begegnen. Manchmal kann eine Paarberatung helfen, die Bedürfnisse, Erfahrungen und gegenseitigen Erwartungen auszutauschen. Nehmen Sie sich genug Zeit füreinander, und bleiben Sie im Gespräch.

Bei jedem Paar liegen die Dinge anders. Ich kenne viele Paare, deren Interesse an Spiritualität und der Entwicklung des eigenen Bewusstseins die Partnerschaft gestärkt hat. Bei einem Paar hatten die Unterschiede in ihren persönlichen Neigungen, ihrem Verhalten und ihren emotionalen Bedürfnissen das Zusammengehörigkeitsgefühl im Laufe von 25 Jahren geschwächt. Wenn sie jedoch zusammen beteten, verschwanden ihre Schwierigkeiten, und sie fühlten sich stark und verbunden. Wenn einer der Partner eine große Distanz spürte oder vom Verhalten des anderen irritiert war, betete er für ihn. Wenn einer von beiden dagegen das Verhalten, die Gefühle oder die Bedürfnisse des anderen bestimmen wollte, wurde die Beziehung geschwächt.

Ein anderes Paar, das sich bereits seit fünf Jahren kennt, hat ganz andere spirituelle Bedürfnisse. Sie steht morgens zwischen vier und fünf Uhr auf, meditiert zwei bis drei Stunden und macht dann ein oder zwei Stunden Gymnastik oder treibt Sport. Sie war diesem Rhythmus schon jahrelang gefolgt, bevor sich beide trafen. Sie nimmt mehrmals im Jahr an Workshops teil und liest Bücher über Spiritualität und persönliches Wachstum. Ihr Partner kam aus der Geschäftswelt und meditierte nicht, bevor sie sich kennenlernten. Ihm wurde schnell klar, dass er ihr ihre morgendlichen Gewohnheiten lassen musste, wenn er an einer gesunden Beziehung interessiert war. Je mehr er ihre Bedürfnisse achtete, um so besser entwickelte sich die Partnerschaft.

Auf der anderen Seite hat sie gelernt, dass sie Zeit, Energie und Nähe in die Verbindung investieren muss. Sie hat ihre Isolation, ihren Lebensstil als Single und ihren Rückzug in die Meditation teilweise aufgegeben, um eine starke und tragfähige Verbindung mit ihrem Partner eingehen zu können. Beide haben diese Veränderungen bewusst vorgenommen und sich darüber offen ausgetauscht. Ich würde nicht behaupten, dass ihre Beziehung immer einfach ist, aber sie haben die Herausforderung angenommen, zwei unterschiedliche spirituelle Charaktere miteinander zu verbinden. Sie tun dies in gegenseitigem Mitgefühl, einem starken Interesse, ihren individuellen Bedürfnissen nachzugehen, und einem Bekenntnis zu ihrer Partnerschaft, das zu einer gefestigten und erfolgreichen Verbindung geführt hat.

Beispiele wie diese sind jedoch nicht unbedingt die Regel. Viele Paare entwickeln sich aus unterschiedlichen Gründen auseinander, nicht nur wegen des emotionalen oder spirituellen Wachstums eines Partners. Wenn die Trennung unvermeidbar ist, können beide Partner immer noch versuchen, ihren höheren Zielen treu zu bleiben und im Interesse aller Betroffenen zu handeln. In diesen manchmal komplizierten und schmerzhaften Situationen können Meditationen Unterstützung und Trost bieten.

DURCH DIE STROMSCHNELLEN DES LEBENS

Vielleicht sind Sie manchmal verwirrt und durcheinander, während Sie Ihren Weg gehen. Denken Sie daran, *tief durchzuatmen!* Zögern Sie nicht, sich bei Ihrer emotionalen, energetischen oder spirituellen Entwicklung helfen zu lassen. *Achten Sie darauf, dass Sie Menschen um Hilfe bitten, die Ihnen auf Ihrem Weg weit genug voraus sind, um Ihnen helfen zu können.* Folgen Sie Ihrer Intuition, um jemanden zu finden, dem Sie sich öffnen und dem Sie vertrauen können. Wenn in der Beziehung zu einem anderen Menschen Ihre „Alarmglocken läuten", hören Sie auf Ihr inneres Gefühl, egal wie erfahren die Person zu sein scheint.

Ich bin meinen eigenen Lehrern auf unterschiedlichsten Wegen begegnet. Zwei von ihnen lernte ich auf die folgende Weise kennen: Als ich in London lebte, führte mich Max Cade einmal in eine Meditation, in der ich den nächsten Schritt auf meinem spirituellen Weg finden wollte. Ich habe seine Worte vergessen, aber ich erinnere mich an das lebhafte Gefühl, tief drinnen in einem Tempel auf einer Steinplatte zu liegen. Ich war von etwa einem Dutzend Gestalten in langen Gewändern mit Kapuzen umgeben. Die Erfahrung war eher kinästhetisch als visuell. Ich fühlte, wie aus etwa einem Dutzend Händen Energie in meinen Körper strömte und empfand ein sanftes Schaukeln. Es war eine spannende Meditation, aber da ich mir ihre Bedeutung nicht erklären konnte, beeindruckte sie mich nicht weiter.

Eine Woche später hielt ich einen Vortrag auf einem Kongress über Selbstheilung im Norden Englands. In der Woche darauf besuchte ich, wie jeden Monat, die Heilpraxis von Major Bruce MacManaway. Einmal im Monat organisierte er ein Wochenende mit sechs oder acht Heilern, die in verschiedenen Räumen eines großen Hauses in Victoria, einem eleganten älteren Stadtteil Londons, arbeiteten. Bei der Ankunft bestimmte er mit einem Pendel für jeden Klienten den geeigneten Heiler.

An diesem Tag hatte ich kein besonderes Problem, nur den Wunsch nach positiver Energie. Außerdem hatte ich leichte Rückenschmerzen nach einer Verletzung, die ich mir beim Tanzen zugezogen hatte. Bruce schickte mich in ein Zimmer im 1. Stock, wo ein Mann auf mich wartete, den ich noch nie gesehen hatte. Ich stellte mich vor und legte mich auf die Liege. Ich schloss meine Augen und war nach wenigen Minuten wieder mitten in der Meditation, die ich bei Max erlebt hatte. Als der Mann seine Hände auf meinen Körper legte, fühlte ich die vielen Hände der Mönche, die mich in der Meditation umgeben hatten.

Nach der Sitzung sagte ich: „Ich habe dieses Gefühl schon einmal erlebt. Ich weiß, dass ich hier sein soll." Er erwiderte: „Ich wusste, dass du kommen würdest. Ich habe dich letzte Woche auf dem Kongreß gehört. Seitdem habe ich dich erwartet." Während des nächsten Jahres traf ich ihn einmal pro Woche. Er war es, der mich durch die physischen und energetischen Erlebnisse meiner Kundalini-Erfahrung führte.

Nach mehreren Monaten – zu dieser Zeit wusste er von meiner Arbeit mit Hirnwellen und Meditation – lieh er mir ein Buch mit dem Titel *„Meditations from the Tantras"* von Swami Satyananda Saraswati und sagte, dass es mich sicher interessieren würde. Obwohl ich einen Blick hineinwarf und es mir interessant erschien, las ich während der nächsten sechs Monate nicht darin. Ich trug es einfach mit mir herum. Obwohl ich von diesem Autor noch nie gehört hatte, wusste ich, dass er ein wichtiger Lehrer war und dass das Buch eine besondere Bedeutung für mich hatte. Ich fühlte mich sicher, wenn ich es bei mir hatte, und vermisste es, wenn es zu Hause lag. Als mein Heiler und Freund mich schließlich bat, ihm das Buch zurückzugeben, überflog ich es schnell und fand es sehr vertraut, als würde ich den Inhalt bereits kennen. (Ich besitze inzwischen viele seiner Bücher, und sie haben noch nach 18 Jahren die gleiche Kraft für mich.) Nach ein paar Monaten traf ich Swami Satyananda persönlich, als er sich aus Indien kommend in London aufhielt, und konnte mit ihm arbeiten. Jahre später besuchten mich andere Swamis aus seiner Bihar School of Yoga und gaben in meinem Seminarhaus in Boulder, Colorado, Meditationsunterricht.

Lehrer können uns in vielerlei Gestalt begegnen. Die nächste Person, die Sie auf Ihrem Weg unterstützt, könnte Ihr Therapeut sein, ein Freund oder Bekannter, Ihr Frisör oder ein Fremder. Ich habe sehr viel von meinem Sohn gelernt.
Einmal begegnete mir ein Lehrer in Gestalt eines Mannes, dessen Name ich nie erfuhr und dem ich nur eine Minute begegnete. Ich war in Deutschland und bereitete eine Performance meiner Tanzgruppe vor, an der auch die Zuschauer teilnehmen sollten. Wir hatten eine riesige Halle gemietet und hatten noch eine knappe Stunde Zeit bis zur Vorstellung, als eines unserer wichtigsten elektrischen Geräte ausfiel. Ich geriet etwas in Panik und bat den Geschäftsführer um Hilfe.

Ich sagte zu ihm: „Wir haben ein Riesenproblem, und ich habe keine Ahnung, *was* wir tun sollen!" Er legte beruhigend die Hand auf meine Schulter, schaute mir geradewegs in die Augen und sagte auf Englisch mit einem starken deutschen Akzent: „Wir haben hier keine Probleme. Wir haben nur Situationen. Also, wie ist Ihre Situation?" Noch nach Jahren erinnere ich mich jedesmal an seine Stimme, wenn ein Problem auftritt.

Wenn Sie keinen passenden Lehrer finden, können Sie auch in Büchern nach Hilfe suchen. Sie werden bestimmt Bücher finden, die auf die individuellen Bedingungen Ihres Entwicklungsprozesses eingehen. Ein Nachmittag in der Bücherei oder im Buchladen kann ein sehr lohnender Zeitvertreib sein.

Wenn Sie wirklich in Schwierigkeiten stecken, können Sie sich immer darauf verlassen, dass die Dinge sich verändern. Es wird weitergehen! Wenn Sie es noch nicht getan haben, können Sie sich jetzt Ihrer höheren Macht zuwenden und sich auf sie stützen oder auf Gott, so wie *Sie* ihn verstehen.

HINGABE

Manchmal müssen wir *einfach loslassen.* Versuchen Sie nicht länger, die Ereignisse zu bestimmen, und überlassen Sie alles Gott. In wirklich harten Zeiten hilft es manchmal nur, wenn wir uns vollständig in die Hände einer höheren Macht begeben. Die Anonymen Alkoholiker sind eine Organisation, die 1935 gegründet wurde, um Alkoholikern bei der Bewältigung ihrer Krankheit zu helfen. Es handelt sich um ein spirituelles Programm, das auf 12 Schritten beruht. Viele andere Programme haben sich aus den ursprünglichen Vorgaben der Anonymen Alkoholiker entwickelt und helfen Menschen aus allen Lebensbereichen. Die ersten drei dieser 12 Schritte beziehen sich besonders auf den spirituellen Prozess, um den es hier geht. Sie haben vielen Menschen geholfen, einfach loszulassen.

1. Wir gaben zu, dass wir keine Macht über den Alkohol (Essen, Gewinnspiele, Ängste, Menschen, Orte, Dinge) hatten – dass unser Leben unkontrollierbar geworden war.
2. Wir fanden den Glauben, dass eine Macht, die größer ist als wir selbst, uns unsere Gesundheit zurückgeben konnte.
3. Wir entschieden uns, unseren Willen und unser Leben in die Fürsorge Gottes zu geben, so *wie wir Ihn verstanden.*

Diese drei einfachen Sätze enthalten den Kern der Weisheit, die in der Hingabe liegt, das Akzeptieren unserer Machtlosigkeit, den Glauben und die Hingabe an diese höhere Macht. Diese einfachen Grundsätze haben zahllose Leben gerettet und vielen Menschen Gleichgewicht und Gelassenheit geschenkt.

Der scheinbare Widerspruch zwischen Selbstkontrolle und Hingabe ist oft schwer zu verstehen. Wie können wir uns entwickeln, wenn wir dazu als Erstes die Kontrolle über uns selbst bekommen müssen, aber gleichzeitig keine Macht über uns haben? Wie können Selbstbestimmung und Machtlosigkeit nebeneinander existieren? Es ist fast wie ein Zen-Koan: „Wie ist der Klang einer klatschenden Hand?"

Wenn Sie Ihre Machtlosigkeit annehmen und sich der Fürsorge und dem Licht einer höheren Macht übergeben, werden Ihnen Führung und Gleichmut zuteil. Dieses Geschenk gibt Ihnen die Macht über sich selbst. Deshalb liegt in der Hingabe an unsere Spiritualität unsere wahre Macht.

Das Tao des Himmels ist mühelos und hat doch Erfolg.
Es spricht nicht und gibt doch Antworten.
Es bittet nicht, doch werden all seine Bedürfnisse erfüllt.
Es ist in sich frei, und doch folgt es einem Plan.
- *Lao Tzu, Tao Te Ching,* Kapitel 73

SPIRITUALITÄT

Wenn Sie den Weg persönlichen Wachstums einschlagen, wird die spirituelle Entwicklung ganz natürlich folgen. Unabhängig von Ihrer Religion, Ihren Überzeugungen und Grundsätzen oder Ihrem Glaubenssystem werden Sie Ihre spirituelle Bewusstheit erweitern, wenn Sie die Fähigkeiten Ihres Gehirns entwickeln. Wenn Ihr Unbewusstes und Ihr Unterbewusstsein besser zugänglich werden, treten häufig eine Reihe von Veränderungen ein. Oft sind die Reiche des Unterbewussten und des Unbewussten das Tor zu unserer Spiritualität. Plötzlich verändert sich unser Glauben, und wir gewinnen tiefes Vertrauen in eine Art göttliche Ordnung des Universums, in eine Macht, die größer ist als wir selbst. Auch wenn dieser Gott sich von dem Gott Ihrer Kindheit unterscheiden mag, wird er eine liebende Macht und keine strafende Macht sein. Eine heilende Kraft, der wir uns vollkommen anvertrauen können.

Es ist unwichtig, in welcher Form uns diese Macht begegnet. Höhere Macht kann viele Namen und Formen haben: Gott, Großer Geist, Buddha, Jesus, Große Mutter, Brama, Vischnu, Shiva, Mohammed, Natur, Liebe, Licht und Göttliches Wesen, um nur einige zu nennen. Viele Menschen erleben Gott in sich selbst und nicht als etwas, was außerhalb von ihnen existiert. Sie spüren Gott als eine Art inneres Licht oder ein höheres Selbst. Gott kann uns auch in Form eines Guru begegnen (*Gu* = „Dunkelheit" und *ru* = „vertreiben") oder eines Lehrers, eines Mediums, durch das Sie das Höhere Wesen erkennen können. Sri Rama Krishna lehrt: „In Wirklichkeit sind Gott der Absolute und Gott der Schöpfer ein und dasselbe Wesen. Die absolute Existenz, Intelligenz, Seligkeit ist die allwissende, allintelligente und allselige Mutter des Universums."[1]

Die folgende Meditation entstammt der christlichen Überlieferung, hier in einer Bearbeitung von Anthony de Mello, und soll den Meditierenden helfen, sich den unendlichen Möglichkeiten Gottes zu öffnen. Sie wurde von der hinduistischen Übung inspiriert, die tausend Namen Gottes zu rezitieren.

> „Ich fordere dich nun auf, tausend Namen für Jesus zu erfinden. Tue dies dem Psalmenschreiber gleich, der sich nicht mit den üblichen Namen Gottes, wie Herr, Retter, König, zufriedengibt, sondern mit der ganzen Kreativität seines liebenden Herzens neue Namen für Gott erfindet. *Du bist mein Fels,* wird er sagen, *mein Schild, meine Festung, meine Freude, mein Lied …* "[2]

Letztlich führen uns alle Erscheinungen Gottes zum selben Ort zu absoluter Seligkeit, zu Frieden und Wohlbefinden. Dieser Zustand ist mit Worten nicht zu beschreiben, man würde ihm nur Grenzen setzen.

Ich wüsste gern, auf wen die folgende Meditation zurückgeht. Soweit ich weiß, tauchte sie zuerst in Australien auf. Sie war in Sanskrit auf ein Stück Papier geschrieben, das in einem Buch von Swami Satyananda Saraswati steckte. Ich habe nie herausgefunden, wer sie übersetzt hat.

REINER GEIST

Ich weiß, dass ich nichts als reiner Geist bin, dass ich es immer war und immer sein werde. Tief in mir gibt es einen Ort des Vertrauens, der Stille und der Sicherheit, der um alle Dinge weiß und alles versteht. Dies ist das Allumfassende Bewusstsein, Gott, von dem ich ein Teil bin und der mir gibt, wenn ich bitte.

Dieses Allumfassende Bewusstsein kennt die Antwort auf all meine Probleme, und selbst in diesem Augenblick sind die Antworten auf dem Weg zu mir. Ich muss nicht um sie kämpfen. Ich muss mich nicht sorgen oder mühen. Wenn die Zeit reif ist, werden alle Fragen beantwortet.

Ich übergebe meine Probleme dem Allumfassenden Bewusstsein. Ich lasse sie los und vertraue, dass ich die richtigen Antworten erhalten werde, wenn ich sie brauche. Durch das Gesetz der Anziehung wird alles zu mir kommen, was ich in meinem Leben, für meine Arbeit und meine Erfüllung brauche. Dazu bedarf es keiner Anstrengung, nur des Glaubens. Denn in der Stärke meines Glaubens liegt diese Macht.

Ich weiß, dass mein Körper ein Ausdruck reinen Geistes ist, und dieser Geist ist vollkommen; daher ist auch mein Körper vollkommen. Ich genieße das Leben, denn jeder Tag zeigt mir die Macht und die Wunder des Universums und meines Selbst. Ich bin voller Zuversicht … ich bin gelassen … ich bin sicher.

Wenn Hindernisse oder widrige Umstände meinen Weg kreuzen, werde ich sie nicht hinnehmen. Es gibt keine Hindernisse oder widrige Umstände für das Bewusstsein, das ich bin und das mir dient.

MEISTERSCHAFT

Das Hauptthema dieses Buches ist Meisterschaft, die Beherrschung Ihrer Bewusstseinszustände, die Fähigkeit, den optimalen Bewusstseinszustand jederzeit zu identifizieren und sich in ihn hineinzuversetzen.

Meditation und Hirnwellentraining können Ihr Leben und Ihre Spiritualität tiefgreifend verändern, aber das geschieht nicht über Nacht. Es geht um einen längeren Entwicklungsprozess. Das Erwachen des eigenen Bewusstseins kann unterschiedlich lange dauern und sich auf die verschiedenste Weise ausdrücken. Trotzdem gibt es letztlich nur *ein* Erwachen. Vielleicht ist die treffendste Beschreibung dieses Vorganges, dass das Unbewusste uns bewusst wird.

Christopher Hills schreibt: „Die Kraft der Evolution interessiert sich nicht für eine bestimmte Philosophie, religiöse Tradition oder wissenschaftliche Methode, sondern für den Weg zur wahren Meisterschaft ... die Werkzeuge Religion und Wissenschaft sind im evolutionären Sinn nicht größer als ihre Benutzer."[3]

Swami Rama verbindet Evolution mit eigener Meisterschaft im Leben und erklärt aus der Sichtweise der Yoga-Philosophie, dass allein die *Tatsache,* dass wir unsere Hirnwellen kontrollieren lernen, in einen evolutionären Prozess mündet:

> ... Wachstum beruht immer darauf, dass wir uns zu einem gewissen Grad von den Dingen lösen, an denen wir hängen. Dies erlaubt uns, an uns selbst und unserer Welt Dinge zu beobachten, gegenüber denen wir bisher blind waren. Dadurch werden wir bewusster. Wenn die Bewusstheit wächst, werden wir in einer neuen Definition von uns selbst ganz unvermeidlich eine neue Fähigkeit zur Kontrolle entdecken. Was uns bisher verborgen war und uns kontrollierte, liegt nun in unserem Einflussbereich. Eine größere Fähigkeit zur Beobachtung führt zu einer größeren Fähigkeit zur Kontrolle ... Wenn wir Teile von uns selbst, die bisher unserer Wahrnehmung entzogen waren, unter die Kontrolle unseres Bewusstseins bringen, werden sie allmählich immer koordinierter ... Was früher Konflikte verursachte, wird nun zu einem harmonischen Ganzen verschmolzen. Die Fähigkeit, unsere Errungenschaften durch einen ganz neuen Grad von Integration zu beeinflussen ..., jeder Schritt auf der langen Reise der Evolution beruht auf einem Prozess verbesserter Wahrnehmung, der uns zu erhöhter Kontrolle und Integration führt.[4]

EINE ZUKUNFTSVISION

Ich habe eine Zukunftsvision, in der das Bewusstsein von Männern und Frauen erwacht ist, in der unbewusste Kommunikation alltäglich ist, in der wir auf Synchronizität vertrauen, in der Heiler in Krankenhäusern arbeiten, Hirnwellentraining in Schulen unterrichtet wird, in der man in Unternehmen und Behörden regelmäßig meditiert und in der sich unser Bewusstsein erweitert hat und Seele und Geist einschließt.

Eines Tages werden wir, so Gott will, als Gesellschaft und in unseren Familien die evolutionären Veränderungen durch höhere Bewusstseinszustände ehren, respektieren und unterstützen. Wir werden Veränderungen in unseren Gehirnen nicht als pathologisch betrachten. Stattdessen werden wir die Reise des Erwachens durch Forschung, theoretischen Unterricht und Selbsterfahrung unterstützen.

Beratung wird darauf gerichtet sein, die Entwicklung unseres Bewusstseins zu berücksichtigen und zu fördern. Ärzte werden die Symptome spiritueller Krisen oder eines unerwarteten oder plötzlichen Erwachens erkennen und die Betroffenen beraten und unterstützen können, statt sie abzuwerten, zu entmutigen oder einzusperren. Religionen werden ernsthaft ihr gemeinsames spirituelles Fundament erforschen und sich nicht länger durch das Festhalten an ihren eigenen Dogmen definieren.

Stellen Sie sich eine Welt vor, in der alle Wesen danach streben und sich darin unterstüzen, zu höheren Bewusstseinszuständen zu erwachen. Was würde mit Armut, Hunger und Obdachlosigkeit geschehen? Mit politischem Aufruhr und Krieg?

Wie würden sich die Belastungen durch Stress und Ängste verändern? Wie würden sich Beziehungen, Familien und Gemeinschaften entwickeln, wie unsere Kreativität? Welche Entwicklungen würden in Wissenschaft und Künsten stattfinden? Was würde mit den Religionen geschehen?

Höhere Bewusstseinszustände werden nicht alle unsere Probleme lösen oder uns den Himmel auf Erden bescheren. Die Menschheit muss die Probleme der Erde auf praktische, realistische und angemessene Weise lösen. Aber stellen Sie sich vor, es wären Menschen mit diesen Aufgaben befasst, die zu ihrem höchsten kreativen und spirituellen Bewusstsein erwacht sind. Wie anders wäre diese Welt!

Ich bin guter Hoffnung für die Zukunft. Schon jetzt beobachte ich, wie sich die Gesellschaft um mich herum langsam und stetig verändert. Es wird mehr gegen den Hunger und die Not der Obdachlosen getan. Es gibt eine wachsende ganzheitliche Bewegung im Gesundheitswesen, und was früher „alternative" Medizin war, wird heute als „ergänzende" Medizin bezeichnet. Es gibt eine wachsende Bewegung für den Umweltschutz.

Ich beobachte eine schwindende Akzeptanz sexueller Belästigung und Diskriminierung. Männer und Frauen suchen nach einem neuen Verständnis der Geschlechter und streben nach einem neuen Gleichgewicht zwischen männlichen und weiblichen Energien. Der Kampf gegen die Rassendiskriminierung trägt langsam erste Früchte.

Ich sehe ein zunehmendes spirituelles Bewusstsein, das immer mehr Wege zu einem höheren Verständnis öffnet. Gleichzeitig beobachte ich eine immer größere Integration und ein zunehmendes Verständis, dass alle Wege letztlich zur gleichen Quelle führen. Ich sehe mehr und mehr Offenheit, Wissensdurst und Respekt gegenüber früher abgewerteten spirituellen Traditionen wie z.B. der Kultur der amerikanischen Ureinwohner. Ich sehe immer mehr Menschen, die sich um einen gesünderen Lebensstil bemühen, indem sie vernünftig essen, klar denken und richtig handeln.

Ich bin keineswegs sicher, dass diese Veränderungen letztlich erfolgreich sein werden, aber ich bin guter Hoffnung. Die Gesellschaft verändert sich, sobald eine gewisse Schwelle überschritten ist, nicht erst bei 100 Prozent. Unabhängig davon, wie optimistisch oder pessimistisch wir in die Zukunft schauen, liegt unsere wichtigste Verantwortung darin, uns selbst zu verändern, und dieses Ziel ist sicherlich erreichbar.

Wenn wir beginnen, uns selbst zu heilen, beginnen wir auch unsere Familien, unsere Gesellschaft und unsere Welt zu heilen. Indem wir uns dieser Entwicklung öffnen, treten wir in Veränderungen ein für uns selbst als Individuen und auch für andere.

ÖFFNE DICH FÜR DIE KLARHEIT

Ich möchte dieses Buch mit einer letzten Meditation beenden. Beginnen Sie wie bei allen vorangegangenen Meditationen und Imaginationsübungen in diesem Buch damit, dass Sie sich bequem hinsetzen oder hinlegen und Ihre Augen schließen …

➤ Lass dich in deine Meditation sinken, in deine Entspannung, in dich selbst … Finde deinen Ort der Stille und Entspannung …

➤ Lass die Energie in deinem Körper frei fließen, in deine Chakras … Werde offen und klar …

➤ Erlaube dir, dich auszudehnen …, erlaube dir, ein Teil deines Höheren Selbst zu werden …

➤ Und aus dieser Perspektive, dieser Ausdehnung, fühle, wie es ist, in deinem eigenen Tao zu sein, auf dem richtigen Weg …

➤ Und lass Klarheit dich durchströmen …, erlebe Klarheit in deinem Bewusstsein … in deinen Gefühlen … in deinem Körper … in deinem Energiesystem … in deinem Geist.

➤ Erlebe Offenheit, und aus dieser Offenheit heraus öffne dich der Klarheit …

➤ Und aus dieser Klarheit und Ausdehnung heraus werde dir darüber klar, was du für dich brauchst. Es mag etwas Kleines sein; es mag etwas Großes sein; es mag einfach die Fähigkeit sein, deinen Weg wie bisher fortzusetzen …

➤ Werde dir darüber klar, was du brauchst, und bedenke, was es für dich verkörpert, was es für dich bedeutet …

➤ Gibt es ein größeres Hindernis zwischen dir und deinem Ziel? … Was muss geschehen, damit du bekommst, was du brauchst? …

➤ Und erlebe noch einmal die Klarheit … und fühle, wie du noch tiefer gehst, an einen Ort, wo du dich ganz dem Licht öffnen kannst … deiner Verbindung mit dem Göttlichen, deinem eigenen Erwachen … deiner Erleuchtung.

➤ Fühle, wie das Licht von allen Seiten in dich einströmt. Du kannst fühlen, wie es durch das oberste Chakra hereinströmt, durch dein drittes Auge …, durch deinen Kehlkopf … durch dein Herz … deinen Solarplexus … deinen Nabel … dein zweites Chakra … dein Wurzelchakra.

➤ Fühle, wie du das Licht durch die Fußsohlen aufnimmst, durch die Handflächen, die Kniekehlen, die Ellenbogen, die Vorderseiten deiner Schultern, deine Knöchel ….

➤ Fühle, wie jede Pore deines Körpers Licht einlässt …, und du empfängst es, fast als würdest du es trinken …, bis du ganz davon erfüllt bist …

➤ Und wenn du von Licht erfüllt bist, fühle, wie es dich von allen Seiten umgibt und wie es dich ganz bedeckt …

➤ Und nun beginne zu fühlen, wie du Licht ausstrahlst. Jetzt, da du von Licht erfüllt bist, sendest du auch Licht aus. Fühle, wie es aus deinem Nabel ausstrahlt, deinem Solar Plexus, deinem Herzen, deinem Kehlkopf, deinem Dritten Auge und deinem Kronenchakra …

➤ Licht strömt aus jeder Zelle deines Körpers …

➤ Und dieses Licht, das dir entströmt, berührt jeden Aspekt deines Lebens, bringt Licht in deine Beziehungen … sendet Licht an deine Freunde … taucht alle Schwierigkeiten in deinem Leben in Licht … erleuchtet dein ganzes Wesen, alles, was du bist …

➤ Erlaube dir, die Erleuchtung zu erleben …

➤ Und nun nimm dir so viel Zeit, wie du brauchst, um langsam zum Ende deiner Meditation zu kommen, aber höre nicht auf, das Licht in dir wahrzunehmen.

NACHWORT

Zum Schluss dieses Buches möchte ich noch einmal einen kurzen Überblick über die Übungen geben, die Sie speziell für das Hirnwellentraining durchführen können. Denken Sie daran, dass das Ziel dieser Meditationen in der Beherrschung verschiedener Bewusstseinszustände liegt, die sich in unterschiedlichen Hirnwellen widerspiegeln.

Der erste Schritt zur Beherrschung Ihrer Hirnwellen ist, dass Sie lernen, sich zu entspannen. Entspannung hilft Ihnen, alle anderen Hirnwellenzustände zu erreichen. Das optimale Hirnwellenmuster, der Awakened Mind, besteht aus einer Kombination von Beta-, Alpha-, Theta- und Delta-Wellen. Bevor Sie dieses Muster erlernen, ist es oft leichter, zunächst das Hirnwellenmuster der Meditation zu entwickeln, das aus Alpha, Theta und normalerweise Delta besteht. Verschiedene Übungen helfen Ihnen, Ihre Beta-Wellen zu verringern, darunter die Entspannung Ihrer Zunge, die Verlangsamung Ihrer Atmung und die Konzentrationsübungen.

Der nächste Schritt besteht in der Entwicklung Ihrer Alpha-Wellen. Dies erreichen Sie durch jede Art von Imagination, je lebendiger die Bilder sind, um so besser. Denken Sie daran, alle Ihre Sinne einzubeziehen, nicht nur das Sehen. Diese Imaginationsübungen werden die Brücke zu Ihrem Unterbewussten stabilisieren und Ihnen helfen, Ihre Erfahrungen in Theta zu erinnern.

Sie können Theta durch jede Meditation entwickeln, die Sie hinunter in die Tiefe oder hinauf zu den Höhen Ihres Selbst führt. Bilder, in denen Sie Treppen *hinabsteigen, durch* Tore, *unter* Gewölben, *durch* einen Tunnel, in einen Raum *hinein,* Berge *hinauf über* Brücken und um Ecken *herum* gehen, werden Sie tiefer in den Theta-Bereich führen.Je mehr solcher Veränderungen Sie in Ihre Imagination aufnehmen, ohne dabei zu übertreiben, um so besser.

Dann können Sie Beta-Wellen in Ihr Hirnwellenmuster einfügen, indem Sie Ihrer Meditation einen Zweck oder ein Ziel geben. Sie könnten zum Beispiel ein Boot besteigen, den Fluss hinunterfahren bis zu einer Insel, den Hügel hinaufgehen, hinter den Felsen, in die Höhle, den Tunnel hinab, durch den Bogengang, in einen achteckigen Raum hinein, *wo Sie die Antwort finden werden, die Sie gesucht haben* – oder *wo die Heilung, die Sie suchen, stattfinden wird.* (Ich übertreibe hier die Entwicklung der Theta-Wellen, damit Sie eine Vorstellung davon bekommen. Sie brauchen es nicht immer so kompliziert zu machen, besonders wenn Sie damit vertraut sind, wie sich der Theta-Zustand für Sie anfühlt.)

Sie können diese aktiven Meditationen vorbereiten, indem Sie vorher genau festlegen, wie Sie Ihre Beta-Wellen einsetzen und woran Sie arbeiten wollen. Oder Sie geben Ihren Beta-Wellen allgemeinere Inhalte, indem Sie über Ihre Erfahrungen während der Meditation nachdenken. Es ist jedoch ratsam, sich an eine gewisse Struktur zu halten, damit Ihr Bewusstsein nicht in ziellose, unkonzentrierte Beta-Aktivität mit hohen Amplituden abschweift.

Wenn Sie kein Beta produzieren wollen, lassen Sie einfach das bewusste Nachdenken weg. Erlauben Sie sich, einfach nur zu meditieren, sobald Sie an Ihrem Ziel angekommen sind.

Sie können das Radar und die Intuition Ihrer Delta-Wellen entwickeln, indem Sie mit Empathie, Interesse, Einsicht und Bewusstheit mit anderen Menschen Kontakt aufnehmen.

Rezept für eine eigene Meditation zum Hirnwellentraining

1. Werden Sie sich über den Zweck oder das Ziel Ihrer Meditation klar, wenn es eines gibt.
2. Beginnen Sie damit, Ihren Körper zu entspannen.
3. Lassen Sie Ihr Bewusstsein klar werden, und verringern Sie Ihre Beta-Wellen.
4. Stimulieren Sie Ihre Alpha-Wellen durch Imagination, zum Beispiel, indem Sie sich eine Umgebung vorstellen, in der Sie meditieren möchten.
5. Stimulieren Sie Theta-Wellen, indem Sie Ihre innere Reise tiefer werden lassen, verwenden Sie Schlüsselbilder, wie oben beschrieben.
6. Fügen Sie Ihrer Meditation Beta hinzu, indem Sie Ihren Inhalt in irgendeiner Weise bearbeiten (nur für aktive Meditationen).

7. Bündeln Sie Ihre Erfahrungen in der Meditation, indem Sie Schlüsselsymbole finden, die Ihnen helfen, Ihre Erlebnisse zu erinnern.
8. Beenden Sie Ihre Meditation und verankern Sie sie, indem Sie über Ihre Erfahrung sprechen, sie aufschreiben oder über sie nachdenken.

Wenn Sie sich an diese Struktur halten, können Sie unendlich viele Meditationen für jeden erdenklichen Zweck erfinden. Benutzen Sie Bilder und Erfahrungen, die sich für Sie bewährt haben.

Bevor Sie dieses Buch schließen, nehmen Sie sich bitte einen Augenblick Zeit, und denken Sie darüber nach, was Sie darin entdeckt haben. Schließen Sie die Augen, und überlegen Sie, welche Informationen am wichtigsten für Sie waren, was Sie aus diesem Buch mitnehmen und wie Sie dieses Wissen in Ihren Alltag integrieren können. Stellen Sie sich vor, wie Sie von den Übungen, Ideen und Meditationen, die für Sie am bedeutendsten waren, profitieren können, und imaginieren Sie, wie Sie sie regelmäßig anwenden.

Erinnern Sie sich an das Bild oder Symbol, das Sie in der ersten Meditation am Ende des ersten Kapitels fanden. Es bezog sich darauf, an welchem Punkt in Ihrem Leben Sie zu dieser Zeit angekommen waren. Vielleicht möchten Sie ein zweites Symbol dafür finden, wo Sie in Ihrem Leben jetzt stehen. Achten Sie auf die Ähnlichkeiten und auf die Unterschiede zu Ihrem ersten Bild.

Nehmen Sie sich eine Minute Zeit, und schauen Sie in die Zukunft. Stellen Sie sich vor, wie sich Ihr Leben verändern kann, wenn Sie die Arbeit an Ihrem High Performance Mind fortsetzen.

ANHANG

Kundalini

Es erfordert persönliches Engagement, wenn Sie einen High Performance Mind entwickeln wollen. Menschen, die sich diesem Ziel verschrieben haben, haben gelernt, die Übungen zum Hirnwellentraining in ihr Leben zu integrieren. Sie machen die Meditation zu einer Gewohnheit, die sie genießen und die sie an ihre individuellen Bedürfnisse angepasst haben.

Sobald jemand seinen oder ihren Rhythmus in der Meditation gefunden hat und regelmäßig meditiert, können Langzeiteffekte wirksam werden. Diese Wirkungen sind sehr unterschiedlich und hängen sehr vom einzelnen ab. Manche Dinge verändern sich schnell, andere reifen mit der Zeit.

Zu diesen Langzeitwirkungen können die Fähigkeiten gehören, mit unerwarteten Situationen besser fertig zu werden; größere geistige Flexibilität und erhöhte Kreativität; stärkere Intuition und Einsicht; weniger Probleme mit der Gesundheit oder die Fähigkeit, besser auf Erkrankungen reagieren zu können, größere emotionale Stabilität zu erlangen, insgesamt weniger Stress zu erleben und eine erhöhte spirituelle Bewusstheit zu erfahren.

Wenn Sie regelmäßig meditieren, werden Sie sicherlich Veränderungen wahrnehmen. Diese Veränderungen können sich ganz subtil als leichtes Entspannungsgefühl bemerkbar machen, sie können auch zu größerer Gelassenheit oder ausgeprägten Glücksgefühlen bis zu ekstatischen Erlebnissen führen. Vielleicht werden Sie auch Stimmungsschwankungen erleben oder sich konfus oder traurig fühlen, wenn Sie den Hausputz in Ihrem Unterbewusstsein vornehmen. Mit etwas Übung werden Sie lernen, auch die schlechteren Zeiten für sich zu nutzen.

Obwohl die meisten Menschen sich durch die Meditation besser fühlen, können Sie gute und schlechte Zeiten durchmachen. Vielleicht fühlen Sie sich müde oder aber erfrischt und voller Energie. Ihre Träume können sich verändern, ebenso Ihre Schlafqualität. Wann diese Wirkungen der Meditation auftreten, ist für jeden einzelnen unterschiedlich. Wenn Sie sich in einer schlechten Phase befinden, denken Sie daran, dass alle Veränderungen letztlich zum Guten führen – zur Weiterentwicklung Ihres Bewusstseins und Ihres ganzen Wesens. Wenn Sie in Ihrem Inneren düstere Räume vorfinden, die gesäubert werden müssen, oder wenn Ihnen klar wird, dass Sie sich verändern müssen, betrachten Sie dies als Gelegenheit, die Sie auf Ihrer Reise voranbringt.

Ein sehr kleiner Prozentsatz von Menschen wird jedoch durch intensive regelmäßige Meditation wesentlich stärker beeinflusst. Diese Wirkungen werden manchmal durch die eigene innere Suche und Entwicklung verstärkt. Obwohl diese Menschen ganz natürliche Veränderungen durchleben, sind die Auswirkungen ihres inneren Erwachens stärker als üblich, manchmal sogar dramatisch. Da die Meditation ein sehr kraftvolles Werkzeug zur Veränderung darstellt, fühle ich mich moralisch und ethisch verpflichtet, Ihnen *alle* möglichen Erfahrungen vorzustellen, für den Fall, dass Sie einige der nachfolgend geschilderten Symptome erleben sollten.

Als mein eigenes Bewusstsein erwachte, war ich über die verschiedenen physischen, emotionalen und energetischen Aspekte dieses Vorganges nicht aufgeklärt. Es hätte mir monatelange Ängste erspart, wenn ich damals eine geeignete Erklärung gehabt hätte. Deshalb schreibe ich diesen Anhang für jene Leser, die an Kundalini interessiert sind oder selbst diese Erfahrung machen.

KUNDALINI

Sehr selten kann Meditation, wenn sie über lange Zeit praktiziert wird, zu starken Gefühlsschwankungen und dramatischen körperlichen Symptomen führen, während der Körper seine Energien neu zu organisieren beginnt. Wenn Sie wirklich effektiv an sich arbeiten, werden Sie Veränderungen bemerken. Eine der Veränderungen, die durch regelmäßige Meditation hervorgerufen werden kann, ist eine Aktivierung der Kundalini-Energie.

Alle spirituellen Traditionen kennen eine Art „Wiedergeburtserlebnis", welches das spirituelle Erwachen des Individuums verkörpert. Dieses wird oft als ein Bewusstwerden des bislang Unbewussten charakterisiert. Es gibt nur sehr wenige Traditionen, die diesen Vorgang sowohl physiologisch als auch psychospirituell beschreiben. In der Yoga-Philosophie wird diese Wiedergeburt als das Kundalini-Erwachen bezeichnet.

Die Kundalini-Kraft wird durch eine Schlange dargestellt. *Kunda* heißt wörtlich „Schüssel" oder „Becken". Vor ihrer Erweckung ruht die Schlange eingerollt im Becken. Die Kundalini-Schlange gilt als Speicher oder spirituelle Verbindung zu einem Reichtum an Energie, Kräften, Fähigkeiten und Bewusstheit. Die Kundalini-Erweckung ist die Freisetzung dieser schlafenden Energie in das physische, emotionale, mentale und spirituelle System und der Ausgangspunkt einer Vielzahl von Symptomen. Wenn dieser Prozess geordnet abgeschlossen wird, führt er zu seelischer Reife, emotionalem Gleichgewicht, persönlicher Stärke und spirituellem Erwachen. Da es sich aber um eine Art Wiedergeburt handelt, erlebt das Individuum in den frühen Stadien dieses Prozesses die ganze Verwirrtheit, Hilflosigkeit, Angst und Unberechenbarkeit eines Neugeborenen. Dann geht es darum, dieser Energie Entwicklung und Reifung *zu erlauben.*

Sie erzeugen die Kundalini-Energie nicht, ebenso wie Sie als Kind nicht Ihre eigene Lebenskraft erzeugen, aber Sie können sie verfügbar machen. Sie können sie beherrschen lernen und sie in ihrer Entwicklung unterstützen, aber Sie können sie auch behindern, blockieren, stören oder missbrauchen.

Der Evolutionsprozess

Ich bin der festen Überzeugung, dass die Entwicklung eines Awakened Mind sowohl ein Evolutionsprozess als auch ein individueller Vorgang ist. Vielleicht wird eines Tages eine entwickelte Form der menschlichen Rasse die ersten zwanzig Jahrhunderte als das dunkle Zeitalter betrachten, bevor die Menschheit wirklich erwachte. Man wird auf eine Zeit zurückschauen, in der die Menschen ihr Bewusstsein voreinander verschlossen, in der ihre Gefühle und Erfahrungen unerreichbar tief in ihnen verborgen waren, eine Zeit, in der wir die Geheimnisse des Geistes und der Schöpfung nicht wirklich verstanden.

Ich glaube auch, dass es sich bei der erwachenden Kundalini-Energie um einen Evolutionsprozess handelt, der mit jedem Jahrzehnt häufiger wird. Der Arzt Dr. Lee Sannella beschrieb in seinem Buch *Kundalini, Psychosis or Transcendence,* das später unter dem Titel *The Kundalini Experience veröffentlicht* wurde, ein auch für westliche Leser verständliches Modell, wie wir die Kundalini-Erweckung als physiologischen Vorgang betrachten können. Sein Buch war mir eine große Hilfe, als ich die dramatischsten Symptome meiner eigenen Kundalini-Erfahrung erlebte.

Die Kundalini-Erweckung muss nicht in jedem Fall stürmisch verlaufen. Sie kann sanft und kaum erkennbar sein und sich über längere Zeit hinziehen. Das Erwachen findet auf vielen verschiedenen Ebenen statt. Es ist keinesfalls erforderlich oder üblich, dass die Entwicklung eines High Performance Mind von der Erweckung der Kundalini-Energie begleitet wird. Aber es ist möglich, ebenso wie eine Kundalini-Erweckung bei Menschen auftreten kann, die sich *niemals* für irgendeine Form der Meditation oder für persönliches oder spirituelles Wachstum interessiert haben.

Wir können den Kundaliniprozess als Segen und als Fluch erleben. Zu den Segnungen gehören eine erhöhte Bewusstheit und Wahrnehmungsfähigkeit; der Zugang zu kraftvollen Energien, die auf vielerlei Art nutzbar sind, zum Beispiel für Kreativität, Heilung und um anderen zu helfen, für persönliche Vitalität, Gesundheit und Wohlbefinden, für ein erweitertes spirituelles Verständnis sowie geistige und emotionale Klarheit. Es kann aber auch belastend sein, wenn plötzliche Gefühlsumschwünge Sie in die dunkelste Nacht Ihrer Seele katapultieren oder wenn unerklärliche körperliche Probleme und Schmerzen die Ärzte dazu bringen, Sie als Hypochonder, psychisch instabil oder als bedauernswertes Opfer irgendeiner verhängnisvollen Erkrankung zu bezeichnen. Lange schlaflose Nächte, die von Phasen heftiger körperlicher Zuckungen unterbrochen werden, können ernste Zweifel am eigenen spirituellen Weg und der eigenen geistigen Gesundheit wecken. Dies sind sehr seltene Extrembeispiele.

Diese Art des Erwachens kann zu einem Zustand führen, den Stanislav und Christina Grof als *transpersonale Krise* oder *spirituellen Notfall* bezeichnet haben. In meiner eigenen Erfahrung schwang das Pendel hin und her zwischen Glücksgefühlen, Ekstase, Freude und dem Gefühl, mit dem Kosmos vereint zu sein, und Verzweiflung, Verwirrung und Angst auf der anderen Seite. Erst nachdem ich mir monatelang über meinen Zustand Sorgen gemacht hatte, berichtete ich meinem Lehrer, Max Cade, was mit mir vorging.

Max war sehr mitfühlend und bedauerte, dass er mich über diesen Prozess nicht früher aufgeklärt und mir dadurch ein Jahr voller Ängste, Furcht und Unsicherheit erspart hatte. Er gab mir Dr. Sanellas Buch zu lesen und beruhigte mich, dass alles mit der Zeit in Ordnung kommen werde. Es überrascht nicht, dass sich meine Symptome bald darauf veränderten. Durch *Akzeptanz* dessen, was vor sich ging, und mit einem gewissen theoretischen Verständnis konnte ich loslassen und hörte auf, den Prozess kontrollieren zu wollen. Als ich losließ, konnte die

Energie viel freier in meinem Körper fließen, die Blockierungen waren weniger schmerzhaft und die Symptome weniger störend. Ich bin der Überzeugung, dass alle Menschen in Gesundheitsberufen, besonders wenn sie sich mit dem Nervensystem oder dem Energiesystem beschäftigen, darin ausgebildet werden sollten, diese Symptome zu erkennen, oder dass sie wenigstens über die Möglichkeit einer Kundalini-Erweckung informiert sein müssten, damit sie Patienten an jemanden überweisen können, der auf diesem Gebiet erfahren ist.

Symptome der Kundalini-Erweckung

Lassen Sie uns nun die ganze Bandbreite von Symptomen betrachten, die auftreten *können.* Bitte denken Sie bei der Lektüre daran, dass diese nicht *alle zusammen* vorkommen und dass sie zu ganz verschiedenen Zeiten und in großen Abständen auftreten können. Manche Menschen erfahren einige wenige dieser Symptome nur in abgeschwächter Form, obwohl sie eine Kundalini-Erweckung durchleben. Andere erfahren ganz bestimmte Symptome, sind dann einige Zeit erscheinungsfrei, bevor wieder andere Symptome auftreten. Andere durchleben die komplette Symptomatik in kurzer oder längerer Zeit.

Körperliche Symptome

Die sich bewegende Energie kann ein Kribbeln oder Jucken auf der *Innenseite* der Haut hervorrufen. Ein Prickeln, Stechen oder Taubheitsgefühl, das von einer Art innerem Schwingen, Schäumen oder Zittern begleitet wird, kann überall im Körper auftreten, jedoch besonders in den Gliedmaßen, anfangs meist in den Füßen und Beinen.

Da die Symptome oft im Wurzelchakra beginnen, im Nervengeflecht am unteren Ende der Wirbelsäule, können die Frühsymptome in den unteren Extremitäten auftreten, besonders in den Zehen. Auch ein Taubheitsgefühl im Analbereich ist möglich, wenn sich das erste Chakra „öffnet", das in den Traditionen der Yogi im Dammbereich lokalisiert wird. Nach einigen tibetischen Überlieferungen liegt das erste Chakra jedoch in den Fußsohlen, was das Kribbeln der Zehen erklären könnte. Wenn die Energie ihren Weg nimmt, können diese Symptome im gesamten Körper auftreten, entweder in der geordneten Reihenfolge der klassischen Kundalini-Erweckung oder auf scheinbar zufällige und unvorhersehbare Weise.

Schmerz ist ein häufiges Symptom, das von Muskelschmerzen über Gelenkbeschwerden bis hin zu schweren Kopfschmerzen reicht.

Bewegungen des Körpers

Dieses Symptom kann so harmlos sein wie eine leichte rhythmische Bewegung während der Meditation oder so extrem (und selten) wie ein spontaner Kopfstand ohne bewusste Absicht oder Entscheidung. Häufig treten spontan Yoga-Positionen auf, wenn die Energie den Körper in bestimmte Haltungen zwängt, während sie versucht, die Kanäle für den Energiefluss zu öffnen. Yoga wurde nicht von einem Weisen entwickelt, der sich hinsetzte und *dachte*, dass diese Yogaübungen ganz nützlich seien. Yoga entwickelte sich direkt aus der erwachenden Energie, die den Körper in diese Haltungen brachte. Die Meister nahmen während ihres Erwachens diese Yoga-Positionen intuitiv und spontan ein, ihre Schüler beobachteten sie und taten es ihnen gleich, um ihrerseits eine solche Erweckung zu erleben.

Mehrmals wachte ich mitten in der Nacht in der Yoga-Position der Brücke auf. Die ersten Male, als dies passierte, nahm ich diese neue Erfahrung mit einer ziemlichen Überraschung auf. Als ich wusste, was geschah, und mich dem Energiefluss nicht in den Weg stellte, passierte es immer öfter. Es ging so weit, dass ich die angenehmen Gefühle und die Erleichterung durch diese Position genoss.

Krampfartige oder spastische Bewegungen können auf den ganzen Körper übergehen. Wenn Ihnen dies passiert, versuchen Sie *die Welle* der Energie wahrzunehmen, die durch Sie hindurchgeht, und lassen Sie sich von ihr tragen. Dann kann die ursprüngliche Verkrampfung in eine weiche rhythmische Bewegung übergehen. Die Körperarbeit nach Wilhelm Reich hat diese Energie seit Jahrzehnten genutzt. Unter dem Strich – versuchen Sie nicht, die Bewegung zu unterdrücken. Entspannen Sie sich stattdessen in ihr, bis sie geordnet, rhythmisch und fließend wird.

Schließlich kann eine spontane Streckung des Körpers auftreten, besonders in Ruhezeiten. Es kann sich anfühlen, als würden Sie länger, besonders im Bereich von Wirbelsäule und Rücken. Lassen Sie es, wenn möglich, geschehen, ohne dass Sie sich anspannen oder verkrampfen.

Optische Symptome

Optische Symptome reichen von kurzen Lichtblitzen innerhalb des Kopfes bis zu ausgedehnten langandauernden spirituellen Visionen oder furchterregenden Halluzinationen. Oft wurde ich von einer Erscheinung geweckt, die ich nur beschreiben kann, als würde eine Glühbirne in meinem Kopf ausgeschaltet. Manche Menschen erleben das „Lichtkorn", einen winzigen Lichtpunkt, der zwischen den Augenbrauen auftaucht, im Bereich des dritten Auges. Manchmal auch als die blaue Perle bezeichnet, scheint dieses Licht zwischen Ihnen und allem, was Sie anschauen, aufzutauchen. Während das Lichtkorn häufig das erste Mal bei einer Meditation mit geschlossenen Augen oder in der tantrischen Kerzenmeditation „Trataka"auftritt, kann es später auch spontan im normalen Wachzustand, wenn Sie die Augen geöffnet halten, sichtbar werden.

Während dieses Prozesses können zeitweise Sehstörungen auftreten, besonders wenn Sie bereits eine gewisse Sehschwäche haben. Selten wurden Fälle von spontaner Erblindung beschrieben, die jedoch rasch vorübergehen sollten. Es würde ein eigenes Kapitel erfordern, meinen eigenen Weg durch die Sehstörungen zu beschreiben. Obwohl schließlich die Diagnose einer Okularen Histioplasmose gestellt wurde, ist mir heute klar, dass die Erkrankung eng mit der Erweckung meiner Energie verbunden war.

Erleuchtung

Wegen seiner Einzigartigkeit widme ich diesem Zustand einen eigenen Abschnitt. Von einigen wenigen Menschen wurde berichtet, dass sie als Folge ihres Erwachens im Dunkeln sichtbar leuchteten. Möglicherweise geht der Heiligenschein in der religiösen Kunst darauf zurück. Vielleicht ist der Heiligenschein nicht nur ein künstlerisches Symbol für Spiritualität, sondern eine sichtbare Erleuchtung, die durch einen Lichtschein aus dem Kronenchakra und einem Chakren-Kreis oben auf dem Kopf hervorgerufen wird.

Akustische Symptome

Das Hören kann beeinträchtigt sein. Dazu gehören eine ganze Reihe innerer Geräusche, darunter Klingeln, Knistern, Summen, Pfeifen, Rauschen, Dröhnen, Klopfen, Meeresgeräusche und Musik. Gelegentlich können Stimmen auftreten, die Sie manchmal als Ihre eigene identifizieren können oder die einer akustischen

Halluzination ähneln. Diese Symptome sind besonders in der Meditation oder während der Nachtruhe wahrnehmbar und können dann große Intensität erreichen.

Temperaturveränderungen

Das Gefühl extremer Hitze kann auf zweierlei Art im Körper auftreten. Die durch den Körper strömende Energie kann ein Gefühl wie bei einer Hitzewallung hervorrufen. Außerdem können die Gliedmaßen, besonders die Hände, extrem heiß werden. Es wurden sehr selten Fälle dokumentiert, in denen nach der Berührung durch eine Person Brandflecke an Möbeln beobachtet wurden.

Veränderungen im Atemrhythmus

Dies geschieht häufig während der Meditation. Das Atemmuster kann von kurzen, plötzlichen und flachen bis zu langen, ausgedehnten, langsamen Atemzügen reichen, die fast wie ein Atemstillstand aussehen können.

Gefühlsschwankungen

Während des energetischen Erwachens gibt es absolut keine Emotion, die Sie nicht erleben können. Möglicherweise erleben Sie Gefühle von Glück, Harmonie, Frieden und unendlicher Freude für immer längere Zeit, genauso plötzlich können Sie in Gefühle von Verzweiflung, Minderwertigkeitsgefühlen, Angst oder Wahnsinn stürzen. Selbstzweifel sind sehr häufig und treten in unterschiedlicher Gestalt auf. Vielleicht zweifeln Sie an Ihrer eigenen Realität. Vielleicht zweifeln Sie daran, dass Ihnen dies wirklich passiert, oder Sie fragen sich: „Warum ich, warum jetzt?" Vielleicht haben Sie das Gefühl, dass Sie sich das alles ausdenken. Gelegentlich können Gefühle eigener Großartigkeit, Arroganz und Eitelkeit auftreten, die eine Energieblockade anzeigen können. Häufig entsteht aus dem Glauben heraus, dass Sie anders als alle anderen sind, ein Gefühl der Isolation. Versuchen Sie, ein Netzwerk zu finden, das Sie unterstützt, oder wenigstens eine andere Person, die ähnliche Erfahrungen gemacht hat.

Veränderungen der Wahrnehmung

Besonders während der Meditation tritt häufig ein Gefühl auf, als wenn Sie stark an Größe zunehmen, sich über Ihren Körper hinaus ausdehnen oder eine außerkörperliche Erfahrung machen. In milderer Form kann sich dieser Zustand wie ein extremes Losgelöstsein oder Unbeteiligtsein anfühlen.

Veränderungen der sexuellen Energie

Aufgrund der Natur des menschlichen Energiesystems ist die Kundalini-Energie eng mit der sexuellen Energie verwoben. Beide sind jedoch nicht identisch. Da beides Energieformen sind, gehen sie auf dieselbe Wurzel zurück, aber Kundalini ist sehr viel stärker als die sexuelle Energie. Es wäre treffender, die sexuelle Energie als einen Aspekt der Kundalini-Energie zu bezeichnen. Die Aktivität der Kundalini-Energie wird durch Geschlechtsverkehr oder Orgasmen vorübergehend stimuliert und erhöht. Nach einem Orgasmus kann jedes der oben beschriebenen Symptome auftreten, besonders aber Körperwahrnehmungen oder Bewegungen. Die Erweckung der Kundalini-Energie kann die sexuelle Aktivität erhöhen. Allein die Erweckung der Energie kann einem Orgasmus gleichen. Wenn sie vollständig ist und über das untere sexuelle Chakra hinaus nach oben wandert, kann sie als ganzkörperlicher Orgasmus wahrgenommen werden, reicher und ekstatischer als ein genitaler Orgasmus. Wenn Sie über die Erweckung der Kundalini-Energie meditieren und der Prozess in Gang gekommen ist, kann es passieren, dass Sie während der Meditation ohne jegliche Bewegung, Stimulation oder Imagination zum Orgasmus kommen. Eine Kollegin schilderte mir ihre Verlegenheit, als sie während ihres wöchentlichen Meditationskurses einen Orgasmus hatte.

Der Gartenschlauch im Winter

Die Kundalini-Erweckung ist ein Prozess der Reinigung und Stressminderung im gesamten psychophysischen System. Damit diese Reinigung eintreten kann, müssen Blockierungen der Energiekanäle beseitigt werden, damit die Energie reibungslos, gleichmäßig, ungehindert und vollständig fließen kann. Unter den vielen Anlässen für Blockierungen finden sich körperliche Störungen, traumatische Erlebnisse, Krankheit, falsche Ernährung und intellektuelle und psychologische Glaubenssysteme. Dazu gehören innere Botschaften, die wir ein

Leben lang mit uns herumtragen, wie: „Ich darf mich nicht gut fühlen" oder: „Es gibt keine höhere spirituelle Bewusstheit."

Stellen Sie sich Ihren Körper wie einen Gartenschlauch vor, der im Winter draußen gelassen wird. Zweige und Schmutz sind in sein Inneres gelangt. Vielleicht blockieren sogar kleine Steine oder Kiesel den Wasserfluss. Der Schlauch ist an vielen Stellen verdreht oder plattgetreten.

Da Sie Ihren Garten im Winter nicht bewässern mussten, haben Sie sich über den Schlauch keine Gedanken gemacht. Würden Sie das Wasser aufdrehen, könnte nur ein Rinnsal ungehindert herauskommen, und vielleicht hätten Sie mehr auch gar nicht gebraucht. Was passiert aber, wenn Sie das Wasser voll aufdrehen? Der Schlauch zuckt hin und her, bis er eine stabile und offene Position gefunden hat und den ungewohnt starken Wasserfluss aufnehmen kann. Die Blockierungen werden durch die Kraft des fließenden Wassers herausgespült, bis der Wasserstrahl stark ist und der Gartenschlauch richtig funktioniert.

Obwohl es sehr viel komplizierter ist, kann das menschliche Energiesystem sich ähnlich verhalten. Wenn eine starke Welle von Kundalini-Energie durch verengte Kanäle fließt, neigt der Körper dazu, wie ein Gartenschlauch zu zucken. Dies ist der Ursprung der *Krijas* – der yogischen Bewegungen.

Die klassische Kundalini-Erweckung besteht anfangs aus einem Aufsteigen der Energie aus dem Wurzelchakra im Dammbereich. Wie bereits erwähnt, treten die Frühsymptome oft in den Füßen, Beinen oder in den Zehen auf – besonders in den großen Zehen.

Im Verlauf des Prozesses steigt die Energie höher durch die Chakren und beseitigt etwaige Hindernisse auf ihrem Weg. Wenn sie auf ein Chakra trifft, breitet sie sich oft in alle psychophysischen Systeme aus, die mit diesem Chakra verbunden sind. Wenn die Energie auf eine Blockierung oder einen Widerstand trifft und ihn überwindet und das System, das zu diesem Chakra gehört, reinigt, wird dieses Chakra als geöffnet angesehen.

Traditionell steigt die Energie Chakra für Chakra von dem Wurzelchakra bis zum Kronenchakra auf, das sich oben auf dem Kopf befindet. Dann verteilt sie sich entlang des Gesichts und der Brust und kommt im Bereich des Nabels zur Ruhe. In der Praxis ist dieser regelhafte Verlauf selten. Die Bewegung der Energie springt von Ort zu Ort. Vielleicht spüren Sie sie tatsächlich zuerst in den Beinen und Füßen, aber vielleicht als Nächstes in der Kehle, bevor sie wieder hinunterfließt zum Herzen.

Die Energie sucht möglicherweise die stärksten Blockierungen zuerst auf, oder arbeitet auf verschiedenen Ebenen. In manchen Fällen wird der Kreislauf des Erwachens immer wieder durchlaufen, dabei werden Widerstände auf verschiedenen Ebenen überwunden, und das Energiesystem wird mehr und mehr verfeinert. Die dafür erforderliche Zeit ist sehr unterschiedlich. Der größte Teil kann in einigen Jahren vollendet sein, oder der Prozess kann sich langsam jahrzehntelang fortsetzen. Möglicherweise hat man das Gefühl, dass der Prozess abgeschlossen ist. Dennoch kann er Jahre später wieder aufgenommen werden, um eine neu aufgetretene Blockierung zu überwinden, oder zu einer weiteren Verfeinerung.

Es empfiehlt sich nicht, auf ein Ende dieser Erfahrung zu warten. Sie ist ein *Prozess*, kein *Ziel*.

SPONTAN AUFTRETENDES *SHAKTI-PAT*

Shakti-Pat ist die direkte Übertragung von Energie von einer Person, deren Energie frei fließt, auf jemanden, dessen Kundalini-Energie noch nicht erwacht ist. Am häufigsten tritt *Shakti-Pat* als Energiefluss von spirituellen Lehrern auf ihre Schüler auf. *Shakti-Pat* kann durch Berührung, durch Blickkontakt, durch reine Anwesenheit oder über große Distanzen als eine Form von Gedankenübertragung stattfinden. Muktananda, der Begründer des Siddah Yoga, war einer der bekanntesten Lehrer, die *Shakti-Pat* übertrugen. Einige seiner Studenten fühlten sich durch seine reine Anwesenheit oder durch eine sanfte Berührung für immer verändert. Alle wahren spirituellen Lehrer übertragen auf irgendeine Weise Energie auf ihre Studenten – dies liegt in der Natur des Lehrens. Tantrische Yoga-Meister wie Swami Satyananda Saraswati wurden gezielt wegen ihrer Fähigkeit aufgesucht, Meditierende bei der Erweckung ihrer Energien zu unterstützen. Das Medium dieser spirituellen Fähigkeiten muss nicht die Kundalini-Energie sein. Viele spirituelle Lehrer lehren Grundsätze wie Hingabe, richtiges Handeln und vollständige Präsenz im Augenblick und überlassen die Kundalini-Energie sich selbst.

Shakti-Pat geschieht nicht nur durch ein Medium wie einen spirituellen Lehrer. Jeder Mensch, der sein Energiesystem erweckt hat, kann unter bestimmten Umständen diese Energie auf andere übertragen und sie in ihrer Erweckung unterstützen – machmal sogar unwissentlich. Kundalini-Energie „erkennt" Kundalini-Energie. Wenn Sie Ihre Kundalini-Energie erwecken und ein paar Minuten mit einer anderen Person verbringen, die sich in der gleichen Situation befindet, werden Sie sich sehr wahrscheinlich erkennen.

HÄUFIGE HINDERNISSE

In den meisten Fällen hat die Energie ihren eigenen Plan, und der Prozess läuft ab, ohne dass wir ihn wirklich kontrollieren können. Dieser Prozess *kann* jedoch durch die Handlungen und Einstellungen des Betroffenen unterstützt oder behindert werden. Es gibt einige Stellen, an denen man steckenbleiben kann, wenn man die Energie an einem bestimmten Ort oder einer Blockierung festhalten möchte, statt sie ihren natürlichen Weg nehmen zu lassen. Einige mögliche Fallstricke möchte ich Ihnen beschreiben.

Genuss

Eines der häufigsten Probleme von Klienten, die zur Kundalini-Beratung zu mir kommen, betrifft ein oft missverstandenes Phänomen. Meist befinden sich diese Klienten mitten im Prozess ihrer Kundalini-Erweckung. Sie versichern, ihn (einigermaßen) zu verstehen und zu akzeptieren. Sie meditieren meist regelmäßig und zeigen in der Meditation oft ein recht stabiles Awakened-Mind-Muster.

Wenn sie meditieren, geht ihr Körper jedoch oft in unkontrollierbare Bewegungen über – Strecken, Beugen, Schütteln, Zittern und große wellenförmige orgasmische Bewegungen. Sie begegnen diesem Phänomen mit einer Hassliebe. Auf der einen Seite ist Ihnen diese Erfahrung peinlich, besonders die äußerlichen Auswirkungen der Energieströme. Sie fühlen sich einsam und missverstanden. Sie können nicht in einer Gruppe meditieren, weil Ihre Verrenkungen die anderen Gruppenmitglieder stören. Was sie auch tun, nichts scheint dieses Phänomen zu beeinflussen. Andererseits empfinden sie während dieser Bewegungen ein intensives körperliches Vergnügen. Sie *wissen,* dass es sich um eine Kundalini-Erfahrung handelt, daher fühlen sie sich sicher im Bewusstsein ihrer spirituellen Evolution.

Diese Menschen sind in einer scheinbar ausweglosen Situation gefangen, die ihren Fortschritt für lange Zeit behindern kann, wenn sie nichts unternehmen, um den Teufelskreis zu durchbrechen. Der Energiestrom ist zu groß für die Kanäle, durch die er strömen soll. Oder anders herum, die Kanäle sind zu eng, um die Energie aufzunehmen. Dies ist eine typische Situation für jede Art der Kundalini-Erweckung, und Sie können nur zwei Dinge tun, um dieses Problem zu lösen: Drosseln Sie den Energiestrom, oder erweitern Sie die Kanäle. Diese Menschen tun keines von beiden.

Während sie die Spannungen genießen, die durch den zu großen Energiefluss durch zu kleine Kanäle entstehen, bewegt sich ihr Körper entsprechend. Sie nehmen dies als Feedback, dass sie eine wirkliche Kundalini-Erfahrung haben, dass sie es sich nicht nur einbilden oder wünschen. Ihr Fehler liegt jedoch im Glauben, dass diese Bewegungen etwas ganz besonders Erstrebenswertes sind, etwas Schätzenswertes, das man um jeden Preis aufrechterhalten sollte. Wenn sie also die Energiewellen fühlen, verengen sie ganz automatisch ihre Energiekanäle. Dadurch genießen sie die Spannungen noch mehr, verstärken die Körperbewegungen und bestätigen sich, dass sie tatsächlich eine Kundalini-Erfahrung haben. Ihre Feedback-Schleife hat sich geschlossen. Diese Klienten hindern die Energie, auf ihrem natürlichen Weg weiterzufließen, um sich zu beweisen, dass der Kundalini-Prozess tatsächlich in Gang ist, und um den Vorgang zu genießen.

Dieser Vorgang kann sich wiederholen. Er wird ganz natürlich zu Ende gehen, wenn die Betroffenen der unbeholfenen Bewegungen müde werden und wenn das Vergnügen und der Reiz nachlassen. Manchmal kann es aber auch sehr lange dauern.

Hier sind Informationen und Akzeptanz die Schlüssel zur Lösung. Die Person muss lernen, dass die Bewegungen und das Vergnügen nicht das Ziel sind – sondern nur eine vorübergehende Phase im Kundalini-Prozess. Er oder sie müssen akzeptieren, dass die Kundalini-Erfahrung tatsächlich stattfindet und ihr Bedürfnis nach dramatischen äußeren Beweisen loslassen. Erst dann kann man die Energie ihren natürlichen Verlauf nehmen lassen. Die körperlichen Begleiterscheinungen müssen nicht sofort aufhören, aber sie werden sich verringern und mit der Zeit ganz verschwinden.

Das Ziel in diesem Teil des Prozesses liegt darin, ruhig sitzen zu bleiben und einen immer größeren Energiestrom durchzulassen, ohne das Gleichgewicht zu verlieren. Nur so wird Ihr System in der Lage sein, mit immer mehr Energie umzugehen.

An diesem Punkt ist es wichtig zu verstehen, dass die unabsichtlichen Bewegungen weder gut noch erstrebenswert sind, dass sie aber auch nicht schlecht sind oder vermieden werden sollten. Sie gehören einfach zu den Dingen, die während der Kundalini-Erweckung auftreten können, und sie sollten akzeptiert, durchlebt und schließlich hinter sich gelassen werden. Wenn Sie wollen, können Sie sie auch aufregend finden – etwas Neues, Interessantes und Vergnügliches –, solange Sie nicht versuchen, sie aufrechtzuerhalten.

Ego

Für manche Menschen ist die Tatsache, dass es gerade *ihnen* passiert, ein weiterer gefährlicher Stolperstein. Sie nehmen es persönlich und sehen sich in besserem Licht als andere oder halten sich für weiter entwickelt. Sobald dieses Gefühl von persönlichem Besitztum einsetzt, sind Probleme vorprogrammiert. Im Angesicht dieses Besitzanspruches kann sich Kundalini nicht weiterentwickeln. Das Ego selbst wird eine Blockierung, die die Kundalini-Energie überwinden muss, um weiter vorwärtszukommen. Je weiter sich das Ego aufbläst, um so schwerer kann die Kundalini-Energie eine Reinigung herbeiführen. Am Ende dieses Konfliktes mag jemand stehen, der stolz behauptet: „Mein Ego ist kleiner als deins!" – ein klassischer Widerspruch in sich.

Immer wenn jemand ein Ego-Problem hat, ob es mit Kundalini zusammenhängt oder nicht, geht es um das Selbstwertgefühl. Selbstwertprobleme gehören zu den Blockierungen, durch die sich die Kundalini-Energie auf ihrem Weg zur Erweckung hindurcharbeiten muss.

Das Selbstwertpendel

Ich vergleiche Selbstwertprobleme mit einem Pendel. Am einen Ende des Pendels steht ein übertriebenes Ego, auf der anderen Seite ein niedriges Selbstwertgefühl. Wenn Sie eines der beiden Probleme haben, ist das andere oft nicht weit entfernt. Ein einfacher Schwung des Pendels führt sogleich zum genauen Gegenteil.

Manche Menschen glauben, dass sich dieses Pendeln zwischen beiden Ego-Extremen auflösen lässt, indem man ein gutes und sicheres Gleichgewicht in der Mitte findet. *Absolut nicht.* Die einzige wirkliche Lösung liegt darin, *das Pendel ganz und gar hinter sich zu lassen!* Wenn Sie versuchen, ein Gleichgewicht herzustellen, kämpfen Sie immer noch mit beiden gegensätzlichen Extremen, selbst wenn es Ihnen gelingt, eine Balance zu finden und sie länger aufrechtzuerhalten. Es kann immer passieren, dass die Waagschalen aus dem Gleichgewicht geraten und das Pendel zur einen oder anderen Seite schwingt oder immer wieder hin und her, wie es oft der Fall ist.

Wie kann man also das Ego-Pendel hinter sich lassen? Losgelöstsein und Loslassen sind die wichtigsten Stichworte – Worte, die sich leicht sagen lassen, deren Hintergrund aber nicht einfach zu verstehen ist. Der leichteste und direkteste Weg, sich zu lösen, liegt in der Erkenntnis, dass es eine Macht gibt, die größer ist als wir, die letztlich den Lauf der Dinge bestimmt. *SIE haben keine Kontrolle.*

Sie haben die Kundalini-Erweckung nicht hervorgerufen, und die Energie gehört nicht Ihnen. Und Sie sind nicht irgendwie besonders, weil sie sich in Ihnen bewegt. Es ist ganz einfach das, was gerade passiert.

In diesem Buch geht es nicht um Religion, aber wenn wir über das Erwachen sprechen, kommen wir um Spiritualität nicht ganz herum. Es ist egal, wie Sie die göttliche Macht nennen, es geht nur darum, dass Sie nicht glauben, Sie selbst seien die höchste Autorität. Wenn Sie sich in allem als die oberste Autorität betrachten, werden Sie irgendwann fallen, und die Blockierung Ihrer Kundalini-Energie kann lang und schmerzhaft sein. Je mehr Sie an eine göttliche Ordnung des Universums glauben – ob Sie diese höhere Macht nun Gott, Natur, die Quelle, Buddah, Jesus, Liebe oder Licht nennen –, um so leichter werden Sie Ihre eigenen Ego-Schwierigkeiten loslassen können.

Angst

Ein dritter wichtiger Fallstrick im Kundalini-Prozess ist Angst. Das ist leicht verständlich, da viele der möglichen Erfahrungen bedeuten, dass Sie sich durch die tiefsten, dunkelsten Blockierungen und Widerstände in Ihrem Körper und Geist hindurcharbeiten müssen. Im Kundalini-Prozess geht es um das Loslassen von Stress und um die Reinigung von unseren persönlichen Dämonen, die uns unser ganzes Leben lang begleitet haben. Sind Ihre Dämonen dunkel (und bei wem sind sie das nicht?), können Sie durchaus Ängste erleben.

Der Glaube an eine Macht, die größer ist als Sie selbst, kann eine Quelle großer Kraft sein. Wenn Sie sich von Angst dominieren lassen, werden Sie sie aufrechterhalten und verstärken. Wenn Sie sich klarmachen, dass es sich nur um einen vorübergehenden Zustand handelt und die Angst loslassen können, ebenso wie Sie Ihr Ego losgelassen haben, können Sie wieder nach vorne schauen, und der Prozess kann sich auf angemessene Weise weiterentwickeln.

HILFE!

Vielleicht werden Sie jetzt die wichtige Frage stellen: „Was soll ich machen, wenn all dies mir passiert? Wo kann ich die nötige Hilfe und Anleitung bekommen?" Es gibt immer wieder Annoncen von Kundalini-Gruppen und -Beratern, die ihre Kenntnisse über diese Prozesse anbieten. Suchen Sie sie auf, und bilden Sie sich

Ihre Meinung. Unter Umständen können dabei aber Probleme auftreten. So empathisch und voller guter Absichten die Betreffenden auch sein mögen, solange sie diese energetischen Prozesse nicht selbst erfahren und Ihre eigene Kundalini-Erweckung durchlebt haben (oder wenigstens einen Teil davon), wird ihre Hilfe möglicherweise nicht das sein, was Sie brauchen. Suchen Sie sich jemanden, der diese Phänomene von innen heraus und aus eigener Erfahrung heraus versteht.

Kundalini erkennt Kundalini. Da diese Energie universell und nicht an Personen gebunden ist, erkennt sie ihresgleichen im anderen Menschen. Wenn Sie mit jemandem zusammen sind, der oder die selbst durch diesen Prozess gegangen ist, werden Sie innerhalb von Stunden, wenn nicht in Minuten, wissen, dass der oder die andere Ihre Erfahrungen versteht. Sie teilen eine gemeinsame Sprache. Sie sollten keine Kundalini-Lehrer aufsuchen, die unterrichten, weil sie die Energie in sich selbst aktivieren wollen. Ihre Lehrer sollten Ihnen wenigstens einen Schritt voraus sein, damit sie Sie mit größerer Klarheit, Leichtigkeit und Weisheit auf lhrem Weg begleiten können.

Christina Grof gründete das *Spiritual Emergence Network* (Netzwerk für spirituelle Entwicklung und Krisenbegleitung e.V., www.senev.de), das für Menschen in allen spirituellen Notsituationen, einschließlich Kundalini, Informationen und Adressen von geeigneten Helfern bereithält.

SELBSTHILFE

Wenn Sie sich rechtzeitig über Ihren Prozess *informieren* und *jemanden finden, der den gleichen Weg geht,* werden Sie auch in schwierigen Zeiten Unterstützung bekommen. Bücher über Kundalini, durch die Sie sich mit dem Prozess vertraut machen können und erfahren, wie andere sich in schwierigen Situationen geholfen haben, können eine sehr gute Informationsquelle sein, *solange Sie in der Lage sind auszuwählen, was für Sie hilfreich ist, und den Rest vergessen.* Jeder macht andere Erfahrungen. Obwohl der Schlüssel darin liegt, *Ihre eigene Erfahrung* zu meistern, kann es sehr hilfreich sein, andere Erfahrungen kennenzulernen.

Ihre Kundalini-Erfahrung wird sehr stark davon beeinflusst, wie gut Sie für Ihren Körper sorgen.

Ernährung

Ihre Nahrung hat einen dramatischen Einfluss auf Ihr Energiesystem. Viele Menschen berichten, dass sich durch die Erweckung der Kundalini-Energie ihre Ernährung ganz natürlich ohne bewusstes Zutun verändert. Meine eigene Ernährung änderte sich radikal, allerdings nur für einige Monate.

Bevor meine Kundalini-Energie erwachte, aß ich normalerweise Fleisch und besuchte häufig Restaurants, da ich sehr beschäftigt war. Während der dramatischen Anfangsphase der energetischen Veränderungen konnte ich kein Fleisch mehr essen. Ich sage konnte, weil dies keine intellektuelle oder gefühlsmäßige Entscheidung war, es war eine körperliche Reaktion. Ich konnte kein Fleisch mehr ohne Übelkeit oder Würgereiz zu mir nehmen.

Ich entwickelte mich zum vegetarischen Feinschmecker, kochte Nussbraten und aufwendige Käsegerichte. Dann bekam ich Schwierigkeiten mit Milchprodukten. Schließlich wurden Nüsse und Körner zu schwer für mich, und ich konnte nur noch Gemüse essen. Ich nahm meine Nahrung nur noch roh zu mir. Auf dem Gipfel meiner veränderten Ernährungsgewohnheiten aß ich einen Monat lang praktisch nur noch grünen Salat und fühlte mich gut dabei. In dieser Zeit fastete ich auch immer wieder. Am besten fühlte ich mich während der Fastenzeiten, in denen meine Energie klar und ungestört fließen konnte. Als meine Kundalini-Symptome nachließen, konnte ich wieder schwerere Nahrung zu mir nehmen. Aber etwas hatte sich trotzdem verändert. Obwohl ich heute fast alles essen kann, fühle ich mich nur bei *sauberem* Essen wohl. Ich finde das Essen in vielen Restaurants nicht länger so schmackhaft wie früher, und ich vertrage kein ungesundes Essen mehr. Heute bestehen meine Mahlzeiten meistens aus großen Salaten, Körnern, Nüssen, Samen, Früchten, Gemüse und Pasta.

Mit dieser Beschreibung meiner eigenen Ernährung möchte ich verdeutlichen, dass es nicht unbedingt eine bewusste Entscheidung ist, wie Sie sich während Ihrer Kundalini-Erfahrung am besten ernähren. Richten Sie sich danach, was Ihrem Körper guttut, und achten Sie genau auf Ihre Bedürfnisse.

Ganz allgemein gesagt, werden Sie Ihren Kundalini-Prozess verlangsamen, wenn Sie schweres Essen zu sich nehmen. Wenn Sie ihn beschleunigen wollen, essen Sie leichtere Nahrungsmittel. Ich empfehle Ihnen, auf ungesundes Essen oder Fast-Food zu verzichten, solange dieser Prozess dauert. Lassen Sie sich von Ihrem Körper führen. Vielleicht brauchen Sie ab und zu einen schönen fettigen Hamburger, um sich wieder ganz auf die Erde zu bringen!

FALLSTUDIE – T.K.

T.K. war ein Mann Anfang 40, der schon jahrelang meditiert hatte. Er kam von der Ostküste und suchte mich zur Aufnahme seines Hirnwellenprofils auf. Seit etwas über einem Jahr durchlief er den Prozess seiner Kundalini-Erweckung und suchte Hilfe, um diese Energie mehr in sein Leben integrieren zu können. Häufig erlebte er während der Meditationen Zustände großen Glücksgefühls und spiritueller Erleuchtung. Er konnte sich fast augenblicklich in diese Zustände versetzen und erlebte kaum Unterschiede zwischen dem Meditationszustand und seinem normalen Alltagsleben.

Die Abbildungen 1 A und B zeigen seine häufigsten Hirnwellenmuster während des Wachzustandes. T.K. produzierte ein klares, stabiles Awakened-Mind-Muster, das sich nach einer Minute auflöste, nur um nach einer weiteren Minute wiederzukehren. Diese Zustände wechselten sich ab, solange ich sein Hirnwellenprofil im Wachzustand beobachtete.

In den Abbildungen 2 A, 2 B und 2 C sehen Sie die drei wechselnden Muster, die er während der Meditation hervorbrachte. Er wechselte zwischen einem stabilen Meditationsmuster (Abb. 2 A), einem Awakened-Mind-Muster (Abb. 2 B) und einem Übergangszustand mit zu viel Beta, starkem Alpha, fast keinem Theta und etwas Delta (Abb. 2 C).

T.K. zweifelte nicht daran, dass seine Kundalini-Energie aktiv war und sein Bewusstsein erwachte, trotzdem nahm er die Bestätigung durch das Mind-Mirror EEG dankbar an. Sein Hauptproblem waren die *Krijas,* die sein Körper einnahm, während er meditierte und manchmal auch außerhalb der Meditation. Sein Körper verdrehte sich, schwankte vor und zurück und zitterte unkontrollierbar. Sein Kopf verkrampfte sich im Nacken, und er gab seltsame Laute von sich. Während er selbst diese Erfahrungen angenehm fand – manchmal sogar sehr -, war er nicht mehr in der Lage, mit seiner spirituellen Gruppe in seinem „Tempel" zu meditieren, da er die anderen Mitglieder störte. Er fühlte sich zunehmend isoliert und unfähig, seinen Freunden und Begleitern seine Handlungen und Gefühle verständlich zu machen.

T.K. war sehr erleichtert, dass ich mich seines Problems annahm. Er fühlte sich durch die EEG-Untersuchung bestätigt und verstand, dass er sich auf dem richtigen Weg befand und kein Schwindler war. Bei unserer Arbeit ging es hauptsächlich darum, sich zu entspannen, die Energiekanäle zu erweitern und den Energiefluss *zuzulassen,* ohne sich dabei heftig zu bewegen. Er entdeckte, dass er sich an

FALLSTUDIE T.K.

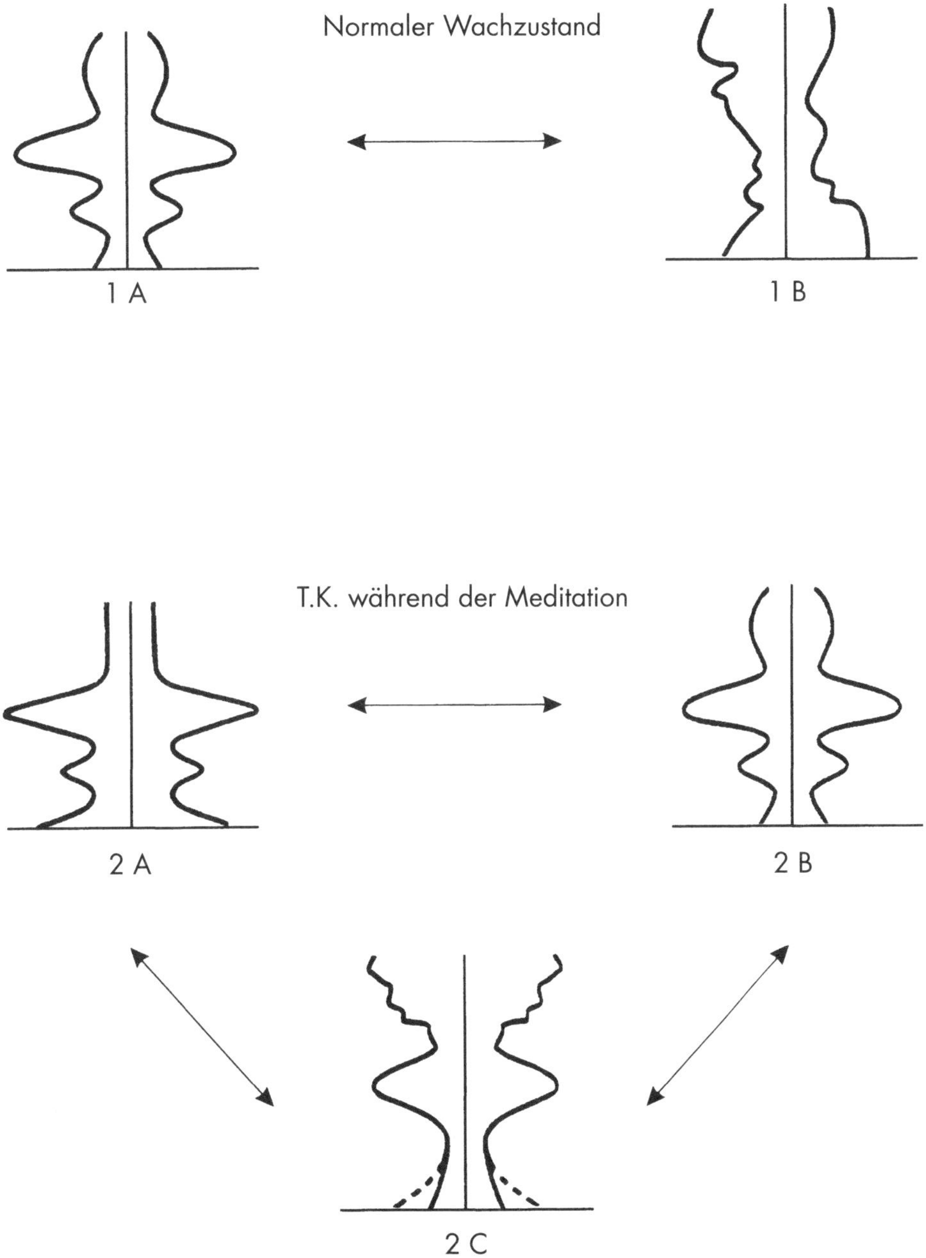

die Energie *geklammert* hatte, um sie zu halten und zu fühlen, und je mehr er klammerte, desto heftiger wurden seine Bewegungen.

Als er begriff, dass die *Krijas* kein notwendiger oder wünschenswerter Teil seines Energieprozesses waren, konnte er seinen Würgegriff um die aufkeimende Energie lockern und sie ohne größere Auswirkungen durch seinen Körper fließen lassen. Sein im EEG nachgewiesenes Awakened-Mind-Muster erlaubte es ihm, auf die Bestätigung durch die starken Körperbewegungen zu verzichten. Er konnte seinen Weg mit größerer Leichtigkeit und Sicherheit fortsetzen.

MEDITATION

Meditation ist ein Weg, auf dem Sie die Kundalini-Energie beeinflussen können. Ganz allgemein wird der Kundalini-Prozess um so schneller ablaufen, je mehr Sie meditieren. Je mehr Sie die Hirnwellen des Awakened-Mind-Musters aktivieren, um so stärker wird Ihre Energie stimuliert. Wenn Sie unangenehm starke Begleiterscheinungen durchmachen und den Prozess vorübergehend verlangsamen wollen, können Sie eine Zeitlang auf die Meditation verzichten und schwereres Essen zu sich nehmen, bis Sie sich wieder stabilisiert haben.

Wenn Sie den Vorgang nicht verlangsamen, sondern aufrechterhalten oder sogar stimulieren möchten, wird Ihnen die Meditation eine Quelle großer Kraft und Unterstützung sein. Jede Art der Meditation wird den Kundalini-Prozess unterstützen, da sie die Entwicklung bestimmter Hirnwellenmuster fördert, die ihrerseits das Erwachen unterstützen. Es gibt einige spezielle Meditationsformen, die Kundalini stimulieren können. Verschiedene tantrische Übungen arbeiten mit den Chakren, um den Energiefluss zu erhöhen und den Fortgang des Kundalini-Prozesses anzuregen und zu fördern.

Persönlich fand ich die Lehren und Übungen von Swami Satyananda Saraswati von der Bihar School ofYoga (Monghyr, Bihar, Indien) besonders hilfreich. Seine Bücher *Meditations from the Tantras* und *Yoga Nidra* wurden Prüfsteine und Wegweiser für mich und gaben mir Führung in Zeiten tiefer energetischer Veränderungen. Mein persönlicher Kontakt zu ihm als Lehrer war während meines eigenen Prozesses eine unschätzbare Hilfe.

Swami Satyananda hatte ein Meditationszentrum in London und kam deshalb oft in diese Stadt. Ich lernte ihn während eines öffentlichen Vortrages kennen und war von seiner Weisheit und Präsenz fasziniert, so dass ich ihn privat aufsuchte. Während unseres *Darshan* (individuelle spirituelle Beratung) sprachen wir über meinen Kundalini-Prozess und einige meiner Schwierigkeiten. Er gab mir eine persönliche Meditation für die tägliche Praxis, die meine Ängste beruhigte. Viele Jahre später, als ich in Boulder, Colorado, lebte, kam eine seiner engsten Schülerinnen für eine Woche zu Besuch. Swami Amritananda unterrichtete in meinem Meditationszentrum und hielt für meine Studenten *Darshan.* Während der Zeit, die wir miteinander verbrachten, segnete sie mein Kind, mit dem ich schwanger war, und ermutigte mich sehr. In London begann ich, einige von Swami Satyanandas Meditationen selbst zu unterrichten. Ich machte Max Cade mit seinen Schriften bekannt, der so beeindruckt war, dass er die dort vermittelten Erkenntnisse in seine eigene Arbeit integrierte.

Obwohl er ein traditioneller tantrischer Lehrer war, schrieb Satyananda auch über das Gehirn und die Wirkungen von Yoga auf die Hirnwellen, so dass seine Arbeit gut zu dem passte, was Max und ich lehrten. Obwohl seine Arbeit mit dem EEG noch in den Anfängen steckte und seine Deutung der verschiedenen Hirnwellenrhythmen noch recht spekulativ war, hat Satyananda so wie nur wenige andere zu dieser Zeit geholfen, die Verbindung von Bewusstsein, Meditation und Hirnwellen besser zu verstehen.

Im Jahre 1974 schrieb er:

> Wie kann man seine Hirnwellen bewusst verändern? Anfangs scheint dies unmöglich, denn die Wellenform hängt vom Bewusstsein selbst ab. Es mag überraschend sein, dass nichts als Übung und Ausdauer erforderlich sind, aber hier ist es wie mit allen anderen Dingen im Leben ... Biofeedback wird die Meditation ergänzen und bedeutsame Meditationserfahrungen in die Reichweite aller Menschen bringen. Meditation kann zusammen mit Biofeedback viel dazu beitragen, die Bewusstseinsebene des einzelnen oder die Bewusstseinsebene in der Welt zu heben.1

Kein Wunder, dass er mein erster indischer Lehrer war.

ÜBER DIE AUTORIN

Anna Wise war eine der weltweit führenden Experten in der Anwendung von EEG-Biofeedback und Meditation. Sie besaß einen M.A. (Master of Arts) in Humanistischer Psychologie und war Gründungsmitglied der European Association for Humanistic Psychology mit Hauptsitz in Genf.

Lange bevor sich die Neurowissenschaft für Meditation zu interessieren begann, arbeitete sie bereits in London mit dem englischen Biophysiker C.Maxwell Cade, Autor des Buches „The Awakened Mind", über Meditation und Hirnwellen. Ihr Ziel war es, Menschen aus dem Westen mit Hilfe von Biofeedback spirituelle Erfahrungen zugänglich zu machen, die bis dahin Lehrern und Praktizierenden aus den östlichen Traditionen vorbehalten waren. Zurück in den USA, entwickelte sie das Awakended-Mind®-Programm, eine einzigartige Verbindung aus geführten Meditationen und EEG-Biofeedback. Anna verband die Zeitlosigkeit östlicher Kontemplation mit technologischer Modernität. Sie sah Meditation und das Mind-Mirror®-EEG als ein Tor zu persönlicher Entwicklung, Bewusstseinsschulung und Spiritualität.

Anna Wise unterrichtete über Jahrzehnte Schüler aus den USA, Europa, Asien und Südamerika und beriet Unternehmen aus der ganzen Welt zu Kreativität und Spitzenleistungen. Sie war außerdem eine versierte Hypnotherapeutin. Anna teilte ihr Wissen in mehreren Büchern und CDs und komponierte spezielle Tonfrequenzen („binaural beats") zur Unterstützung geführter Mediationen, u.a. im gemeinsam mit Dr. Andrew Weil veröffentlichten Audio Programm *Sound Body, Sound Mind.*

Anna Wise war über 15 Jahre an Multipler Sklerose erkrankt und unterrichtete trotz körperlicher Einschränkungen mit großem Einsatz. Sie starb im März 2010 an einer Lungenentzündung, eine Woche nachdem sie ihren 66. Workshop am Esalen Insitut in Kalifornien vollendet hatte.

Ihre Arbeit wird heute von einem Kreis von Schülern aus aller Welt fortgesetzt, gepflegt und mit neuester Technik weiterentwickelt.

WEITERE INFORMATIONEN

Die Arbeit von Anna Wise wird von ihren Schülern in Europa, den USA, Südamerika und Australien fortgeführt und weiterentwickelt. Awakened-Mind®-Seminare und -Ausbildungen werden in verschiedenen Sprachen angeboten.

Die Meditationen dieses Buches sind als Download erhältlich.

Awakened Mind® und Mind Mirror® sind eingetragene Markenzeichen.

Meditationen zum Buch als mp3-Download
mindsurfer® media
web: www.mindsurfer-media.com

Gutschein über 5 € für alle Käufer dieses Buches. Pro Person ist nur ein Coupon einlösbar.

Code: 20AmTAW17

Awakened-Mind®-Seminare, Workshops, Einzeltrainings und Ausbildungen
Dr. Matthias Jacobi
Gertigstr. 13 | 22303 Hamburg | Deutschland | Tel.: +49 (0)40 280 555 17
email: info@hirnwellen-und-bewusstsein.de
web: www.hirnwellen-und-bewusstsein.de

Seminare, Workshops und Einzeltrainings
Ausbildungen zum Awakened Mind® Coach und Awakened Mind® Practitioner
mindsurfer® academy
Andrea Groh
Habergasse 7 | 96047 Bamberg | Deutschland | Tel: +49 (0)170 954 38 88
email: contact@mindsurfer-academy.com
web: www.mindsurfer-academy.com

International:
Institute for the Awakened Mind®
Judith Pennington
5752 Shady Lane | Bath, PA 18014 | USA | Tel: +1 (610) 570 11 07
email: judith@awakenedmind.org
web: www.institutefortheawakenedmind.com

Web:
www.hirnwellen-und-bewusstsein.de
www.mindsurfer-academy.com
www.institutefortheawakenedmind.com
www.themindmirror.com
www.annawise.com
www.vilistus.com

Deutsche Bezugsadresse für den aktuellen Mind Mirror®
mindsurfer® media
Andrea Groh
Habergasse 7 | 96047 Bamberg | Deutschland | Tel: +49 (0)170 954 38 88
email: contact@mindsurfer-media.com
web: www.mindsurfer-media.com

Internationale Bezugsadresse für den aktuellen Mind Mirror®
Judith Pennington
5752 Shady Lane | Bath, PA 18014 | USA | Tel: +1 (610) 570 11 07
email: judith@awakenedmind.org
web: www.themindmirror.com

Herstellerkontakt Mind Mirror®
The Mind People
Durham Systems Management Limited
Fernlea House
Newby | Penrith | Cumbria CA10 3EX | United Kingdom | Tel: +44 (0) 1931 714053
email: support@themindpeople.com
web: http://www.themindpeople.com

ANMERKUNGEN

Gammawellen (100 – 38 Hz) wurden als letzte der Hirnwellenkategorien entdeckt und sind noch am wenigsten erforscht. Sie werden mit Spitzenleistungen (peak performance), starker Fokussierung und Konzentration (auch fokussierter Meditation), hohem Informationsfluss und Integration von neuem Wissen sowie mystischen und transzendenten Erfahrungen in Verbindung gebracht. Es wurden auch Verschmelzungserlebnisse, das Gefühl universellen Wissens und Verlust des Ich-Gefühls beobachtet. Dabei ist ein besonderes Kennzeichen die *Synchronisation* der Gammawellen über weite Bereiche des Gehirns. Mönche mit langer Meditationserfahrung produzieren teilweise Gammawellen in sehr hoher Amplitude. Die aktuelle Version des Mind Mirror® kann Gammawellen darstellen, aber es gibt noch keine didaktischen Konzepte, d.h., auf welche Weise und mit welchem Ziel sie trainiert werden können und sollten. (Anmerkung des Übersetzers)

Kapitel 1

1. C. Maxwell Cade and Nona Coxhead. The Awakened Mind (New York: Delacorte Press / Eleanor Friede, 1979), 24.
2. ebd.

Kapitel 6

1. C. Maxwell Cade and Nona Coxhead, *The Awakened Mind* (New York: Delacorte Press / Eleanor Friede, 1979), 58.

Kapitel 7

1. Melody Beattie, *Codependant No More* (New York: Harper & Row, 1987), 31.
2. ebd., 51.
3. Swami Rama, *Livingwith the HimalayanMasters* (Honesdale, Pa.: Himalayan International Institute ofYoga Science and Philosophy, 1978), 175.
4. ebd.

Kapitel 8

1. Swami Abhedananda, *Ramakrishna Kathamrita and Ramakrishna* (Calcutta: Ramakrishna Vedanta Marth, 1967), 126.
2. Anthony de Mello, S.J., *Sadhana: A Way to God* (St. Louis: Institute of Jesuit Sources, 1979), 112.
3. Christopher Hills, „Is Kundalini Real?" in *Kundalini: Evolution and Enlightenment,* ed. John White (New York: Paragon House, 1990), 107.
4. Swami Rama, Rudolph Ballentine, M.D., and Swami Ajaya, Ph.D., *Yoga and Psychotherapy: The Evolution ofConsciousness* (Honesdale, Pa.: Himalayan International Institute of Yoga Science and Philosophy, 1976), 281 – 282.

Anhang

1. Swami Satyananda Saraswati, Meditations from the Tantras (Monghyr, Indien: Bihar School ofYoga, 1974), 23

LITERATUR UND BÜCHER ZUM THEMA

Beattie, Melody: Kraft zum Loslassen: Tägliche Meditationen für die innere Heilung.

Bentov, Itzhak (1988): Stalking the Wild Pendulum: On the Mechanism of Consciousness.

Blundell, G.G.: The Meaning of EEG. A Study in Depth of Brain Wavepatterns and Their Significance. The Publications Divisions of Audio Ltd. London.

Blundell, G.G., Cade, C.M.: Self-awareness and E.S.R. An Extended Study into the Measurement of Skin Resistance as a Guide to Self-awareness and Well-being. The Publications Divisions of Audio Ltd. London.

Cade, C.M, Coxhead, N: The Awakened Mind. Biofeedback and the Development of Higher States of Awareness. Element Books, Shaftesbury 1989.

Cade, Maxwell C. (1989): The Awakened Mind: Biofeedback and the Development of Higher States of Awareness.

Collura, Thomas F. (2013): Technical Foundations of Neurofeedback.

Dispenza, Joe (2007): Schöpfer der Wirklichkeit – Der Mensch und sein Gehirn – Wunderwerk der Evolution.

Frith, Chris (2013): Wie unser Gehirn die Welt erschafft.

Hüther, Gerald (2010): Bedienungsanleitung für ein menschliches Gehirn.

Hüther, Gerald (2012): Biologie der Angst. Wie aus Stress Gefühle werden.

Hüther, Gerald (2014): Die Macht der inneren Bilder: Wie Visionen das Gehirn, den Menschen und die Welt verändern.

Kabat-Zinn, John (2005): Im Alltag Ruhe finden.

Kabat-Zinn, John (2011): Gesund durch Meditation. Das vollständige Grundlagenwerk zu MBSR.

Levine, Peter A. (2011): Sprache ohne Worte. Wie unser Körper Trauma verarbeitet und uns in die innere Balance zurückführt.

Lipton, Bruce (2016): Intelligente Zellen. Wie Erfahrungen unsere Gene steuern.

Motoyama, Hiroshi (1978): Science and the Evolution of Consciousness: Chakras, Ki and Psi.

Newberg, Dr. Andrew (2016): How Enlightenment changes your brain: the new science of Transformation.

Newberg, Dr. Andrew (2013): Die Kraft der mitfühlenden Kommunikation. Wie Worte unser Leben ändern können.

Pennington, Judith (2012): Your Psychic Soul. Embracing Your Sixth Sense.

Robbins, Jim (2008): A Symphony in the Brain. The Evolution of the New Brain Wave Biofeedback.

Sannella, Lee (1994): Kundalini-Erfahrung und die neuen Wissenschaften.

Servan-Schreiber, David (2006): Die neue Medizin der Emotionen. Stress, Angst, Depressionen – Gesund werden ohne Medikamente.

Siegel, Daniel J. (2007): Das achtsame Gehirn.

Siegel, Daniel J: (2012): Mindsight. Die neue Wissenschaft der persönlichen Transformation.

Simonton, O. Carl (2001): Wieder gesund werden: Eine Anleitung zur Aktivierung der Selbstheilungskräfte für Krebspatienten und ihre Angehörigen.

Swami Abhedananda: Ramakrishna Kathamrita and Ramakrishna. Memoirs of Ramakrishna Ramakrishna Vedanta Math, Calcutta 1984.

SwamiAjaya (Hrsg.), *Swami Rama:* Livingwith the Himalayan Masters. Spirirual Experiences of Swami Rama. The Himalayan International Institute of Yoga Science and Philosophy, Honesdale 1976.

Swami Rama, Ballentine, R., Swami Ajaya: Yoga and Psychotherapy. The Evolution of Consciousness. The Himalayan International Institute of Yoga Science and Philosophy, Honesdale 1976.

Swami Satyananda Saraswati: Meditations from the Tantras. Bihar School of Yoga, Bihar 1983.

Swami Satyananda Saraswati: Sure Ways to SelfRealisation. Bihar School of Yoga, Bihar 1984 und Satyananda Ashram, Australien 1984.

Tan, Chade-Meng (2015): Search Inside Yourself (Deutsche Ausgabe).

Tellington-Jones, Linda (2014): TTouch for You!: Gesundheit und Wohlgefühl mit dem Tellington TTouch.

Thich Nhat Hanh (2008): Das Wunder der Achtsamkeit: Einführung in die Meditation.

Wise, Anna (2002): Awakening the Mind: A Guide to Harnessing the Power of Your Brainwaves.

PERSONEN- UND STICHWORTREGISTER

Weitere Bücher aus dem Verlag Via Nova:

Naturwissenschaft trifft Spiritualität

Eine versöhnende Begegnung

Michael Fleischberger

Paperback, 192 Seiten, ISBN 978-3-86616-368-3

Tauchen Sie ein in einen spannenden Erfahrungskosmos, wo die großen Erkenntniswege der Menschheit, Rationalität und Naturwissenschaften sowie Spiritualität, Mystik und Religion sich in vielfältigen Zusammenhängen neu verbinden. In diesem Buch begegnen Sie einer zeitgemäßen und ganzheitlichen Kosmologie, in der kausales, rationales Denken und intuitives, spirituelles Erleben keinen Widerspruch darstellen und sich zu einem großen Ganzen fügen. Lassen Sie sich von facettenreichen Betrachtungen inspirieren und mitnehmen auf einen weltumspannenden kosmischen Ausflug, der viele unserer gewohnten Denk- , Sicht- und „Fühlweisen" in einem neuen universellen Licht erscheinen lässt.

Lebensqualität aus dem Inneren

Glücklich im Alltag, im Leben, im Sein

Alexander Jürries

Paperback, 224 Seiten, ISBN 978-3-86616-395-9

Obwohl viele Menschen in unserer Zivilisation „alles" zu haben scheinen, stellt sich im materiellen Wohlstand nicht die Zufriedenheit ein, die man sich erhofft hat. Kein Wunder, sagt der bekannte Mentaltrainer und Coach Alexander Jürries, denn Lebensglück hängt von ganz anderen „Dingen" und Werten ab, und um es zu erlangen, braucht es eine bestimmte innere Ausrichtung und Orientierung. Wie wir in unserem alltäglichen Dasein eine neue Dimension der Lebensqualität sowie nachhaltige Zufriedenheit erfahren können, das stellt dieses Buch anschaulich und nachvollziehbar dar. Es ist sehr lesenswert für alle, die sich nicht mit weniger begnügen möchten als mit einem erfüllten Dasein und schon immer ahnten, dass wahrer Reichtum und echtes Wohlergehen nur von innen kommen kann!

Dein Herz ruft nach Liebe

Wie deine Partnerschaft erblühen kann

Chuck Spezzano

Hardcover, 224 Seiten, ISBN 978-3-86616-390-4

Die Liebe – immer wieder die Liebe! Was sonst? Solange wir nicht vollkommen durchdrungen sind von dieser alles umfassenden Kraft, die jeden Moment strahlt, pulsiert und uns in ihrer ganzen Zartheit und Lebendigkeit erfüllt, so lange sind wir Lernende. Und erst, wenn unsere Herzen wirklich Quell des nicht endenden Lichts und Mitgefühls geworden sind, erst dann sind wir am Ziel, erst dann haben wir unsere wahre Bestimmung gefunden als wirkender Teil des Göttlichen. Der Autor öffnet uns Türen, zeichnet uns Wege, gibt uns Hinweise, Ausblicke, Inspirationen und nimmt uns an die Hand, um uns sicher durch das innere Labyrinth zu geleiten.

Die Praxis der Meditation

Auf der Grundlage der Lehre von Paramhansa Yogananda

Alan L. Pritz

Paperback, 272 Seiten, ISBN 978-3-86616-366-9

In diesem Buch wird Meditation als spiritueller Weg begriffen: Es wird gezeigt, wie Bewusstsein und Lebenskraft verfügbar gemacht werden und wie sich die individuelle Seele mit dem Göttlichen vereinen kann. Ausgehend von den Lehren des berühmten indischen Yogis Paramhansa Yogananda wird mit großer Kenntnis die yogische Lebensweise vermittelt, und viele Fragen, die sich zu Beginn der Praxis stellen können, werden von dem Autor, einem sehr erfahrenen Meditationslehrer, kompetent beantwortet. Zahlreiche anschaulich erklärte Übungen zu Körpervorbereitungen, Bewusstseinslenkung, Wahrnehmung und Meditationen machen das Buch zu einer meisterlichen Einführung in die Praxis der Meditation und zu einem großartigen Begleiter auf der eigenen spirituellen Reise.

Vom Verstand zur Intuition

Wie man die Sackgasse Egoismus überwindet

Heinz-Uwe Hobohm

Hardcover, 208 Seiten, ISBN 978-3-86616-248-8

Je mehr intuitive Kraft jemand hat, desto weniger egoistisch verhält er sich. Je weniger egoistisch man sich verhält, desto mehr Glück kann man erfahren. Überraschenderweise ist Glück also ein Resultat von Intuition. Dieser Zusammenhang wurde seit Jahrtausenden von Intuitionsmeistern und -meisterinnen – den Mystikern aller Kulturen – immer wieder unabhängig voneinander entwickelt. In diesem Buch werden zunächst die Grenzen des Verstehens der Wirklichkeit durch den Verstand in der Beschreibung ungeklärter wissenschaftliche Rätsel aufgezeigt, der Kern der Aussagen von Mystikern und Meditationsmeistern herausgearbeitet und auf den heutigen Alltag übertragen. Intuition ist lernbar, selbst loses Handeln ist lernbar! Die Entwicklung der Intuition nimmt deswegen einen größeren Raum in dem Buch ein. Sie ist mit dem Abbau von Egoismus eng verbunden. Meditation, Selbsterkenntnis und Transformation des Egobewusstseins sind der Weg, dieses Ziel zu erreichen.

Was die Welt zusammenhält

Ein grundlegender Dialog über Materie und Geist

Dr. Hartwig Volbehr

Paperback, 200 Seiten, ISBN 978-3-86616-283-9

Glauben und Wissen, Geist und Materie, Religion und Naturwissenschaft – seit jeher scheinen dies Pole verschiedener Weltsichten zu sein. Und dennoch: Immer steht die größte aller Fragen im Mittelpunkt, nämlich, „was die Welt im Innersten zusammenhält". Mit viel Freude an der intellektuellen Auseinandersetzung führt das Buch den Leser auf eine fesselnde Reise zu den elementaren Themen des Menschseins und berührt dabei Fragen, die sich jeder von uns schon einmal gestellt hat. Dabei erweist sich die Dialogform des Buches als großer Glücksfall und macht den Widerstreit der zwei Seelen, die wir alle in der Brust haben, lebendig und nachvollziehbar. Machen Sie sich gefasst auf eine faszinierende Expedi tion zum Ursprung aller Dinge und darauf, dass Ihr altes Weltbild ins Wanken gerät!